民俗学导论

MINSUXUE DAOLUN

主　编　季中扬　周　星　张举文
副主编　张兴宇

南京大学出版社

图书在版编目(CIP)数据

民俗学导论 / 季中扬,周星,张举文主编. -- 南京:
南京大学出版社,2024.8
 ISBN 978-7-305-25076-7

Ⅰ.①民… Ⅱ.①季… ②周… ③张… Ⅲ.①民俗学
－高等学校－教材 Ⅳ.①K890

中国版本图书馆 CIP 数据核字(2021)第 220532 号

出版发行　南京大学出版社
社　　址　南京市汉口路 22 号　　邮　编　210093
书　　名　**民俗学导论**
　　　　　MINSUXUE DAOLUN
主　　编　季中扬　周　星　张举文
责任编辑　尤　佳　　　　　　　编辑热线　025-83592315
照　　排　南京南琳图文制作有限公司
印　　刷　南京人文印务有限公司
开　　本　787 mm×1092 mm　1/16　印张 14　字数 329 千
版　　次　2024 年 8 月第 1 版　2024 年 8 月第 1 次印刷
ISBN 978-7-305-25076-7
定　　价　45.00 元

网址：http://www.njupco.com
官方微博：http://weibo.com/njupco
官方微信号：njupress
销售咨询热线：(025) 83594756

＊版权所有,侵权必究
＊凡购买南大版图书,如有印装质量问题,请与所购
　图书销售部门联系调换

编 委

(以姓氏首字母为序)

户晓辉　季中扬　李向振　刘铁梁　毛晓帅
彭　牧　沈　燕　王晓葵　徐赣丽　杨利慧
岳永逸　张举文　张　娜　张士闪　张兴宇
周　星　周争艳　祝鹏程

前　言

100多年前,在1921年1月的《妇女杂志》上,胡愈之发表了《论民间文学》一文,第一次向国内细致、全面地介绍了欧洲民俗学。1997年,民俗学(含民间文学)第一次作为二级学科进入了《授予博士、硕士学位和培养研究生的学科、专业目录》,至今尚无本科专业。现代民俗学进入中国不可谓不早,但进入高校学科体制却比较晚。这就形成了一个很有意思的现象,一方面,面向公众介绍中国民俗文化的通俗读物很多;另一方面,专业的民俗学教材并不多,尤其缺乏系统介绍民俗学理论的教材。为此,我们邀请了国内老中青三代民俗学学人集体编纂了这本教材,希望能对热爱民俗文化,有志从事民俗学研究者有所裨益。

这本教材分为两大部分、十二章。前四章为第一部分,较为系统地阐述了民俗学学科范式转换以及当代核心议题;后八章为第二部分,是专题研究,既有对国外表演理论、记忆理论、性别与身体理论、民俗认同理论的深入评述,又有对国内民俗学前沿理论的探索,如标志性文化论、礼俗互动论、实践民俗学、民俗美学研究等。具体分工如下:

第一章　城乡中国与现代民俗学(张娜　季中扬)
第二章　文化遗留物与民俗传承(徐赣丽)
第三章　日常生活与民俗文化(李向振　岳永逸)
第四章　民俗与民俗主义(周星)
第五章　表演理论与民俗学(杨利慧　祝鹏程)
第六章　记忆论与民俗学(王晓葵)
第七章　民俗与身体(彭牧　沈燕)
第八章　民俗认同论(张举文)
第九章　民俗美学论(季中扬)
第十章　交流的民俗志(刘铁梁　毛晓帅)
第十一章　礼俗互动论(张士闪　张兴宇)
第十二章　实践民俗学(周争艳　户晓辉)

由于编写时间较短,写作匆忙,疏漏、谬误是难免的,期待读者不吝指正!

目 录

前言 ... 1

第一章　城乡中国与现代民俗学 ... 1

第二章　文化遗留物与民俗传承 ... 13

第三章　日常生活与民俗文化 ... 31

第四章　民俗与民俗主义 ... 49

第五章　表演理论与民俗学 ... 66

第六章　记忆论与民俗学 ... 84

第七章　民俗与身体 ... 99

第八章　民俗认同论 ... 116

第九章　民俗美学论 ... 130

第十章　交流的民俗志 ... 149

第十一章　礼俗互动论 ... 175

第十二章　实践民俗学 ... 192

后　记 ... 213

第一章　城乡中国与现代民俗学

本章要点概述

近几十年来,中国经历了从"乡土中国"到"城乡中国"的社会转型,这既为民俗学设置了新的社会语境,也提出了新的问题。在"城乡中国"语境下,民俗学面临着自身研究范式与核心议题的转变。本章首先分析了"城乡中国"的基本特点及其对民俗学的影响,然后在城乡中国的背景下讨论了现代民俗学的研究范式,涉及现代日常生活转向、都市民俗学、民俗主义等内容。

第一节　从乡土中国到城乡中国

论及传统中国的社会形态,恐怕费孝通先生提炼的"乡土中国"概念是学界最为普遍的共识。费孝通在《乡土中国》一书中开宗明义地指出"从基层上看去,中国社会是乡土性的"[1],其将视角聚焦于基层之"民",也就是"被称为土头土脑的乡下人"[2]。

一、"乡土中国"语境

在以"民"为主体的乡土社会,主要表现为以下特点:一是以小农经济为基础的乡土经济。自古以来,男耕女织的小农经济被认为是帝国统治的基础,传统小农经济的发展模式造就了"地方性"的乡土社会生活,乡民们的活动范围"有地域上的限制,在区域间接触少,生活隔离,各自保持着孤立的社会圈子",形成了"生于斯、死于斯"的社会[3]。二是以差序格局为特点的伦理本位。"差序格局式的基层社会结构,是与农业经济基础之上的乡土社会紧密相配合的"[4],费孝通将传统中国社会的伦理关系概括为"差序格局","我们的格局不是一捆一捆扎清楚的柴,而是好像把一块石头丢在水面上所发生的一圈圈推出去的波

---

[1] 费孝通:《乡土中国　生育制度　乡土重建》,北京:商务印书馆,2011年版,第6页。
[2] 同上。
[3] 同上,第9页。
[4] 蔡杨:《历史语境中"差序格局"的逻辑与走向——以〈乡土中国〉和〈乡土重建〉为中心的再解读》,《北京行政学院学报》2019年第5期。

纹。每个人都是他社会影响所推出的圈子的中心。被圈子的波纹所推及的就发生联系"。① 这种人际关系网络以"己"为核心，一圈圈向外"推"，"愈推愈远，也愈推愈薄"②，于是产生儒家所说的"人伦"，出现关系中的亲疏远近。三是以礼治秩序为特色的治理格局。"乡土社会是'礼治'的社会"③，这种社会控制的手段并非以"法"或"暴力"来实现，而是依据儒家的"礼"。在稳定性、封闭性、信任性的熟人社会，"礼是社会公认合式的行为规范……礼和法不相同的地方是维持规范的力量。法律是靠国家的权力来推行的……维持礼这种规范的是传统"④。"克己复礼"的礼治社会以追求"无讼"为社会目标，以"长老权力"为代表的教化权力为乡土权力架构，以伦理规则、习俗和传统权威为控制手段，宗族乡绅在调节民事纠纷，举办民俗活动上发挥着至关重要的作用。

应该说，费孝通在20世纪40年代提出的"乡土中国"构成了我们理解传统民俗学的重要语境。传统民俗事象是乡土中国语境下的生活生产在民俗层面的集中体现，交织于其中的地方性、伦理性、礼俗性体现着"乡土"的内在逻辑，并在代代相传中具有稳固的传统力量，其既是乡土社会生活内容本身，亦是维持乡土社会秩序的重要形式。钟敬文先生曾对传统社会的民俗事象做出详尽总结，包括物质生产民俗、物质生活民俗、社会组织民俗、岁时节日民俗、人生礼仪民俗、民俗信仰、民间科学技术、民间口头文学、民间语言、民间艺术、民间游戏娱乐等⑤。村落乃是传统民俗学研究的重要领域，许多民俗学者都将传统村落作为重要对象，对乡土语境中的民俗现象展开探究。叶涛曾指出，"农耕文明的基础是立足于村落，立足于农民，立足于村落中的农民生活，所以对于研究民俗学来讲，村落的调查，农业民俗调查，农村的各种民俗事项调查是非常重要的。可以说离开了村落这一生存空间，民俗就成了无源之水，所以离开了村落谈民俗学是不可想象的"⑥。

二、"城乡中国"的出现

随着近代以来中国社会的乡土结构逐渐被打破，城乡的关系发生了重要变化。尽管在中国漫长的历史进程中出现过一些知名城市，但是在近代之前城市基本上都是乡村的延伸，或作为行政中心或作为军事重镇，且与乡村保持着较好的回流关系，并非是真正意义上基于商业、消费推动起来的都市文明。中华人民共和国成立以后，为了国家工业化建设采取的城乡分割的二元制度体系，将农民牢牢固定在土地上进行农业生产，严格限制人口流动与户籍变动，使得在新中国成立后乡村社会延续着以农业经济为基础的乡土本色。从20世纪初期到70年代，城乡的壁垒始终未曾打破，城市与乡村的隔阂始终是社会发展的现实状况。直到改革开放以后，伴随着社会主义市场经济的发展，人地关系的松动，农民越来越多地拥有了进城的权利，大量的农民涌向城市，城乡关系才有了新的发展。据统

---

① 费孝通：《乡土中国 生育制度 乡土重建》，北京：商务印书馆，2011年版，第27页。
② 同上，第28页。
③ 同上，第52页。
④ 同上，第53页。
⑤ 参见钟敬文主编：《民俗学概论》（第二编），北京：高等教育出版社，2010年版。
⑥ 叶涛：《民俗是村落文化的灵魂》，《设计艺术》2012年第4期。

计,就全国性普遍情况来看,如今全家进城的农户大约占20%的比例,"半工半耕"生产模式的农户高达70%,而全家留守农村的比例只有10%。与之相呼应,中国快速推进的城镇化率已经提高至58.52%,按照《国家新型城镇化规划(2014—2020)》,2020年城镇常住人口城镇化率达到60%左右,意味着超过大半的中国人口将在城市生活,中国城乡社会结构得到史无前例的改变。

近年来,越来越多的学者将视角聚焦于城乡关系变迁来讨论社会转型及其对于学科发展的影响,指出中国的社会结构从"乡土中国"变成了"城乡中国"。经济学、公共管理、社会学、人类学等多学科对"城乡中国"的敏锐把握,从不同角度概括总结了在经济结构、社会视野与文化心态等方面的变化。追根溯源,"城乡中国"的概念,2013年由经济学家周其仁在其连载集结的《城乡中国》一书中较早提出,他指出"我们这个很大的国家,可以说只有两块地方:一块叫城市,另一块叫乡村。中国人口也很多,不过十数亿中国人,也仅分为两部分人:一部分叫城里人,另外一部分叫乡下人。这样看,城乡中国、中国城乡,拆开并拢,是一回事"[①]。他从户籍制度、土地制度两条线索来分析中国城镇化的内在动力,农民获得的迁徙自由权促使"农民的城镇化",土地产权的有条件转让与使用促成了"土地的城镇化",人口的流动、聚集有利于城市消费与生产,而人为的城乡分离却会造成城乡结构的畸形。刘守英也指出人地关系的变革使得中国已经从"以农为本、以土为生、以村而治,根植于土的'乡土中国',进入乡土变故土、告别过密化农业、乡村变故乡、城乡互动的'城乡中国'"[②]。在他看来,"城乡中国"应该成为理解转型中国结构形态的一个重要范式。这种认知视角将城乡关系作为一个连续性的历史过程,强调城乡关系从分离、打破隔阂到重新融合所造成的失衡与均衡的构造态势。赵旭东从人类学的角度旗帜鲜明地提出要将"城乡中国"视为一个整体的文化转型问题,他认为尽管城市化进程"加速了乡下人与乡土社会的分离",但是"在网络技术得到普及的城市,人类通过技术筑造一个又一个相对匿名的流动空间,人们可以基于兴趣或职业,而非地缘或血缘再次结成一个个共同体"[③]。

三、作为文化转型的"城乡中国"

"城乡中国"的宏大命题所聚焦的内容错综复杂,囊括了经济、政治、文化、社会等多个领域的发展变迁,但从文化转型的角度来说,主要包括三个方面:

(一)就"城"来说,城市化的持续推进与都市文明的弥漫扩散

过去几十年轰轰烈烈的"造城""扩城"将中国超半数的人口集聚到城市里生活,并且"城市化"的进程仍将继续进行下去。"城市化"带来的深刻影响在于它不仅将原先分散的、封闭的乡村人群聚合起来,从农业转向非农产业,也在于以一种压倒性的力量改变了人们的生活方式、行为方式与思维方式,进一步以人口聚集刺激了文化聚集发展与广泛传

[①] 周其仁:《城乡中国》,北京:中信出版社,2017年版,第1页。
[②] 刘守英、王一鸽:《从乡土中国到城乡中国——中国转型的乡村变迁视角》,《管理世界》2018年第10期。
[③] 赵旭东、杨修业:《中国城乡关系的理想类型——基于一种文化转型人类学的探索》,《云南师范大学学报(哲学社会科学版)》2017年第1期。

播。生活方式的"都市化"被认为是时髦的、洋气的、优越的,不仅在城市内部实现了认同,而且也弥漫扩散到乡村,成为乡下人的想象认同。城里人住楼房、用马桶、喝自来水,日常用工业制品,平时去看电影、逛商场,在乡下人的眼中比较"高级",他们自己编的竹篮、打的木凳、听的民间小戏、跳的秧歌相比之下就觉得"土气"。学者刘士林认为,"当代都市不仅是经济、金融、交通、信息、服务业的中心,也是精神生产与文化消费的中心,并在审美意识形态、精神生产与文化消费、审美趣味与生活时尚等方面取得了决定性的'文化领导权'"[①]。这就导致乡村以城市生活文化为"模仿"对象,以接受城市的文化风气来追赶"现代性",连同乡村老物件一起抛下的还有代表着传统的一系列乡土民俗。此外,随着技术的加速发展,尤其是网络技术、数字技术几乎重塑了城市的生活,它不但使得城市成为最便利、最丰富的生活空间,而且有力地推动着城市规模的扩大与城市文化的传播。因此,城市作为一种载体,其本质上聚合了人口、消费、商业、技术,编织演绎出现代人所想象的"现代性",并渐次扩散到乡村空间。

(二)就"乡"来说,乡村生活方式的衰落与乡土文化的边缘化

从乡村社会的结构来看,"乡土中国"中社会主体的弱流动性、社会空间的地方性、社会关系的熟悉性三个主要维度在遭遇千年未有之大变局。既有的封闭性的村落早已成为一种文化想象,农民成为强流动的主要群体。乡村不再是大多数农民"生于斯,长于斯"的生活空间,而是"流动的村庄",为城市提供源源不断劳动力的人力资源基地。这不仅引发了农村社会结构的剧烈变动,也加剧了以小农经济为根基的乡土景观、乡土民俗、乡土人情心态等变迁过程。乡村文化的被"挤压"是颇为突出的,乡村生活方式渐趋衰落,一方面是源于社会整体的进步发展带给乡村的溢出效应,越来越多的村民实现了"村村通",通电、通水、通路、通网,用上了廉价的工业制品,通过电视、手机、电脑看到了更大的世界;另一方面是乡村对城市文化的自觉接纳,外出务工的浪潮让3亿多农民走出村庄,作为中坚力量的中青年农民基本都过上了"候鸟"式的迁徙生活。乡村人口的流动与流失加剧了熟人社会的分解,尤其是大量年轻劳动力在乡村的长期缺场,导致作为"主体"的乡村公共事务参与者愈发减少,传统乡村社区的亲密关系被稀释。青年农民工更熟悉城市的生活,反而对耕种、手工艺、民间戏曲、乡土礼俗等传统生活与文化较为隔膜。只有极少的人还会自己动手加工衣物、日用品,来自城里的新款商品都可以通过集市、网络平台轻松购买。宗族观念也在分散的城市生活中被冲淡,在强大的现代城市生活逻辑面前乡村生活模式不堪一击。随着乡村的人口流失,乡土文化的传承发展日益艰难,这种普遍性的困境正是乡村文化逐渐"边缘化"的写照。

(三)就"城乡"关系来说,"城乡互动"构成了理解文化现实的关键词

城市与乡村作为中国的一体两面都被纳入统一的现代文化框架体系中。一方面乡村的生活形态被改变不过是"现代性"的一种后果,另一方面乡村对"城市"的影响也在形塑

---

① 刘士林:《都市与都市文化的界定及其人文研究路向》,《江海学刊》2007年第1期。

着城市的文化形态,乡村文化的内在韧性或许超乎想象。从空间的角度来看,作为"地方"的乡村与作为"空间"的城市并非一种简单的对抗关系,而是在冲突中呈现出一种互动杂糅的复杂关系,传统与现代的并置共存乃是"时空压缩"的当下社会的反映。尤其是目前城市化进程与乡村振兴的并肩齐行,更加剧了城乡互动的深度,有利于促进城乡一体化的发展,共享改革发展成果。城乡结构变迁的影响是双向的,随着城乡二元结构的制度鸿沟不断融合,城乡一体化的发展使得城市与乡村的混杂性与融合性越来越强,而非纯粹是乡村被城市同质化。学者陆益龙就此提出"后乡土中国"时代的"后乡土性"概念,他指出"后乡土性特征是指在乡土结构依然留存的情况下,社会经济与文化的观念和行为都已经受到了现代化的渗透,并或多或少具有了现代性特征。因此,从这意义说,后乡土性就是结构基础是乡土的,但精神气质则是乡土与现代的混合"。[①] 同样,城市也受到乡村的影响,越来越多的农民变成了市民,数量庞大的农民工进城生活,夹在城乡之间的群体保留着混合性的文化气质,乡村的文化被有意无意带入城市,并见缝插针地落地生根、顽强生长。

第二节 城乡中国背景下的现代民俗学

毫无疑问,对于民俗学来说,"城乡中国"的结构极大地改变了民俗文化,不仅导致了部分传统民俗濒临消亡,也在潜移默化地改变民俗的传承形态,甚至孕育出新的民俗。一方面乡土民俗的发展被杂糅了商业化、市场化、现代化的因素,不断在现代困境中"生产"出自身;另一方面城市也并非与民俗隔绝,甚至成为民俗传播发展的新的文化空间。在现代城乡社会结构中,民俗学遭到的社会冲击是显而易见的,城乡变局影响着现代民俗学的发展走向。

一、民俗衰微与复兴

在城乡中国的背景下,从"民俗"的衰落、变异到"民"的主体变迁,这些新变化都给民俗学的发展带来了巨大的影响,主要表现为:

一是传统民俗的大量衰退或消亡。乡情民俗的渐渐远去恐怕是现代人的普遍感受,就其原因而言,被纳入城市生活或受到城市影响的大多数中国人基本上是以现代生活逻辑取代了乡土生活逻辑,不再围绕农作生产来安排日常生活与节庆活动,而是要以现代城市的工作(诸如工商业、服务业等非农行业)来朝九晚五或"996"作息上下班,服从于统一的现代法定假期,追求工具理性、利益、效率、科技以及个人主义,以"工作"为中心的快节奏生活不仅大大改变了现代人的衣食住行习惯,也一定程度上压缩了集体观念、血缘地缘关系对现代人的影响,使其无意识或无暇顾及传统生活民俗的意义,而这些恰恰是保留民间风俗的重要条件。无论是指导农事的节气历法、农谚,提供生产生活资料的传统手工艺,展现民众审美心理的民间艺术,还是在农耕文明中被赋予重要意义的各类祭祀与岁时

---

① 陆益龙:《乡土中国的转型与后乡土性特征的形成》,《人文杂志》2010年第5期。

节日,都逐渐遗落乃至消亡。

二是作为传统民俗主体的"民"的锐减或消失。传统民俗学通常关注乡村生活里的普通民众,比如传统耕地的"农民",拥有一技之长的"手工艺人",或者从事其他乡村职业的底层民众,总的来说这些作为传统民俗研究对象的民众长期生活在乡村社会空间中,所形成的具有传统性、保守性、乡土性的生活文化始终是民俗学者聚焦的内容。但是随着乡村人口朝向城市的迁移,一部分人从"乡民"变成"市民",融入城市的生活空间之中,基本不再属于农业人口的范畴;一部分人从"农民"变成"农民工",在一种"夹生"的状态中开启城乡两地生活,虽然在身份认同上仍然以农村人为主,但长期城市生活的"浸染"也消磨掉一些农村文化的印记、乡村生活的传统。农村人口的"空心化""过疏化"大量减少了民俗"主体"的基数,致使乡土民俗日益衰落、无人问津,甚至许多民俗要想传承下去,只能改变其参与的形式。学者徐赣丽曾在调研西南苗族地区时发现,只能是男性而绝不能是女性上手的芦笙,在城市化带走男性青壮年的村子就只能专门培训女性来吹芦笙。[1] 如果说民俗事象的消散还可以称之为传统社会变迁的必经过程(毕竟民俗传统始终处于变动、淘汰、发展的历程之中),那么"民"的共同体的解体可以说将民俗从既有的社会土壤中连根拔起,若是没有"民",则传统民俗势必面临着"皮之不存,毛将焉附"的困境。

颇为吊诡的是,同传统民俗濒临衰微形成鲜明对比的另一面则是"民俗的复兴"。在传统遭遇急剧毁灭性打击的时代,关于村落的"终结"、传统的"终结"恐慌感在进入21世纪之后继续发酵,传统民俗在非物质文化遗产运动的推进中重新得到重视,日益升温。自中国加入联合国《保护非物质文化遗产公约》之后,一大批民俗相继获得"合法性",被冠之以"非物质文化遗产"之名,从上至下的非遗运动不仅挖掘、"催生"出大量民俗,而且也使得民俗学者成为非遗保护的中坚力量。有学者指出"从国家政权到地方政府、文化职能部门,再到民俗专家、基层民众,各阶层都纷纷投入民俗文化复兴的工作中,对地方戏剧、专题仪式、民情风俗等文化遗产进行抢救性地继承,掀起了全民文化自觉的风潮"[2]。这种"文化自觉"显然与城市化的发展有关,当经济文化发展到一定程度反而会在对传统文化、旧有生活的追忆情绪中激发出对民俗的"再发现"与"再利用",这种发展规律在包括日本、韩国、德国等在内的国家都有出现。日本民俗学者菅丰曾以中国蟋蟀文化为例指出"虽然城市化和现代化使民俗文化产生了诸多变化,但其作用并非一定导致民俗文化走向衰退和崩溃,有时反而会使民俗文化得到长足的发展","在城市化、现代化所生成的民俗文化再建构运动的背景中,正呈现出一种非常复杂化的状态"[3]。

二、城乡中国背景下现代民俗学的研究范式

当渗透着现代城市逻辑的民俗发展铺陈于眼前,意味着长期以来注重乡土民俗,受

---

[1] 徐赣丽:《城市化背景下民俗学的"时空转向":从民间文化到大众文化》,《学术月刊》2016年第1期。
[2] 游红霞:《传统民俗复兴的文化乡愁叙事——以上海浦东三林镇为例》,《广西民族大学学报》(哲学社会科学版),2016年第4期。
[3] 菅丰、陈志勤:《城市化·现代化所带来的都市民俗文化的扩大与发展——以中国蟋蟀文化为素材》,《文化遗产》2008年第4期。

"文化遗留物与传承"观念支配的民俗学或将迎来丧失传统研究对象的学科危机的挑战。如何定位民俗学的研究对象,如何真正建立现代的民俗学学科,形成新的民俗学研究范式,成为自20世纪80年代以来民俗学学者亟须解答的问题。当下诸多民俗学者对民俗学的现代焦虑与讨论建构都处于城乡中国的整体语境中。一般来说,城乡中国背景下现代民俗学的研究范式主要包括以下三个方面:

(一)民俗学研究的现代生活转向

关于民俗学的任务是什么,研究"过去"还是"现代"的争论其实早在民俗学重要奠基人钟敬文那里有过回答。不同于发端于"五四运动"时期的老一代民俗学者更侧重于历史民俗研究,钟敬文肯定了民俗学研究"现代"的正当性,他在1981年的研讨会上指出"今天我国的民俗学,似乎负有这样的任务:用科学的方法,尽可能搜集流传在广大群众当中的生活、文化活动现象(包括相关的思想、感情和想象的现象),加以整理研究,借以阐明一向不被重视的(过去长时期内不为学者所记录和谈论的)、真实的民众的文化活动及精神状态和特点——这种活动和状态等,主要是指长期历史的,但也包括现在的。我们的民俗学,既是'古代学',也是'现代学'"。[1] 1983年他再次重申"民俗学作为一种科学,它是'现在的'学问,而不是'历史的'学问"[2],不过因为研究人员的文史背景关系仍多着力于过去的"俗"的研究,而缺乏对"民"的深入思考及其与"俗"的整合。

随着乡土社会的解构,城市化、现代化、全球化、网络化的广泛交织发展,被投入现代社会境遇的"民"与"俗"如何获得理论上的贴切有效阐释就成为重要问题。以1991年高丙中的博士论文《民俗文化与民俗生活》为标志开启了民俗学的"日常生活"转向,无疑是在钟敬文所提出的"生活文化"基础上的又一次深化与创新。高丙中对民俗学理论危机的解决主要从两个方面来考虑:一是如何保证民俗学永远具有充分的研究对象,即"民"的问题;二是如何努力冲破中外民俗学家用传统民俗形式对"俗"的外延所作的限制,认识"俗"在现实社会本来的存在范围,并努力把巨大差异的对象把握成一个整体,即"俗"的问题。对于前者,无论是阿兰·邓迪斯还是胡愈之、钟敬文,都主张把"民"扩展到所有的社会成员,但问题在于"俗"的外延仍有限制,仍局限于传统民俗形式所体现的那些东西,这就降低了拓展"民"的意义。因此,高丙中吸收了美国民俗学者萨姆纳关于注重生活和整体的民俗观念,提出用生活的整体研究来带动民俗学研究范式的转变,将民俗界定为"具有普遍模式的生活文化和文化生活","'俗'既可能表现在传统形式中,也可能表现在大量不那么悠久的,甚至新的形式中",这就使得"民俗学既要把文化形态的'俗'作为对象,更要在更高层次上研究把'俗'融汇进自己的活动而呈现的民俗生活"[3]。这种以凸显"民"的主体性、自由性及民俗学的"当下性""动态性""整体性""日常性"的研究路径得到了民俗学界的较多认同,包括吕薇、户晓辉、王杰文、宣炳善、彭牧、韩成艳等学者在内都赞同将民俗

---

[1] 包营编:《钟敬文集》,广州:广东人民出版社,2018年版,第371页。
[2] 钟敬文:《新的驿程》,北京:中国民间文艺出版社,1987年版,第436页。
[3] 高丙中:《民俗生活:民俗学的研究对象和学术取向》,《民俗研究》1991年第3期。

学定位于"现代社会日常生活"①。事实上,在过去二三十年的现代民俗学发展过程中,中国民俗学的内涵与外延在城乡社会语境的冲突与融合中不断扩大,高丙中认为"民俗经历了一个反向过程,从遗留物到农民之'俗',再到更广泛的民间习俗,现在部分民俗已经是全国性的公共文化"②。不同群体的"民"之民俗生活都被纳入民俗学的研究视野,尤为明显的是从对乡民的生活研究到对市民的生活研究,再到乃至个体的"民"的生活研究③,关于以市民为主体的城市民俗生活在近些年来得到前所未有的重视与研究。联系近年来飞速发展的网络技术,现代社会的日常生活是被"技术化"的,城乡民俗生活如何因技术而被拉近又如何被沟壑化,这些"技术世界的民间文化"都是现代城乡语境下的重要民俗学话题。

(二)都市民俗学的兴起与发展

如果说城乡中国的巨大社会变迁所带来的"民"与"俗"的危机使得现代日常生活获得了理论合法性,那么都市民俗学的兴起与发展则是城乡背景下民俗学必然拓展的领域。城乡中国的语境置换使得都市成为经济文化的辐射中心,或显或隐地影响着整个社会的生活感知。国外对都市民俗学的研究起步较早,这也跟国外较先步入城市化有着密切的关系。在20世纪60年代,都市民俗学开始在英美等国家出现,对生活在都市中的底层民众的关注成为民俗学的新方向。理查德·多尔逊、阿兰·邓迪斯等学者拓展了民俗之"民"的对象,从乡下人、城里人到一切之人群都可以是民俗学的对象。在1973年印第安纳大学召开的"现代民俗学"(Folklore in the modern word)的会议上,从城市所引起的传统变迁、传统民俗在城市的复兴到城市移民潮、民俗传播传媒等都市民俗学的议题都得到讨论。丹·本·阿莫斯(Dan Ben-Amos)指出,"现代生活既存在于都市又存在于乡村,将之武断地分离是一种错误的做法,我们需要在现代世界中寻找民俗,也需要在现代社会中寻找民俗"④。在民间文学领域,美国学者布鲁范德的《消失的搭车客——美国都市传说及其意义》开启了美国当代"都市传说"的研究,树立了对美国都市新民俗研究的典范。经过二十多年的推进,美国民俗学逐渐从既有的"古旧"的传统中解放出来,完成了关注当下社会与都市民俗的现代转型。在德国,以沃尔夫冈·卡舒巴为代表的民俗学者倡导转向对都市民俗的研究,他在《民俗学在今天应该意味着什么?——欧洲经验与视角》一文中指出,过去的德国民俗常常构建起均质的农村民间文化的浪漫意象,而如今对"民"的反思促使其研究视角落在大多数生活在城市的普通民众,研究关于"民"的大众文化、交通、技术、媒体、休闲时间等所有构成城市生存方式的内容,这些聚集在城市里的多层次的文化混合体通过电影、广告、商品等将差异性的内容融入日常生活,这种新的后福特式城市生

---

① 吕微、高丙中、户晓辉等:《定位于现代社会日常生活的民俗学——"国际比较视野下的民俗学前景"笔谈》,《民俗研究》2013年第4期。
② 高丙中:《日常生活的现代与后现代遭遇:中国民俗学发展的机遇与路向》,《民间文化论坛》2006年第3期。
③ 王加华:《个人生活史:一种民俗学研究路径的讨论与分析》,《民俗研究》2020年第2期。
④ Richard M. Dorson, Folklore in the Modern World, The Hague, Mouton Publishers, 1978, p.5.

活的吸引力使得城市成为探索民俗传统与遗产的地方。① 德国民俗学的研究对象与视角实乃"从村落转向了城市,从历史转向了当下,从均质化、固定化的文化观转向了多样性、变化性的文化观,尤其强调要结合当前全球化与数字技术高度发展的背景,探究传统力量如何在新的语境中发挥作用"②。而在日本民俗学界,同样从20世纪60年代至90年代掀起了都市研究范式的转变,如中村美孚《城镇与孚——以秋田县角馆町饰山号子为例》、仓石忠彦的《住宅区的民俗》《都市与民俗学》,宫田登《通向都市民俗学之路》等都是都市民俗学探究的代表。此外,在韩国、瑞士等也都有类似转型,如瑞士学者托马斯·亨格纳即是"以人对城市特性的建构和体验为中心,以洞察普通人的日常生活和生活世界为旨归,以此认识并发现民众或普通人的实践主体性和创造性"③。

国内的都市民俗学实践既受到国外都市民俗研究的影响,也是应对城乡一体化建设加快的主动选择。相比于对乡村民俗的研究来说,都市民俗学的研究不仅起步较晚,且居于相对逼仄的境地。1982年钟敬文先生从一种空间区域的类型划分肯定了民俗学研究都市的正当性与合理性,"搞民俗当然着重在广大农村,但是,我们也不能排斥对现代都市民俗材料的搜集和研究"④。都市民俗学的正式登场可追溯至1986年《中国都市民俗学研究刍议》一文的发表,后有乌丙安、陈勤建《我国都市民俗研究的新课题》(1988)、《中国民间文化》第三期的"上海民俗研究"(1991)及第四期"都市民俗研究发凡"专辑对早期的都市民俗学做出一些思考。直到2004年陶思炎出版了专著《中国都市民俗学》才出现对都市民俗学的系统化讨论,在对都市民俗学体系、都市民俗资源论、民俗中心转移论、主体与空间流动论、传统与现代磨合论等诸多话题的探讨中体现出建立学科分支的自觉性。近十几年,城乡人口的转移、流动与新民俗的出现都使得都市民俗学吸引了越来越多学者的兴趣。比如,2013年在上海举办的海上风都市民俗学论坛上,乌丙安、仲富兰、郑土有、田兆元、耿敬、陈勤志、蔡丰明、孙正国等民俗学者对都市民俗学的研究意义、内容及方法做出深入讨论。⑤ 目前以岳永逸、徐赣丽等人对都市特定群体、特定区域地方、特定现象展开的积极实践研究呈现出都市民俗学的内在反思性。岳永逸持续关注北京天桥十余年,他对天桥的市场、市声、剧场、博物馆、地铁等"杂吧地儿"属性及其韧性进行考察,将"杂吧地儿"视为一种方法,通过对过去与现在的改造对比揭示出天桥的开放性、杂合性对于街头艺人、城市的意义,这种研究对都市民俗学研究具有方法论的指导意义。⑥ 而在北京生育礼俗变迁的探究中,岳永逸指出发生在都市日常生活层面渐进的革命在呼召中国

---

① 沃尔夫冈·卡舒巴、彭牧:《民俗学在今天应该意味着什么?——欧洲经验与视角》,《民俗研究》2011年第2期。
② 沃尔夫冈·卡舒巴、安德明:《从"民俗学"到"欧洲民族学":研究对象与理论视角的转换——德国民俗学家沃尔夫冈·卡舒巴教授访谈》,《民间文化论坛》2015年第4期。
③ 户晓辉:《建构城市特性:瑞士民俗学理论新视角》,《民俗研究》2012年第3期。
④ 钟敬文:《民俗学的历史问题和今后工作》,《中国民俗学会会刊》1984年第2期。
⑤ 乌丙安等:《都市民俗学研究的意义、内容及方法探讨》,《民间文化论坛》2014年第4期。
⑥ 岳永逸:《"杂吧地儿":中国都市民俗学的一种方法》,《民俗研究》2019年第3期。

民俗学回归日常,直面都市民俗学转型。①徐赣丽则以上海的都市空间为观察域,较为敏锐地捕捉到城市化背景下民俗学从民间文化过渡到大众文化的发展趋势,并立足于都市庞大的消费群体——"中产阶级"来展开都市民俗学的探究,她认为"民俗学改变在都市寻找民俗,改变单纯以'民俗'为研究对象,而以更为通用的'生活方式'为概念,以其城乡差异和时代变迁为关注目标,尤其是关注未来都市人口中占主导地位的中产阶级群体及其生活样态,也许可以开拓都市民俗学新领域"②。如她对上海田子坊的研究即是都市民俗学对"地方"关注的典型,探究其如何变成民俗层叠并置与拼凑混杂的现代怀旧场所,为拓展都市民俗学的研究提供了新的思路。③此外,诸如田兆元对民俗认同经济的研究,施爱东对谣言的探究,黄景春、张敦富对都市传说的研究等都使得都市民俗学的研究变得鲜活立体起来。

总体来说,都市民俗学的概念在中国逐渐为学界所接受,不过由于缺乏独有的研究方法与理论视角也在国内外遭受争议,陷入瓶颈。实际上,日本的都市民俗学在20世纪90年代就渐次沉寂,因为如何提炼都市民俗学的问题意识、研究路径等并没有新的突破,而如果仅仅是从空间地域上将其理解为对产生于都市的民俗进行研究反而误解、狭隘了都市民俗学的意涵。日本学者岩本通弥指出"都市民俗学兴盛的原因和意义在于,它针对定型已久的民俗学提出了不同的观点,并对既成的方法论、调查论以及记录论提出了重新考察其前提性概念的必要性。……虽然柳田国男把民俗学定义为现代之学,但后来的民俗学违背柳田的本意热衷于对过去的复原"④。根据中国的城市化来看,许多都市的民俗现象是经由从乡入城,或被城市化的人群带来或保留的,这种都市性与乡土性在"移民潮"的环境下从来都不是泾渭分明的。以广州市一条河涌扒龙舟民俗为例,⑤当城中村被拆迁之后扒龙舟、民间祭祀这些根植于乡土空间的民俗记忆并没有就此湮没消失,而是依然沿着河涌的路线在每年端午节隆重举行扒龙舟的民俗活动,这一奇特的都市民俗景观充分说明了都市的乡土性,同样在乡村也有着都市性的现代空间。尤其在城乡一体化的背景下,都市民俗学若不能寻找到自洽的研究理路或将依然面临名称的合法性问题。因此,岳永逸将自己的都市民俗学研究界定为"倡导一种认知论的转型",而非"建构一门中国民俗学的分支学科",指向的是"当下日常生活和现代性的'现代民俗学',而非仅仅关于都市的民俗学"。⑥他认为"如果说乡土民俗学是近现代历程中以农耕文明及其生活方式为中心,以乡土中国为本位、原点,那么都市民俗学则是以工业文明、科技文明支配的当下都市生活方式为中心、重心,以现实中国为本位,波及开去",应该抛弃"乡土民俗学基于单线进

---

① 岳永逸:《中国都市民俗学的学科传统与日常转向——以北京生育礼俗变迁为例》,《云南师范大学学报(哲学社会科学版)》2018年第1期。
② 徐赣丽:《中产阶级生活方式:都市民俗学新课题》,《民俗研究》2017年第4期。
③ 徐赣丽:《当代都市消费空间中的民俗主义——以上海田子坊为例》,《民俗研究》2019年第1期。
④ 岩本通弥、西村真志叶:《"都市民俗学"抑或"现代民俗学"?——以日本民俗学的都市研究为例》,《文化遗产》2012年第2期。
⑤ 高小康:《空间重构与集体记忆的再生:都市中的乡土记忆》,《学习与实践》2015年第12期。
⑥ 岳永逸:《中国都市民俗学的学科传统与日常转向——以北京生育礼俗变迁为例》,《云南师范大学学报(哲学社会科学版)》2018年第1期。

化论的'向下看'和'向后看'的基本姿态与本位,并力图打通在空间意义上对都市和乡村的机械割裂,强调当下都市民俗的乡土性和乡土民俗的都市性,即不同空间民俗相互影响交织、涵盖的互融性"。[1] 这无疑是从认知论的范式来看待都市民俗学的研究意义,强调针对城乡互融的社会现状而开展贯穿城乡的民俗学整体性研究,或许这才是都市民俗学的价值所在——关注当下社会,打通城乡隔阂,真正凸显民俗学研究的现代性。在一定程度上,这种理解也解释了为何日本已经用"现代民俗学"取代了"都市民俗学"的叫法。

(三)"民俗主义"研究

在从乡村到城市的语境变换中,大部分的乡土民俗不再是民众生活其中的"活"着的民间文化,而是逐渐被"对象化",被贴上"遗留物""非遗"的标签成为当下社会凝视的对象。从一开始对民俗的抢救、博物馆式的保护到后来成为"共识"的活态保护与利用,作为传统文化符号的民俗具备了进入当下文化空间的条件,并被开发出多条路径抵达现代人的日常生活。由于城市化、市场化、网络化、消费化、传媒化等多重力量的推动,民俗在城乡文化空间的流转中被改造利用,如周星所说"无数脱离了原先的母体、时空文脉和意义、功能的民俗或其碎片,得以在全新的社会状况下和新的文化脉络中被消费、展示、演出、利用、被重组、再编、混搭和自由组合,并且具备了全新的意义、功能、目的以及价值"[2],这种被学界称之为"民俗主义"的民俗文化现象营造了现代社会繁荣的"民俗复兴"景观,早已不是新鲜的事情。可以说,民俗文化的"再生产"与利用是现代民俗学无法忽视的一种文化现象。这种"常态"既成为普通现代人生活的组成部分,也成为民俗学者绕不过去的一个话题。20 世纪 60 年代发源于德国的"民俗主义"概念被认为揭示出进入现代社会的各国普遍出现的民俗现象的基本常态与本质,并引起有关"本真性""伪民俗""泛民俗"的讨论。根据赫尔曼·鲍辛格(Hermann Bausinger)的定义,"民俗主义"是指那些对"过去的民俗的运用",它是现代文化工业的副产品,表示了民俗学的商品化以及民俗文化被第二手地经历的过程。[3] 换言之,对民俗学的利用、商业化改造、消费重构、传统的"发明"等等都算得上是"民俗主义",这种利用"不是按照日常生活逻辑进行的自然呈现,而是民俗元素有选择性的组合与重构,是基于消费主义和功利主义的立场,对民俗元素进行艺术加工的一种民俗现象"。[4]

"民俗主义"在进入中国之后迅速成为最具有生产性、包容性的民俗概念之一,成为分析现代消费机制下各类民俗现象的有效理论工具,周星、杨利慧、王杰文、王霄冰等学者对"民俗主义"理论的介绍阐释大大推进了对现代民俗学的理论建构,一大批学者的民俗主义案例研究则深入揭示了城乡中国背景下民俗学的内在关系与发展理路。尽管对"民俗主义"诟病者为数不少,但"民俗主义"却切切实实构成了理解城乡发展背景下民俗的当代

---

[1] 岳永逸:《中国都市民俗学的学科传统与日常转向——以北京生育礼俗变迁为例》,《云南师范大学学报(哲学社会科学版)》2018 年第 1 期。
[2] 周星:《民俗主义、学科反思与民俗学的实践性》,《民俗研究》2016 年第 3 期。
[3] 杨利慧:《"民俗主义"概念的含义、应用及其对当代中国民俗学建设的意义》,《民间文化论坛》2007 年第 1 期。
[4] 刘爱华、艾亚玮:《创意与"变脸":创意产业中民俗主义现象阐释》,《民俗研究》2012 年第 6 期。

性、应用性与公共性的重要突破口。在某种程度上,城市化的消费性、商业性与现代性决定了民俗重构的复杂性,它不可能简单地复原民俗传统,而只能在城乡统一的消费空间中将其"嵌入"现代的生活中。应该讲,现代民俗学对民俗的"当下性"的关注即意味着从静态的、完成的民俗事象转向动态的、未完成的民俗过程,关注民俗在变动不居的城乡社会中如何生产与重构自身,此亦是对现代日常生活、都市民俗学、民俗主义探究的意义所在。

可见,在城乡中国的语境中,现代民俗学经历了民俗的空间重构——从"乡土中国"走向"城乡中国";民俗的主体重构——从"乡民"走向"市民";民俗的事象重构——从"原生态"到"被生产";民俗的动力重构——从礼俗支撑的动力走向由商业、市场、消费、意识形态等合力发展的多个方面的重构,在朝向当下与未来的革命中进行着民俗学的现代蜕变。

思考题

1. 如何理解"乡土中国"与"城乡中国"两种社会结构?
2. 城乡中国背景下的现代民俗学具有哪些主要研究范式?
3. 都市民俗学与现代民俗学的区别与联系有哪些?

推荐阅读文献

1. 费孝通:《乡土中国 生育制度 乡土重建》,北京:商务印书馆,2011年版。
2. 周其仁:《城乡中国》,北京:中信出版社,2017年版。
3. [美]扬·哈罗德·布鲁范德:《新编美国民俗学概论》,李扬译,上海:上海文艺出版社,2011年版。
4. 董晓萍:《现代民俗学讲演录》,桂林:广西师范大学出版社,2007年版。

第二章　文化遗留物与民俗传承

本章要点概述

本章内容集中讨论民俗学的研究对象和民俗的本质性特征"传承",主要关涉民俗学对传承的解释和认识等内容。首先介绍了传承概念在学科历史中的地位,及其所包含的意义和所涉及的民俗学问题,论述了从文化遗留物出发的民俗学学科兴趣的产生根源和存在的问题;其次阐述了传承的几个方面,包括民俗传承的特征、传承机制、传承媒介、传承人、传承路径等等;最后,对传承在当代的变迁进行论述,并反思传统民俗学执着于对传承的研究而带来的学科困境。

传承是民俗事象存在和发展的一个主要特征,它是理解民俗的核心概念和民俗学研究的主要对象。民俗学重视民俗文化是如何延续下来的,其延续的途径、方式、方法和过程是怎样的,这里所说的延续就是传承。一些国家在民俗学诞生初始,就把民俗视为传承的生活文化知识,并以传承为学科研究对象,以此区别于流行文化,也区别于社会学和文学的研究。在日本、德国等国家,民俗学的研究对象曾等同于民间传承,民俗学主要研究传承了三代以上的生活文化现象。因此,传承与民俗学有不解之缘。关注传承,揭示民俗的传承规律和模式,是民俗学的主要目的之一。自民俗学这个学科面世以来,人们关于传统、传承、传承机制、传承场域、传承的内容、传承方式、传承人等等的讨论,也不断反映在民俗学领域内的理论阐发和个案分析中。

既然传承被看作民俗最重要的特征或本质属性之一,那么我们首先要理解其定义。何谓传承?有学者提出,"面向过去而有承,为承者,面向未来而有传,为传者"。[1] 广义上理解,传承意指上一代人通过语言或行为进行传授,下一代人通过耳闻或观察来继承,形成相互作用的行为。狭义的传承概念是指文化的时间性推延,是和文化的空间性移动,即与"传播"对应的词语。所谓民俗"传承",主要是指文化跨世代的承接延续,它既包括民俗文化历时的纵向延续性,也包括民俗文化的传递方式。[2] 民俗的传承通常意味着在一个稳定的共同体中,以口语、行为和物质为媒介进行的,具有类型化的、反复出现的、模式化的、集体的而非个人的自由选择的特征。由于民俗的这种传承性,使得文化在特定人群和地区形成了约定俗成的传统。

---

[1] 刘家和:《传承和创新与历史和史学》,《北京师范大学学报(社会科学版)》2014年第2期。
[2] 钟敬文主编:《民俗学概论》,上海:上海文艺出版社,1998年版,第13—16页。

在日本,"传承"作为一个经典的民俗学概念,已经被反复讨论。在日本民俗学早期研究中,"民间传承"相比于"民俗",是更受重视的民俗学关键词。据文献记载,传承一词在日本很早就被使用。日语的"传承"由来与民俗学学科的形成与发展分不开,早在日本民俗学家柳田国男的经典之作《民间传承论》中,"传承"便作为民俗学的基本概念得以确立。《日本民俗大辞典》关于"传承"的定义是:"文化在时间轴上的移动,它与文化在空间上的移动(传播)形成对立,广义上包括上位世代讲述的语言、动作行为以及下位世代通过视觉和听觉而继承下来的行为。"①这就是在历史框架内看待传承。在韩国,作为汉字词的传承也是常见的现代语词,指继承传统,与英文 Inheritance 对应。"传承"一词在中国早期没有完全对应的词,早在《论语·学而》中有"传不习乎"之句,其中的"传"指"受之于师谓之传",后来就有了传授、传布、流传、传送、传递之意。在古代汉语中,"传"和"承"分离,并未形成一个固定语词。中国的现代汉语词汇很多受日本影响,"传承"一词在我国的出现也是受日本民俗学影响,即把传承性的事象视为民俗学的研究对象,这样也就形成了中国民俗学的传统,并影响至今。因此,中国民俗学不能忽略传承这个概念,并需要对其当代变迁保持关注,从而反思这个概念在社会转型之后是否仍然可以像初始之时那样重要。

第一节 民俗的起源:文化遗留物

"民俗"(Folklore)作为一个学术名称,以及作为一个起源于西方学术界的学科,其最初的来源与古物学研究者有密切的关系,并且一直影响到民俗学后来几百年直至今天的发展,成为人们想象和理解民俗学的学科特色和历史局限。

一、进化论、文化遗留物观念与民俗学

19世纪中叶,达尔文进化论思想诞生并影响了学界多个领域。在当时的文化人类学者看来,如果生命形态可由简单演变至复杂,文化也是如此。人们想象在"文化进化"过程的早期,古人由于文化的落后和生产力水平的低下,对自然现象及其规律不可能理解和进行科学的解释;但又渴望能够以解释、控制和改变自然现象,于是创造了各种形式的民俗,如近代人们所讲述的民间故事和传说就可以被看作野蛮时期神话的遗留,②从中可以窥见早期文化的面貌。于是,文化遗留物成了学界热衷探索的对象。

进化论是把某些特殊的文化置于某一种文化进化阶梯的最低端,如把早期的礼仪俗例看成文明积层中的较为基层的组成部分,有助于我们了解和认识今日复杂社会的内在肌理。这类研究主要集中于下层阶级、农民及其所携带的"落后"文化和"远古"文化,把未受城市社会和工业社会的先进的复杂的文化影响视为民俗的范畴,把有教养有文化的都市居民排除在外。由此,这样的学者把民俗视为是古人创造的,认为现在我们能看到的各

---

① [日]加藤秀雄:《"传承"概念的解构与重构》,西村真志叶译,《文化遗产》2017年第5期。
② 王娟编:《中国民俗文化》,北京:中央广播电视大学出版社,2006年版,第9页。

种民俗事象都是无知未开化的农民从野蛮时代传承下来的残留物,或将民俗看成以往时代的退化材料。即使在文明民族中,民俗研究的范围也主要局限于农村,"民俗"指的是农村人群的整个生活方式,"民"则指代生活在农村从事农业生产的农民群体。人们通常认为,只有在远离科技与现代文明之处,才可发现传统的古代遗存,揭示现代文化早期阶段的状况。这种观点迄今在欧洲和南美的一些国家仍然存在,把民俗视为是种族和地区上纯粹农村人群的传统。实际上,直到相当晚近的时候,美国的民俗学研究亦是以农村为基础,美国民俗曾被定义为"消失的边疆和开拓者传统""逝去的旧日美好年代"。学者们想象只有具有乡村氛围的地方可能还残存着民俗,于是便深入到偏远地区去寻古探幽。① 这反映了早期学者对民俗怀有田园牧歌般的情调。

进化论主要关注从过去延续至今的思想行为方式和知识,其所导引的民俗学就是从我们的日常生活中寻找过去生活的遗留物,并对此进行历史的考察和本质的揭示,从而达到除旧布新和移风易俗的目的。② 今天世界各地仍有许多民俗学研究仍然沿袭西方的社会进化论所支撑的研究取向,固守传统的理论,认为民俗学是关于文化遗留物、关于传统、关于过去社会的记忆的学问。其根源就是,民俗学最早由古文物研究者们创立,当时把民俗视为古代文化系统遗存于现代社会的"残留物",这种认识影响到了学科内外,长期以来形成了民俗学对古老和原始,或乡村风俗的兴趣,局限了民俗学的发展。

与此相对应,中国民俗学界长期采取社会文化史的取向,把对具体民俗事象发生和变迁的描述和介绍作为主要的学术工作。这种理论取向是由20世纪20年代第一代民俗研究者奠定的,1950年后民俗被视为封建、迷信或原始、落后的文化,也同样隐含这种思想。1980年代,改革开放后民俗学被重新恢复,该理论再次成为民俗学界主要的研究趋势,并一直延续到20世纪末。在此期间,中国民俗学在理论上的发展,大致都可以概括为对"文化遗留物"不同角度不同方面的阐述,仍然沿袭了泰勒、弗雷泽等早期英国人类学家的思想。

二、传统与民俗

受文化遗留物思想的影响,民俗学也把"传统"视为与"传承"一样具有重要性的核心关键词。在人们的表述中,"传统"常常等同于"民俗",尤其在民俗学希望获得学科合法性的时候,人们往往通过强调传统的价值来提升民俗学的学科地位。如果说民俗只是人们的兴趣,传统则是被视为具有重要价值的文化。希尔斯指出,传统往往被人们赋予了神圣的或超凡的含义,从而产生了对人的行为具有规范作用和道德感召力的克里斯玛特质。③ 正如他所指出的,传统在现在社会的某些特定群体中继续保持着强大的影响。"那些过去的思想、言语和行为方式,主要存在于'粗鄙'阶层、乡下人、老人、未接受教育的人和妇女当中。这些人正是那些特定的社会群体,在他们那里,过去的'遗留物'(Survivals)最容易

---

① [美]巴瑞·托尔肯:《走近民俗学》,李扬:《西方民俗学译论集》,青岛:中国海洋大学出版社,2003年版,第16页。
② [美]理查德·鲍曼:《民俗界定与研究中的"传统"观》,杨利慧、安德明译,《民族艺术》2016年第2期。
③ [美]希尔斯:《论传统》,傅铿、吕乐译,上海:上海人民出版社,2014年版,序言第12页。

得到持续存在。所以,我们应该从这些人群当中去进行有关过去遗留物的调查和研究。"①希尔斯代表了社会精英的思想,也体现了相当长时间里学界大多数人的态度,并深刻地影响了后来学科内外对民俗的看法和研究。

与文化的定义类似,传统的定义也是五花八门的。传统常常与文化并用,称为"文化传统"或"传统文化"。从汉字字意理解,"传"意为传承或传递,"统"意为统合;组合起来表示历史上传承下来的具有统合意义的文化。在《辞海》中,"传统"被解释为"历史上流传下来的习惯力量,存在于制度、思想、文化、道德等各个领域"。② 根据文化研究学者雷蒙·威廉斯对 Tradition(传统、常规)的解释,这个词的现代普遍意涵特别复杂难解,其可追溯的最早词源为"交出""递送"。"传统"一词对应的拉丁文是 Traditum,对应的英文为 Tradition,其基本含义都是指从过去延传到现在的事物,也就是指年代久远或代代相传的事物及其带有的敬意与责任。③ 据前人研究,传统这个概念是 200 多年前提出的,当时的研究者所谓的传统是有特殊所指的,比如:民俗、童话、神话、传说、口头文学、习惯法、农民生活中的风俗和服饰、宗教的和世俗的礼仪和仪式。可以看出,这些对象主要局限于与那些尚未成为书面形式的表意作品的延传相关联的范围。④ 在前现代社会中,传统也在缓慢变迁,这种变迁因为在整个农耕文明时期相对缓慢,即使历朝历代不断更新换代,但是民众的生活方式总体上属于农业生产模式及其所决定的物质生活条件下的变化。通常,人们提到"传统"就是指那些外在于主体的、历史的和凝固了的种种文化成果,是一些过去的、物化了的东西;通常被理解为是静止、停滞不动或被刻板化的对象。传统文化,相对于"当代文化"和"外来文化"而言,其内容是历代存在过的种种物质的、制度的和精神的文化实体和文化意义,如生活习俗、古典诗文、忠孝观念之类;被视为历史上的文化现象、文化样式、文化类型的凝聚,是人类活动的积习。希尔斯高度评价传统:"它使代与代之间、一个历史阶段与另一个历史阶段之间保持了某种连续性和同一性,构成了一个社会创造与再创造自己的文化密码,并且给人类生存带来了秩序和意义。"⑤

在民俗学研究中,"传统"的使用频率很高,原因是把它等同于"民俗",或把二者视为近义词,这个时候是在区分大传统的小传统的意义上使用该词。因为民俗被视为具有持续性、反复性以及类型性的文化传承现象,这样的现象在很大程度上就等同于传统。宽泛地说,某个时间段的社会风气历经较长时间而能延续,没有根本的变动,就可以说是传统。⑥ 换言之,流行的风尚经过沉淀即成了民俗。民俗学关注的传统,通常是指在很长一段时期内,没有发生过根本性变动的事物。从这个角度来看,传统与传承密切相关。传统的功能体现在两方面:一方面,传统是贯穿于民族文化中的精神原性,是创造的本源和人类进步的基础;另一方面,传统是一种巨大的阻力,是历史的惰性。

---

① [美]理查德·鲍曼:《民俗界定与研究中的"传统"观》,杨利慧、安德明译,《民族艺术》2016 年第 2 期。
② 辞海编写组:《辞海》,上海:上海辞书出版社,1989 年版,第 215 页。
③ [英]雷蒙·威廉斯:《关键词:文化与社会的词汇》,刘建基译,北京:生活·读书·新知三联书店,2016 年版,第 537—538 页。
④ [美]希尔斯:《论传统》,傅铿、吕乐译,上海:上海人民出版社,2014 年版,第 18—19 页。
⑤ [美]希尔斯:《论传统》,傅铿、吕乐译,上海:上海人民出版社,2014 年版,序言第 2 页。
⑥ 钱钟书:《中国诗与中国画》,钱钟书:《七缀集》,北京:生活·读书·新知三联书店,2002 年版,第 2 页。

民俗学虽然最初诞生于古物学家的兴趣;但在后来发展中,把民俗视同遗留物或传统的观点,受到学界批评和反思。如美国民俗学家丹本·阿默思指出,传统只是一种修辞手段,"民俗的传统性是一种偶然特质,只是在某些情况下与其相关,而并非其客观的内在特性"。他承认,传统常常是民俗,但反过来说是不成立的,民俗并非都是传统的。[①] 民俗学重视传承,是为了借此与历史学相区别,即不是仅仅关注某个历史阶段的文化现象本身,而是要通过对民俗的历时性考察,找出其相对稳定的变化较小的地方,以确定其作为民族精神的意义。其实,任何传统的延续,都是顺应新的历史文化环境做出了适当的调适,从而进行延传的。新近有人提出,民俗学的方法应该在其对象、方法、课题的相互关联中整体性地把握,[②] 在研究中,要同时具有共时和历时的研究视角。民俗作为传承具有一定的历史纵深度,同时具有不变和可变两方面的特性。因此,民俗学既要有历史的探求,又要有对当下的关切。它应该既揭示过去与现在的相关性,又要对传承至今的民俗之功能、意义及其变迁的过程加以现代式的说明。在我国,钟敬文先生也很早就强调过民俗学不是古代学,而是现代学,这也是强调民俗学不是关注遗留物的学问。

第二节 民俗传承的特征、机制和媒介

民俗学以传承为研究对象,来主张自己的学科独立性,那么,作为民俗学的研究对象的"传承"有何特征呢?

一、民俗传承的特征

通常我们认为,民俗的传承是指类型化的、模式化的、反复出现的、集体的而非个人自由选择的、主要依据口头和行为传承的生活文化。但这样的区分,并不能减少不同的人对传承的不同看法及其理解中所存在的差异,就如对"民"或"俗"的认识各不相同。所谓"传承",其本质上是研究者在民俗学史上建构的对象,不同的学者根据各自主观认识把从生活中抽出来的一部分认定为民间传承。那么,一种文化现象如何认定其是否属于民俗的传承?在此总结出四个特点。

(一)非正规性和无意识性

民俗是非正规性知识,民俗的传承也体现其传播的"非正规性"。相较于专业知识从学校教育这种"正规途径"获得,民俗作为我们个体的生活选择,主要通过非强制性和非制度性的"非正规途径"获得,是我们在日常生活中耳濡目染,与人交往中不经意地获得的。民俗传承常常是无意识的。民俗作为生活文化,渗透在日常生活中的方方面面,我们每个人都身处其中,潜移默化地受到影响。作为代代相传的民俗知识,主要是孩子在成长过程

---

① 丹本—阿默思:《在承启关系中探求民俗的定义》,张举文译,《民俗研究》1998年第4期。
② [日]加藤秀雄:《"传承"概念的解构与重构》,西村真志叶译,《文化遗产》2017年第5期。

中被父母长辈照看和陪伴,不知不觉地会被成人的言行所熏染;同时参与社会交往,通过公共活动从周围的人那里习得模仿应有的行为。这种非正式的文化习得,不需要像现代学校的专门教育那样按照一定标准进行,也不需要通过考试达标才能算合格;而是在家庭和社区中,通过"模仿"和"重复"周围人的行为习惯了解和习得民俗。长辈们不仅会教给子孙们日常生活的能力,还教授内部的伦理道德、价值观念等。传统以民俗的形式渗透到我们生活的方方面面,使生活在其中的人们无形之中接受影响,并自觉自发地继续进行传播和传承。这是因为民俗本身是先辈的经验智慧或民众为了适应当下的各种现实需要而新近创造发明的,因此,人们会日用而不自知,作为一种习惯行为而不断重复,民俗也就在各种非正规的场合中被无意识地传承着,甚至有时候大家都没有觉察到那是在传承。简单地说,"模仿"和"重复"是塑造一个"文化人"的必经途径,它是如此的普遍和自然,以至于人们常常意识不到他正在接受和传播一种被视为文化的东西。

虽然民俗的传承是非正规性的,但也会借助一定的程式进行创造和再传承。所谓"程式"是指准则、规则的意思。反映在民间故事、传说、神话的讲述上,就是其内容的展开必须依一程式框架为基础,在基本框架内作适当的调整,以保证新的文本符合人们的接受习惯。又如民间说唱或音乐的创作也要依照一定的程式,有基本曲调、基本板式、基本曲牌,创作过程中,形成了一套创作手法的程式,以口传心授的方式进行传承,如结构安排中的"起、承、转、合";速度变化中的快慢渐变规律;曲调发展的"换头""合尾"等等都具有程式意义。许多地方的民歌手或史诗演唱艺人能够源源不断地即兴编词对唱,脱口而出几十上百句民歌或史诗,但他们并不是天生的"歌仙",他们那看似令人惊诧的记忆力和演唱才能背后隐藏着奥秘,这个奥秘就是对程式的掌握。因为他们既熟悉了民歌的音调曲谱,又掌握了歌词编排的通常规律,所以能够熟练地运用某种(或几种)相对固定的程式;在演唱时,那些民歌手或史诗艺人就能根据不同情境进行修改、调整或再创编。再如民间艺人进行编织、雕刻等民间技艺或地方戏表演,只要掌握一些包含核心内容的程式方法,就能自如地进行创造。也就是说,民间文化的传承虽然不像现代教育体制那么系统,但并不是完全没有章法。一些谚语口诀道破了民俗传承所遵循的规则或公式,这类口诀从经验中提炼出来,简明扼要、通俗易懂、顺口易记等特点在日常生活中使用非常方便。特别是一些具有深度和难度的传统技艺门类都拥有自己的技法口诀,如剪纸有口诀:"桃花尖,梅花圆,海棠花向内弯,牡丹花像个'3',圆形花两条边,其他花自己编,聪明才智在花间。"年画也有口诀:"紫是骨头绿是筋,黄色多了太清淡,唯有紫少画真新;红间黄,喜煞娘,红重紫,臭其屎;红主新,黄主淡,绿色大了不好看;紫多发恶黄多傻,用色干净画鲜艳。"熟练掌握口诀的人都是民间技艺的好手和传人。这些口诀或谚语对于普通百姓来说通俗易懂,既容易记住,又容易传播,能真正发挥作用。这些民众的知识和经验,虽然发挥了重要作用,其地位不可低估,但并没有被看作了不起的"文化",所以传承过程也是非常随意的。

(二)保守性

民俗,通常是指世代相传的文化现象,因此,稳定性是其基本特征。不管是良风美俗还是恶习陋俗,只要称其为民俗,就说明其已被特定人群普遍接受和认同。在中国漫长的封建社会,因固定于生存的土地和村落,许多传统民俗已经形成稳定的模式,世代相传。这种传袭与继承的活动特点正是民俗的传承性标志。[①]

民俗大部分是共享的,但也有一部分是非共享的,呈现出小群体内部传承的保守性。不管是经商的机密还是劳动生产中的绝技,或是被某个组织奉为神圣性的内部规则,都对外保持封闭,秘不示人。比如,由于同行业存在竞争,独家技艺被视为一种生存之道,许多民间技艺存在独门垄断不外传的风习。即使师徒之间技艺相传,也存在保守性,师傅通常会留一手,以免"教会徒弟饿死师傅"。因为,在技术落后的年代,精通一门手艺可保衣食无忧,因此,艺人们会想方设法保守行业秘诀,这就造成艺人们精湛的技艺和经验只能为本家族内部群体所分享,而外人无从知晓。也形成了许多民间技艺单线传承的方式,即一对一地传承,父传子、母传女、师父传徒弟。为了保证家族拥有的某种技艺不外传流散以保证其行业垄断性,许多师傅都定有严格的传承规矩。现今许多非物质文化遗产濒临灭绝,除了因为传承生态发生了极大改变,很重要的一点是历来民俗遵守内部传承的做法使得传承面狭窄,传承主体一直遵循着严格的传承人群范围的限制,以至"自古传法,薄如悬丝"。如河北邢台沙河市十里铺村的藤牌阵法,作为中国古代战场实战技击项目,一直奉行"只传男,不传女,传里不传外,谁传外谁死"的训诫,并且,操练者只准操习一种兵器,且不允许对阵法进行文字或图形的记录。发展到今天,70多种阵法只有少数几位"藤牌会首"通晓全套,传承面临危机。因此,这种谨慎保守的传承方式,必然造成某些民间技艺流传的范围很窄,掌握的人数极少。同时,这种一对一的传承,主要是通过口传心授,借助面对面的语言交流和眼观心记来进行的,因而对传者的依赖性很大,若传者老去,他所拥有的这门技艺就可能失传。[②] 这种封闭保守的传承惯制,不仅难有创造发展,也容易造成传承的断裂,是有弊端的。

另外,与现代化的知识传授机制不同,民俗的传承方式大多是面对面的口传心授,其传承的范围多是在血缘、地缘的熟人社会网络内;民间文化和艺术等主要是以家族亲缘传承为主的技艺传承方式。如今在非物质文化遗产保护语境下,主要以非遗传习班、培训班、学校学习等等为主,许多传承人已不必固守行业秘密,也没有保住饭碗的顾虑了,传承呈现开放性特点。

(三)有选择性

纵观历史和放眼世界,民俗在时间向度上的代际传递和空间向度上的地域播布,很少与被传的中心地完全保持一致;从民俗传承的口耳相传、言传身教等方式来看,原封不动地传与承,都几乎不可能。传统社会,传承具有社会强制性和不可选择性,这曾被视为文化传承的本质,以至于师长被看作真理化身,传统被当作一种凝固不变的规则。遵守祖训,维护传统成为社会的守则。但事实上,文化总是处于不断的变化之中,民俗在传承过程中一直是经过有选择地继承,而不是完全因循前人的做法一成不变的。正是因为它可

[①] 乌丙安:《中国民俗学》,沈阳:辽宁大学出版社,1985年版,第36—37页。
[②] 李荣启:《非物质文化遗产的传承及传承人保护现状》,《美与时代》2016年第4期。

以随着世代的变化和文化主体、环境做着全息的互动,并不断调适,才成为传统。从长时段来看,一个地方或一个民族的某些基于自然地理环境和生计模式等所形成的民俗,其基本的内核经久不变,而这也就构成了民族文化和地方文化的核心部分,即我们通常所说的"民族性"或"地方性"。在我国,农业文明延续了数千年,由这种生产方式及相应的封建统治机制形成的历史文化,影响了一代又一代国民。在精英层面的大传统之下,普通民众的小传统文化也借助家庭内部影响、公共空间的唱戏、游神、日常交流等途径形塑传承母体内每个人的言行举止,这就使得一些基本的价值观通过各种途径得以延续和传播,"地方性知识"在大概率上不会被抛弃;但这并不等于民俗在不同时空中的传承是完全不变的。

传承中的变异既是由文化自带的功能性选择所决定,也是由民俗的传承方式所造成的,即民俗的传承主要依赖口传心授,由于口语的表达差异和记忆的不准确性,无法保证每次的传承都原封不变。如一种知识或技艺从甲传到乙,再从乙传到丙,不断扩展和延续,每一次的传承,传承者都会或多或少地根据个人的思想感情和审美趣味及所处的环境,发挥出各自的创造性,对所传承的内容进行加工和改造。相反,如果要求每个传承者在口传心授的传承过程中,保持固定不变的状态继承原来的传承对象反而是很难做到的。所以,传承中的变化是必然的。传承人在长期的实践中,归纳出"换汤不换药""旧瓶装新酒"等原理,说明传承中的变异是民俗传承的一个重要规律。有学者研究总结,历史上民俗的变异,主要有五种形式,包括:1. 在原有的基础上增多扩充的累积沉淀型;2. 形式虽存,内容发生根本变化的形存实亡型;3. 多种习俗合流的变态合流变形型;4. 某些陈规陋习被具有积极意义的新风取代的化旧立新型;5. 全部消亡的名实俱亡型。[①] 这就精要地归纳出了民俗传承过程中的选择、累积、再创造,以及摈弃的类型,说明民俗是不断变化的。因此,民俗文化虽然整体来看呈现代际传承的规律,但每一单项的民俗,在传承过程中总会有变异发生;尤其是随着物质生产的机器化和技术化,物质民俗由于满足人们追求方便、舒服、快捷等需求,而不断处于更新换代的选择中,其变化是首要的。

(四)时空双向传递

民俗传承是在具体的时空中进行的,具有一定的时间性和地方性特点。文化的传承不仅具有时间维度,即随着时间的推移而延续或变异,还具有空间维度,即会随着空间的变换而得以传播。民俗的时间向度,一直以来颇受关注,因为民俗的传承都是在具体的时间阶段中进行的,而且民俗传承在一个时代会呈现一个时代的社会文化特点和政治经济动态。民俗的空间扩布性,就是指民俗在空间前后左右流动传播。也就是说,通常同处一个地方的人,大家会共享一些具有地方性的民俗;而出于地方之间的贸易、信仰、生计、通婚圈等原因带来的文化传播,会在更大的范围内共享某些民俗。空间的传播是遵循文化的流动规律,从中心向周边形成文化圈,从而形成民俗流布的地域性。文化的地方传播受一定的人群活动范围的限制;因此,传统社会里,民俗通常是在家庭、村落社区、集市圈或祭祀圈内、大河流域周边地区等范围内传播,于是在特定地域或特定群体内,就形成了地

---

① 陈勤建:《中国民俗》,北京:中国民间文艺出版社,1989年版,第58—65页。

方或民族的风俗,具有职业特点或年龄特点或性别特点。换言之,特定的自然、地理环境和历史发展过程形成特定的人文风貌特点,而特定地域的自然环境及其出产形成当地人的生计模式或基于自然原材的某种手工艺,或需要特别满足地方文化需要的民间娱乐班子等职业集团,等等。随着传媒的普及、人员的迁移、经济的来往和文化的交流,一国或一地的民俗也会传承到异国他乡或异民族中。比如,春节这样的民俗今天就不仅仅是汉民族的文化,少数民族地区也很流行;不仅在中国受到重视,在国外一些国家也受欢迎,甚至在一些国家,春节还被列为公共假日,政府还举行相关的庆祝活动。同样,圣诞节已经不只是西方国家的节日,在许多原来非基督教影响的地区也开始流行起来,成了许多国家或地区的一种新民俗。在当代,文化的空间传播甚于跨世代的历时性传承,随着科技的发展,信息社会的到来,民俗呈现跨越时空地传播的特征;与此同时,也出现了传与承的分离。

二、民俗传承的机制

传承的机制指的是保持传承的组织、制度。通常认为,传统社会里民俗的传承包括家族内部传承、行业传承、师徒之间和社会团体内部传承、同性别群体之间的传承等,传承机制也与此相关。传统中国社会是乡土社会,乡村有一套发育成熟的文化体系及其传承机制。在村寨熟人社会里,地缘关系和血缘、亲缘关系等多重网络织成监督的目光,会对群体内部的文化传统起到维护和认同的作用;同样,这样的社会产生的各种社会制度及其社会环境,也对文化的传承有着一种天然的助力。就目前而言,仍以家族传承和社会传承两种内生机制为主。

(一) 家族传承

家族传承主要源于封建社会建立的家族组织制度。在传统社会里,大多数地区的人们聚族而居,以血缘关系为基础的家族组织是最为基本的社会组织形式,几乎所有的生产和生活实践都以家庭为单位来开展。家族意识和宗法思想在中国人思想中根深蒂固,并以制度规范的形式得到延续。家族制度不仅维持了民俗在家族内部的传承,也扩延到家族之外的社会,家族制度对当时的政治、经济和文化都产生了很大影响,形成了具有中国特色的社会和文化。

家庭是家族的组成部分,作为整体的民俗或文化,以家庭内部的代际传承最为普遍。在传统农业社会,男耕女织的分工模式导致每个人从小就会跟随父母长辈习得各自未来可能用得上的知识或技术,母教女、父教子,基本的生产生活技能便能相沿成习。男女社会性别分工导致女性的主要活动场所是以家屋为主,家庭内部的生活起居所涉及的民俗传承大部分是女性承担,一些日常生活的知识如有关服饰、饮食的传承,一般都是由女性而不是男性来主导,比如女孩向母亲或祖母学习刺绣、剪纸、缝纫、烹煮,这些生活中的劳动长期以来一直是家庭中的女性所从事的,并作为评价女性是否贤惠能干的重要标准。妇女从长辈处习得日常生活经验,长期在家从事与吃穿相关的生产,她们一方面需要负责一家大小四季穿戴的纺织、制作、浆洗和缝补;另一方面需要精通各种食物的制作和各种饮食材料知识。她们是传承服饰民俗和饮食民俗的主力军。此外,一方面女性在家庭中对子女的教化、对传统民俗的传承比男性更为突出,其中作为女性需要习得的品性也在民俗传承过程中一并被传递和教化。另一方面,由于社会性别分工而导致的传承,也产生了针对单一性别的民俗文化,比如湖南江永地区的女书,就是专门在当地女性之间流传的一种用作内部交流的民歌的记音文字符号。与之相反,有些民俗主要是依靠男性来传承的。如排除一些专门由女性从事的祭祀活动,关于家族祭祀的相关民俗则多由男性主导,往往是直接参与或具体从事管理的男性神职人员更为精通相关的民俗知识。此外,由于中国社会长期以来的男主外、女主内的传统,男性在社区的公共事务上分担的责任更多,所传承的民俗也更多。

(二) 社会传承

社会传承,主要通过个体社会化得以实现。在一定范围内,社会成员的社会化过程,实际上就是地方文化或民族文化的传承延续过程,个体在传承共同的文化过程中成了当地或本民族的社会成员。在传统社会里,每个人几乎都是在其生而所处的环境中实现社会化,从而完成其上一代的文化传承;而抛弃或拒绝这种传承的特例是很少的。因为民俗传统属于一定群体所共有,经众人选择并沉淀为一种日用而不知的行为模式,这就导致民俗具有强大的凝聚性,使拥有该民俗传统的群体,紧密地凝聚在一起,民俗的传承也就具有了民族认同和增加内部团结的重要性。从这个角度说,文化的传承是任何一个民族持续发展的需要,来自全民族的集体的需求会促使民族文化传承得以持续不断开展。[1]

社会传承由群体所为,群体习得,世代相传,生生不息。其传承实践尤为集中在大型节庆、庙会、歌会、婚丧仪式等等公共活动中。某些民俗之所以能在一定的社会成为普遍的风习,主要源于一个社区或群体的社会交往、婚恋习惯,如在一些侗族村寨大歌能够代代相传,就是因为在那个社会,大歌是年轻人倚歌择配的媒介,村寨之间盛行以对唱侗族大歌来缔结婚姻关系;大歌也是祭祀仪式的一部分,侗寨每年祭萨的时候,必须唱大歌;大歌还是群体做客迎来送往的礼节组成部分。侗寨的社会制度使得大歌需要充当一定的角色。大歌所发挥的这些功能就导致其在侗寨人们的生活中有着不可替代的作用,从而代代相传。再比如侗族的民族文化之所以至今仍被传承下来,就是因为侗寨的公共空间仍然在发挥作用,鼓楼里虽然不再有鼓,但仍然充当了村寨的活动中心,变成了侗人居家社区养老的空间,变成了村落公共服务中心;与村委会办公室相比,这里更具有民间性和社会性,更能代表具有延续性的侗族社会的款约和寨老文化。[2] 大多数情况下,民众在集体礼仪活动、民俗节日活动中进行交往,在公共祭祀、乡规民约,以及由家庭主办和社区成员共同参与的婚丧大事中依照仪式专家或遵循先例而行动;在社区公共空间里互相交流信息和态度,自然而然地传承着民俗,不需要有目的、有意识、有组织地大张旗鼓地强调动员或劝说大家参加,社区成员会自发地、习以为常地前往,民俗传承就这样生生不息地渗透在社区的公共活动之中,在主动或被动的民俗实践之中进行。社会传承就是这样通过社

---

[1] 索晓霞:《贵州少数民族文化传承运行机制探析》,《贵州民族研究》2000年第3期。
[2] 徐赣丽:《民族文化的空间传承——对侗寨的田野研究》,上海:学林出版社,2020年版。

会舆论给社会成员施加影响而实现的。

三、民俗传承的要素

民俗文化最通行的传承方式是通过言传身教，其传承曾经主要是以人与人之间面对面的交流而进行的。民俗传承的媒介一直以来就是人，或民本身，我们每个人在生活中都自觉或不自觉地充当了传承者的角色。民俗的传承和传播是随人而传，民俗传承借助的媒介主要是身体，随着身体的言行及其移动而传授和传播。

口头语言由于方便易传，许多谚语、故事、传说、神话，对于民俗的传承，尤其是一个民族的心意和精神信仰、审美观念、兴趣爱好等，起着特别的传承作用；除了语言这种手段，行为也是重要的民俗传承形式，即通过动作和动作的结果传授；身教，有主动的或有意识的，也有无意中被人偷学或模仿的。由于民俗文化本身缺乏知识产权意识，即便是某人首创，也只有传之于他人或后人才有价值，何况这主要是一种生活方式的改变，需要得到其他人的认同，才能形成民俗。因此，模仿成了民俗传播或传承的重要途径和手段。模仿是人类的天性，个体自觉或不自觉地重复他人行为就是一种学习和获得技能的过程，因此可以说，模仿是人类文明传承的起点。许多民俗行为或民间技艺的传承都是通过身体的模仿来达成的。

民俗的传承既然主要是借助人的言行，那么传承人就成了重要的因素；现代社会，电子媒介有时候可以替代实体的传承人而发挥传承和传播的作用；另外，传承场也是传承中需要考虑的影响要素。

（一）传承人

民俗存在于人们生活领域的所有方面，某些特定的民俗由相应的群体保持并传承。虽然学界通常认为，民俗是由所谓的"传承母体"内的集体所保持和传承的，但构成和维持这个集体的仍是个人；就此应该说，凡是在传承场域中生活的人都是传承人。

从个人来说，民俗传承首先是通过日常生活不知不觉地习得或有意识地模仿学习而开展的；其次是在他人所传授的知识或技能的基础上，加入自己的创造，使既有的知识或技艺能在增益的基础上继续传承下去。从群体来说，由少数人所传承的民俗知识或技能得到所属群体的认同，并加以传播，就此进入集体的传播和再创造的过程。[①]

民间传承与人群同在，是鲜活而有个性的；在不同的人那里传承显示出不同的样态，因此，变异是伴随着传承一直在发生的。对民俗学来说，没有不传承"俗"的"民"。在民俗调查和研究中，民俗传承人是需要关注的焦点。不过，我们通常会忽略日常生活中普遍的民众，而将传承人视为那些在民俗传承活动中做出重要贡献的个体，尤其是非遗传承人，由此则遮蔽了每一位普通的生活者都是传承人的现实。一种民俗事象的传承，靠传承人传播才能使得整个社会都知晓，从而形成一种文化气氛或环境，受到大家的关注、共享，从而得到传承。他们对传统的养成、表达、交流以及学习负有责任或具有个人的爱好，多数

[①] 刘锡诚：《传承与传承人论》，《河南教育学院学报》2006年第5期。

是地方文化专家。某些传承人之间有着师承关系,他们之间形成一定的谱系,这种谱系集中地体现了民俗传承的规律性。

传承人的养成有多种因素促成,除了家族或社会环境的作用,也与当事人自身特有的经历、天生的禀赋和能力、强烈的兴趣爱好有关。"杰出的传承人应是在继承传统中有能力进行文化选择和文化创新的人物,他在文化的传承、保护、延续、发展中,起着超乎常人的重大作用,受到一方民众的尊重与传诵。"[1]我国各地的民间歌手、故事讲述家、说唱艺人对民间文学作出了巨大贡献,他们被视为当然的传承人。我国古代许多文化创造中的发明者,如鲁班是木石建筑业的祖师,黄道婆是棉纺的祖师,范蠡被尊为制陶业的祖师,刘三姐是歌师的代表。他们的技艺和知识并不是偶然的灵感一现的发明,而是在继承前人的相关技艺和经验的基础上,创造力迸发而把某一生产生活技能提升到相当高度的,他们也属于民俗的传承人。

在传统社会里,有一类特殊的传承人值得关注,即从事宗教活动、了解社群的祖先故事、掌握内部的祭祀仪式、发挥着传承文化的文化职司作用的巫师。巫师不仅懂得本民族经典的法术咒语并经常替人驱鬼除邪、攘灾祈福,还掌握着民族内部具有崇高地位的制度、规则、历史知识、伦理规范等。在较为原始的部落,无论是天文、地理、历法、算术,还是军事、历史、乐舞、医药、技艺,无一不与巫和巫师的活动有关。文化的世代传承,巫师的作用和地位是举足轻重的。然而,当代社会,随着宗教世俗化,许多经典文化的传承从巫师或地方权威逐渐过渡到普通的仪式专家,传承的形式被保留,但其神圣性却大为减弱。

文化的传承基本上是以人为载体来进行的,所谓"言传身教",不以人为载体的传承主要体现为两种:1. 通过规章制度和习惯法等民间社会制度来进行;2. 通过具体的物质载体和记忆空间来传承。前者也就是我们常说的"依古理",这些古理可能以口头传诵的方式或碑刻的方式,也可能以家谱族规村规的形式记录在一些地方文献中;后者不仅指物或空间本身是民俗物,有时候也作为民俗观念传承的载体。

(二)传承母体与传承场

长期以来,稳定的共同体都被视为把握传承行为的必备条件。在农业社会,宗族、村落等基于血缘和地缘关系建立起来的共同体往往就是不言自明的传承母体。日本民俗学家福田亚细男提出,传承母体由土地、历史、集团、制约力四者共同规定而成,其代表是可以作为"村"或"部落"加以把握的村落,具有一定的制约力,并且"传承母体超越其成员的生死而存续,是因为其占据着永久存在的特定的大地……几乎相当于与利益集团相对的自然共同体、与组织相对的地缘共同体"。[2] 在他看来,传承母体就是捕捉历史、把握传承行为的基本载体。由此可见,在日本民俗学界,"传承"的核心在于可以捕捉的、跨越世代而延续下来的行为,更侧重于文化的时间性移动。作为民俗学的重要概念,传承母体一直被视为传承的空间场域。

---

[1] 刘锡城:《传承与传承人论》,《河南教育学院学报》2006年第5期。
[2] 福田亚细男、菅丰、塚原伸治:《传承母体论的问题》,彭伟文译,《民间文化论坛》2017年第6期。

与之相对应,传承场,是民俗传承的特殊场域,通常被视为文化空间的同义词,但文化空间更多是作为文化本身而存在;而传承场,更多意指民俗的活动和传承空间,更主要是基于民俗的社会传承的公共空间。公共空间在社区居民的日常生活中发挥着特殊的作用。在黔桂湘边区的侗寨,其公共空间具备多种功能,作为民族地区乡村稳定的且具有开放性的公共空间,是民俗文化传承最为活跃的场所。在侗寨公共空间中,鼓楼、风雨桥等因为占据村寨中心位置或出入关口,且集多种功能于一体,成为侗族公共生活最为集中的场所。公共空间是村民生产时间之外主要聚集的空间。传统侗族社会是农业社会,每年有半年时间几乎都在休闲中度过,产生了许多休闲活动,比如唱歌、讲故事、说笑话,妇女们聚集在一起绣花、纳鞋底、做鞋,男人则可能做些简单的活路。这些活动夏天多半在风雨桥上进行,冬天多半在鼓楼进行。这些地方是大家农闲时聊天、消磨时光的去处,也是互相联络信息和交流感情的地方。这种村落公共空间,基本上是固定的人员出现,聊天的话题都是大家感兴趣的,而且具备互文性,不需要特别解释或说明,村寨里重大的问题或事情都成为评论的对象和内容。侗族的公共空间是开放的。侗族公共空间与村民公共生活的一体化和内在循环,使民族传统文化得到有效的传承和保护。因为公共空间、公共生活与社区建设、地方共同体的形成有直接关系,许多传统文化需要在公共空间进行,而集体生活又营造了文化传承气氛。大部分侗寨都以鼓楼为主体,鼓楼坪、戏台共同组成的建筑群成为村寨中心,这些空间或场所是人们集体记忆最为深刻,影响最为深远的地方,从而其本身(文化空间)也成为一种文化遗产。[①]

(三)现代媒体

民俗学家曾把科技排除在民俗学界限之外,也把"传承"限定于仅指人与人之间的交流与互动,排除电视、广播、电影等传承方式,后来随着文字传播和电子传媒的发达,这一看法才被改变。学者们逐渐认识到人类文化传承与信息交流经历了三个主要的发展阶段,即从口头传承,经文字、书承和印刷文化,再到声光电子媒体,这样的发展历程。

民俗通常被视为口头和行为传承的文化现象,口语是最为便捷的传播工具,口耳相传是民俗的基本传承形式。现代社会里,一般都用数字化手段来传达信息,口头传达只限于特殊场合。在这样一个时代里,民俗学者开始关注以文字为媒介传达信息的现象,关心信息化社会的"书承"或电子媒介。但文化的传播媒介是多种多样的,如语言、文字、艺术、行为、建筑、服饰、物质等,文化的传播途径也是多种多样的。文字或图像成了重要的传承和传播媒介。民俗传播可以划分为通过个人的语言和行为进行传播的时代和借助身体之外的文字或图像等信息进行传播的时代两大阶段,当人类发明了文字或信息符号系统,就超越了身体在场的限制,并且克服了言语的转瞬即逝、传播距离限制性与人脑记忆的有限性,实现了文化传播的跨越式发展,是文化传承和普及历史上的重大进步。进入信息社会后,现代传媒的发达又进一步对民俗的传承或传播发挥了巨大的影响。

传统的传承方式是传与承同时进行的,传的场域也是承的现场,传的主体也是承的客

[①] 徐赣丽:《民族文化的空间传承——对侗寨的田野调查》,上海:学林出版社,2020年版。

体,很难对二者进行区分。现代语境下,传与承可以借助媒介做时空的分离,也就使得民俗可超越时空局限传播和传承。如果我们把文化传承的实际状态和整体机制视为一个连续体,那么,可以说现代社会既有面对面口承的延续,又有文字和各种印刷媒体的主导,更有各种声光电子等现代媒体的介入。在现实社会中,生活文化和知识的传承机制确实是越来越复杂了,①这使得一部分依靠口头传承的民俗文化转由文字或音像资料来传承。在非物质文化遗产的保护和传承过程中,非常普遍地运用到现代科技媒介,尤其是近年来网络小视频的传承方式,因为契合现代人生活碎片化的时间安排,反而成为学校传承之外更为人所接受的方式。但需要注意的是,现代媒介在记录民俗的同时,将民俗信息的呈现变得更加标准化、固定化,削弱了民俗传承的变异性、创造性。

第三节　民俗传承的中断和传承途径的变迁

民俗是日常生活中较为稳定的文化现象,在文化保护和遗产资源化的语境中,当代文化的传承途径已超越原有传承机制,政府传承、企业传承、学校传承、市场传承、旅游传承等新的传承途径甚至有取代传统传承途径的趋势。在这样的现实面前,我们需要及时调整思路,以求文化的延续和发展。

一、文化传承与民俗的稳定性

民俗是具有传承性的文化现象,传承造成了传统文化意识的积淀。传统文化意识是在历史过程中不断积累而形成的,具有相对的稳定性和传统性,虽然会随着各个时期的社会变革发生变异但并不会轻易消失,而是不断加以改造调适再继续传承,最终沉淀为民族的文化根基,构成了群体的集体文化心理。这是民俗绵延不断的最主要原因。因此,民俗在传承过程中形成了相对稳定的内核,如民间文学的体裁、语言风格、叙事模式、经典人物形象和主题等,经千百万民众世代传袭下来,逐渐形成了约定俗成的传统。以民间艺术为例,民众在长期生活中形成的传统心理反映到作品中形成一些固定的主题和内容,如颂扬民族始祖和文化英雄的创业功勋,赞美善良、忠贞、友爱、孝顺等民间伦理,都是其创作经世不衰的主题。

具体来看,民俗的传承呈现出一定的规律性和固定的范式,虽然不断变异,但变异是有规律的,它通常是在已有的普遍模式的基础上发生变化,新的创造也需要遵循所属群体的心理和意识,符合群体的道德标准和审美爱好。相对稳定的模式对旁观者来说是一种"预期",对民俗活动的实践者来说是"依据和标准",大家的舆论指导着民俗传承活动的稳定运行。因为听众或观众对所提供的模式耳熟能详,已经习惯接受这种模式,一旦脱离了既定模式,有可能难以接受。正所谓"万变不离其宗",任何一次传承行动,都有意无意因循着传统模式。而相对稳定的模式形成后,会进一步形塑人们的审美情趣和行为习惯,从

---

① 周星:《从"传承"的角度理解文化遗产》,《亚细亚民俗研究》第七辑,2009年。

而强化传统形式的表现力。

传承性其实与文化的生态环境是相关的,相对封闭的社会文化环境,是保证民俗传承稳定性和完整性,使民俗能够在代代相传、自然延续的客观条件。当精神文化与其所伴生的经济条件不再匹配,即某种民俗文化传播到其他地方或发展至今,其当初诞生和延续的文化生态已经发生了重大变化,那么,文化的需求功能不再存在,传承也就自然中断了。当然,更多的可能是,一时一地的民俗重新依据新的时空环境做出适当的调适,嵌入新的文化系统中去了。

二、传承的断裂与传承途径的变迁

民俗学家张紫晨曾指出,民俗的传承性"往往反映着对历史上某种经济形式及其残余的依存性"[①]。这表明传承性与文化的生态环境密切关联,当精神文化与其所伴生的经济条件不再匹配,当文化生态发生重大变化时,传承也必定发生变化甚至中断。

当代中国所处的阶段,传统文化的生态环境已不复存在。乡村和集镇大量青壮年向外流动,留守社区的主要是老人和儿童,许多固有的民俗活动不能正常进行。现代化和都市化使传统的生活方式迅速发生变异,承载多种民俗文化的传统民俗节庆或逐渐衰微,或成为商家销售的渠道或政府展示公共文化的空间,其中以社区的解体或其结构性变迁带来的问题最为突出。在传承母体遭受严重损毁的情况下,以社区和地域社会为依托的文化传承机制难以维系。以传统手工艺为例,以血缘和地域建立起来的师徒制为主的传承方式,在今天村落人口骤减、日常生活中流动性频繁的语境下,不仅无法再继续维持,原始的口耳相传方式也使得许多宝贵的技艺未能用文本形式流传下来,造成部分古老技艺的变形和失传,并面临人亡艺绝,行将断代的局面。

与此同时,随着全球化和信息社会的到来,去传统的个体化社会生成,年轻的一代发现从长辈那里沿袭而来的生活方式和观念习惯已经失去了经验效用,以往适用于乡村社会的种种民俗文化策略或生存智慧,到了城市和流动群体中,无法再现其文化的光辉,以往奉为祖训和传世经验的民俗传统显得可笑或者多余,家庭和家族共同体内对生活经验的传承面临断裂。已有学者认识到,和基层的传统社区不同,在以开放为特点的都市社区,知识的纵向传承远没有超越社区边际的横向交流来得重要和活跃。[②]

虽然社会转型、人口流动和文化的多元选择使得传承面临危机,但并不意味着传承就此中断。传统社会里民俗的传承,都是随人而传;现在有文字、网络等更为现代的传承媒介,传承就不一定要随人走,可以分离;民俗就将随着人的存在而存在,随着人的移动而传播。在新的语境下,民间文化的传承突破了原有的文化主体内部的传承,出现了精英传承、旅游传承、政府传承、学校传承等新方式,从文化主体不经意的自发传承转向非文化主体为了某种目的所进行的他者创造和传承。民俗变成了某种具有价值的对象,其传承行

---

① 张紫晨:《中国民俗与民俗学》,杭州:浙江人民出版社,1985年版,第44页。另见张紫晨:《民俗学讲演集》,北京:书目文献出版社,1986年版,第263页。

② 周星:《从"传承"的角度理解文化遗产》,《亚细亚民俗研究》第七辑,2009年。

为本身具有了特殊的政治或经济意义。

其中,最为显著的变化就是政府介入民间文化的传承。经过十多年的非物质文化遗产保护工作实践,我国现已建设了有效的传承体系和传承机制。文化部"十二五"时期的重点工作内容就是对代表性传承人展开抢救性记录工程,各级政府纷纷建立传习所、专题博物馆、大师工作室等传承空间,并在传统节庆活动、地方文化的展览与展演中为代表性传承人提供展示、宣传的机会。

此外,学校教育也是非常重要的传承途径之一。在民族民间文化保护、非遗保护等国家政策指导下,"文化进校园"在许多地区,尤其是少数民族地区成为共识,越来越多的地方民俗校本教材、非遗教材、传统民俗活动进入学校课堂,从而对民俗文化的传承发挥着一定的作用。

与基层的传统社区不同,在以开放为特点的都市社区里,知识的纵向传承远没有超越社区边际的横向交流来得更为重要和活跃。[①] 最为典型的就是在大众传媒和旅游场域中的文化传承,越来越多的人通过大众传媒、旅游景区而不是日常生活的言行了解到民俗知识。正如郭于华在研究食品的文化传承中所发现的那样,原来家庭内部代代相传的关于食物的知识和观念现在发生了变异甚至断裂,文化传递的方向也发生了一定的改变,与传统社会中几代人分享大致相同的食物知识体系,或主要依靠代际之间自上而下的口耳传递方式不同,当代年轻人通过市场、广告、同龄人来获得的食物信息和知识,有时甚至超过他们的长辈。[②]

需要注意的是,为了迎合大众趣味,媒体和商家会选择一些具有怀旧意义的事件进行展示或聘请民俗专家讲述故事,引领大众关注偏远乡村和少数民族地区,以探寻当地古老而独特的习俗。而通过现代媒体认知到的民俗,往往只是一种印象层面的,大都缺乏相关的生活体验和身体记忆,就此学界常常对此种传承形式及其效果表示怀疑。但就当下发展趋势可以判断,通过大众传媒和旅游场域进行的文化传承,更多被传播所取代,即历时性的传承让位给空间性的传播,且空间内部也呈现不均质的状态,个体间接受到的信息差异较大。但从整体来看,部分传统文化还在大的社会语境中延续着,即使有外来文化新的元素加入,也会被人们融入传统模式中,沉淀为文化认同。

除了以上各种现代传承方式,不能忽略的还有,知识分子或学者的力量助推民俗传承。比如,近年来客家地区传统文化复兴的趋势越来越明显,修庙建祠、祭祖拜神、游神赛会之类的传统文化复兴的现象十分普遍,而对于客家人民俗文化的整理和保护也得到重视,主要由客籍人发起组织的客家研究中心的成立、客家系列丛书的出版、客家研究课题的启动,以及各种研讨会的召开等,都将客家民俗复兴运动推向高潮。

三、文化持续的可能:传承中创新

过去民俗学界有一种观点,认为民俗是一直延续不断地传承,事实上这种看法忽视了

[①] 周星:《从"传承"的角度理解文化遗产》,《亚细亚民俗研究》第七辑,2009年。
[②] 郭于华:《社会变迁中的儿童食品与文化传承》,《社会学研究》1998年第1期。

历史进程中文化的兴盛衰微、潮起潮落的变化。如前所述,民俗传承可能中断,也可能在断裂之后继续传承。以手工艺为例,审美与观念等文化的更新以及新材料的出现与运用,使有着悠久而灿烂历史的中国传统手工艺从传统工艺向现代艺术转变,一些符合当代生活需要和时尚风格的创新手工艺逐渐成为新传统。民俗都是随着社会环境和生活需求的变化不断再生,不断地嵌入人们新的生活中的。民俗学关注传承,就是关心历史上延续至今的一个地域和民族的生活文化的某些不变要素,这些不变要素自然是重要的,但是更为重要的是,我们应该看到,这种传承之所以得以代代相传,是因为时代环境的类似。文化得到传承一定是有适应时代变化而显现出更为重要的价值被延续了,其他部分则或多或少被更换了。就如某类故事母题,狗耕田或寻宝故事等等,总是有各种异文,这种异文体现了各地的特殊性,而这种传承或传播,则体现了民众的一种普遍心理。因此,我们可以概括地说,民俗的传承更多的是一种精神或观念的延续和传递,类似于文化的基因不断地影响着人们的行为逻辑。这种无形的心意传递,具有一种不断自我革新的生命力,从而也塑造着一个民族的精神。

需要提醒的是,文化既有超越个体和跨越世代的积累和延续,也有进化、变革和不断创新的属性。[①] 因此,无论偏重创新还是注重传统,都有失偏颇。传统与创造性的讨论其实类似于民俗传承与变迁的关系,今天我们对此已有比较成熟或全面的看法。正如刘家和所言,"在历史上,一个文明传承的过程,就是其创新的过程;其创新的过程,也就是其传承的过程。没有创新,传承的延续就失去了可能的条件;没有传承,创新的产生就失去了必要的根据"。[②] 冈本太郎在《传统即创造》一书中点明,只有让传统依存于现在,以当下的眼光去评判并创新,传统才能永葆新生。[③] 这启示我们,民俗的发展必须与时代同步、紧跟社会变革的脚步,才能保持生机和活力。

思考题

1. 请简要论述进化论、传播论、涵化论与民俗传承的关系。
2. 请简要论述民俗的个体传承与群体传承的关系。
3. 如何理解当代社会中的"传承"概念?

推荐阅读文献

1. [美]爱德华·希尔斯:《论传统》,傅铿、吕乐译,上海:上海人民出版社,2009年版。
2. [美]理查德·鲍曼:《民俗界定与研究中的"传统"观》,杨利慧、安德明译,《民族艺

---

① 周星:《从"传承"的角度理解文化遗产》,《亚细亚民俗研究》第七辑,2009年。
② 刘家和:《传承和创新与历史和史学》,《北京师范大学学报(哲学社会科学版)》2014年第4期。
③ [日]冈本太郎:《传统即创造》,曹逸冰译,北京:新星出版社,2019年版。

术》2016 年第 2 期。

3. 周星:《从"传承"的角度理解文化遗产》,《亚细亚民俗研究》第七辑,2009 年。
4. 刘锡城:《传承与传承人论》,《河南教育学院学报》2006 年第 5 期。
5. 徐赣丽:《当代民俗传承路径的变迁及相关问题》,《民俗研究》2015 年第 3 期。

第三章 日常生活与民俗文化

本章要点概述

日常生活既是个复杂的学术概念,又是个难以厘清的社会事实。尽管我们可以说民俗学研究的最终旨趣是对日常生活及意义世界的整体观照,但落实到个案和实证分析,我们又不能不对整体的研究领域进行分类,以确定具体的研究对象。按照一定的标准对生活世界进行分类,是我们认识世界的第一步。在赫勒这里,日常生活并非总是表现为抽象概念,还表现为有确定的行为及知识、确定的行动主体、确定的组织架构等形成的图式。①伯格说,日常生活现实是一个主体间的世界,一个由我与他人分享的世界。② 本章即在这种具体的生活表达中,按照日常时间、日常空间和个体生命历程等三个层面分别介绍和讨论,以展示民俗学可以在日常生活领域大展身手的具体图景。

第一节 日常时间与民俗文化

阿格尼丝·赫勒说,"时间仅仅为人而存在"。③ 或者可以说,时间是社会的发明。对于时间来说,它全部的社会意义都是来自人的体验。古往今来,日常生活都与人们的"此时此地"相关联,其中的"此时"便是日常时间。

对于普罗大众来说,时间是个非常模糊的概念,它既可以是日月盈昃、沧海桑田,花开花落、四季流转的自然生物节律;也可以是构建日常生活秩序的框架;还可以是一种伴随着生、老、病、死的个体生命历程。在很多时候,时间还被认为是一种转瞬即逝的稀缺资源。孔子曾感叹:"逝者如斯夫,不舍昼夜。"庄子则说:"人生天地之间,若白驹之过隙,忽然而已。"我们关注时间,也正是试图在这种复杂而模糊的状态中发现时间的社会意义。

在日常生活中,人们对于时间运动的感知,往往表现在两个层面:一是与大自然节奏相关,与昼夜交替、四季更迭、物候变化等相一致,所谓"日月盈昃,辰宿列张;寒来暑往,秋

---

① [匈牙利]阿格妮丝·赫勒:《日常生活》,衣俊卿译,重庆:重庆大学出版社,2010年版,第3页。
② [美]彼得·伯格、[美]托马斯·卢克曼:《现实的社会建构:知识社会学论纲》,吴肃然译,北京:北京大学出版社,2019年版,第31页。
③ [匈牙利]阿格尼斯·赫勒:《现代性理论》,李瑞华译,北京:商务印书馆,2005年版,第247页。

收冬藏",人们在这种自然时间的循环往复中安排着自己的生活;二是与个体生命的生理变化有关,与生老病死等生命律动相一致,人们将一生划分为诞生、成人、婚嫁、生育、丧葬等阶段,并安排上相应的仪礼和习俗,以更直观地体验和感受生命时间的流逝。

一、自然时间与民俗生活

日升日落、月圆月缺、四季交替,这些都昭示着时间的自然属性。在宇宙意义上,时间是一条线,我们不知道它从什么时候开始,也不知道它会在什么时候终结。它是一个漫长的线性的不可逆转的过程。生存于其间的一切物质都会在时间运动中归于灭寂。人们在不断地适应自然的过程中,逐渐发现自然的诸多规律,其中,根据天象、物候的变化,确定年、月、日、时等计时单位是在认识自然时间问题上的重大突破。在对天文历法认识不断深入的基础上,人们逐渐赋予自然时间以深刻的社会生活意义,从而以农事节律为依据,将以年为单位的自然时间根据不同标准划分为不同的节点,并在这些节点上设置民俗活动从而形成岁时节日。[①]

(一)天文历法与传统时间观念

人们分割自然时间的主要参照物不同,大体形成了三种比较成熟的历法系统,分别是阴历、阳历和阴阳合历。其中,阴历主要是参照月相变化周期,形成"月"这个计时单位;阳历主要以太阳升落带来的昼夜更替,形成"日"这个计时单位。"年"这个计时单位,最早是依照物候变化而形成的。《说文解字》中说,"年,谷熟也"。

现在我们使用的"年"这个名称,在上古时期称"载",夏代称"岁",殷商时期称"祀",到了周代才开始称"年"。尽管这几个概念都是指称现代意义上的"年",但其参照物不同,也有所差别。比如,"载"主要是循万物终而复始而名之;"岁"则是取岁星(即木星)年行一次,按照节气循环往复作为起始点;"祀"则是根据四时祭祀完结作为一年。[②]

如果说,年是根据谷物生长周期而定,而物候主要与寒暑交替有关,因此,一年就是寒来暑往的周期。寒暑更替的最主要原因就是太阳回归线运动。太阳回归线运动与地球围绕太阳公转有关。这样,一年就是地球围绕太阳公转一圈的时间,在地理学上,这个周期称为太阳年,即365日5时48分46秒。以太阳年为单位的历法即为阳历,而以月相圆缺为单位的历法则为阴历。

白天人们根据太阳定时,到了夜间就只能依靠月亮定时。在长期观察过程中,人们逐渐发现,太阳年周期大约相当于十二次月相圆缺(称为朔望),但又不完全重合。具体来说,月相变化周期并非为30天,而是介于29天与30天之间,按照现代测量标准是29.53天。古人根据观察,在一年之内,按照六个大月(大进或大尽)三十天和六个小月(小进或小尽)二十九天来计算,全年共计354天,比太阳年少11日5时48分46秒。在这种情况

[①] 王加华:《被结构的时间:农事节律与传统中国乡村民众年度时间生活》,上海:上海古籍出版社,2015年版,第258—259页。

[②] 王力:《中国古代文化常识》,北京:世界图书出版公司,2009年版,第29页。

下,不到三年就会差出三十天的时间。为方便生产生活,古人通过置闰(即增加月)方式保持阴历与阳历的相对一致性,而且中国古人早在春秋战国时期,就已经发现"十九年七闰"的置闰法则。古人非常重视置闰问题,如《左传·文公六年》载:"闰以正时,时以作事,事以厚生,生民之道于是乎在矣。"

除纪年历法之外,中国古人很早就形成了四时(即四季)的观念,相传始于神农。不过,在西周以前的古文献记载中,一年只分为春秋二时,因此,后世史家也经常以"春秋"代指一年或以年为单位的历史时段。后来随着历法系统日臻完善,到春秋战国时期,已经在春秋二时中分化出夏和冬二时,从而形成春夏秋冬四时。

需要注意的是,由于夏、冬二时形成相对较晚,因此在春秋战国时期的古典文献中,四时顺序经常是"春秋冬夏"而不是"春夏秋冬",比如《管子·幼官图》:"修春秋冬夏之常祭食,天壤山川之故祀必以时。"又比如《墨子·天志中》:"制为四时春秋冬夏,以纪纲之。"根据《说文解字》解释,春为万物生长;秋为百谷成熟;夏为万物借此而长;冬则万物至此而终。

古人在区分出四季之后,又将之与代表空间的四方进行对应,并与五行相结合,从而创造出相应的神祇,比如春为东方,五行属木,神为太皞勾芒;夏为南方,五行属火,神为炎帝祝融;秋为西方,五行属金,神为少昊蓐收;冬为北方,五行属水,神为玄冥颛顼。再加上五行中的土,即中央神皇帝后土,共同构成上古五帝。将四时与神祇对应起来,对以后岁时节日中与信仰和祭祀相关的习俗的形成有重要影响。

在数字尚未引入历法之前,古人纪时工具是天干地支。相传,天干地支是由黄帝发明的。天干有10个,为甲乙丙丁戊己庚辛壬癸;地支有12个,为子丑寅卯辰巳午未申酉戌亥。以天干配地支用以纪年月日,从甲子依次到癸亥再至甲子,共计60个,俗称六十甲子。最初,甲子只用来纪日,后来在对昼夜有了十二等分的概念后,又将地支用于计时,每支为一时辰,相当于现在两个小时。古人最早用数字序数纪月,即一月、二月、三月,等等。

古人关于纪年的规则比较复杂,主要有三种方式:一是以王公或帝王即位年次顺序纪年,比如周平王元年、周平王二年等,汉武帝开始用年号纪年,比如建元元年、道光十五年等;二是天文占星家按照天象纪年,有岁星纪年法和太岁纪年法两种,各个年份均有名目,《尔雅》《史记》均有记载;第三种方式为干支纪年法,一般认为兴于东汉时期,至迟在东汉元和二年(85)即已有政府命令形式在全国范围内施行,这种纪年法至今仍在部分地区和某些领域使用。

由于传统历法属于阴阳合历,所以民间岁时节日设置也呈现出明显的阴阳合历特征。① 既有阴历的春节、端午节、寒衣节等,又有阳历的立春、清明、冬至等节日。传统社会中,岁时节日,比如春节,在社会时空轮转中,实际上充当了结束旧时间并开启新时间的角色。某种意义上说,告别旧时间,建立新时间,是所有岁时节日的本质特征。

(二) 二十四节气与农事节律

二十四节气是中国古代农耕文明的重要产物,是古代人民在长期农耕生产实践中,观

---

① 刘宗迪:《从节气到节日:从历法史的角度看中国节日系统的形成和变迁》,《江西社会科学》2006年第2期。

察天体运行以顺应农时,从而形成的有关四季、气温、降雨、物候等变化规律的知识体系。2016年11月30日,二十四节气被正式列入联合国教科文组织《人类非物质文化遗产代表作名录》。

二十四节气的形成也有一个过程,最初确定的是二分二至,即春分、秋分、夏至、冬至,见于《尚书·尧典》。至迟在战国晚期,立春、立夏、立秋和立冬四个节气业已出现。到西汉时期刘安编纂的《淮南子·天文训》中已经明确记载了与现在几乎完全一致的二十四节气名称,说明至迟在西汉时期,黄河中下游流域已经形成完备的二十四节气。

理论上,二十四节气平均嵌入十二个月份,每个月份两个节气,月首为节气,月中为中气。由于二十四节气属于阳历历法系统,其节气是相对比较固定的,但人们日常生活中最常用的历法系统是阴历,也就是根据月相变化纪月。前面说过,根据月相变化确定的月与根据太阳年等分十二分确定的月,时间并不吻合,这样就出现二十四节气与阴历月份搭配每年都不一样的情形。比如,有时就会出现一个阴历月内只有节气而没有中气的现象,一旦出现这种情况,人们就在这个月置闰,所以古人说"闰月无中气",《荆楚岁时记》载"闰月不举百事"。关于置闰方式,清嘉庆年间,为避免无序置闰带来过多的麻烦而规定以春分须在二月,夏至须在五月,秋分须在八月,冬至须在十一月为原则,此原则沿袭至今。

二、社会时间与仪式庆典

人们在长期的生产生活实践中,从自然的日月盈仄、白昼黑夜等周期性变化中,生发出阴阳观念,白天为阳,晚上为阴。"午时三刻"是一日之中阳气最盛时刻,因此,古代行刑总是选择这一时间节点,认为杀人是犯阴之事,只有在至阳时刻行刑才能达到阴阳平衡,从而少获灾殃。

自然时间和社会时间都是人们认知日常的时间框架。如果说自然时间是线性时间的话,那么社会时间就是循环时间,而且社会时间在大多数时候并不总是连续的,而是经常被关键性事件切割成许多有意义的时间节点。

如果说在传统农耕社会,农民对自然时间的主要态度就是顺从的话,那么在现代工业社会,人们对自然时间的主要态度则是反抗。前者的顺从表现在人们不大关心时间表,也不怎么关心钟表时间的刻度问题,他们判断时间的标志是自然界的万事万物,比如将日升日落、月盈月亏、星辰四季变化等作为判断日、月、年的标志。在日常耕作中,这种对于自然时间的顺从性表现尤为明显,大多数时候,农民劳作都是从容不迫的,尽管也有"抢秋抢秋,不抢就丢""谷雨前后种瓜点豆"的谚语,也有农忙时热火朝天的劳动场景,但此时人们并不是和时间赛跑,而是和农作物本身生长规律相关。

(一)农民的时间观念

对于农民来说,时间既不是均质的,也不是呆板机械的,而是充满节奏感的,这个节奏感很大程度上依赖于农事节律活动。这里的农事节律活动,既包括了自然节奏也包括了劳作节奏。

实际上,传统农民的劳作节奏总是同自然节律重合,因为农民的劳作紧紧依附于自然时序和物候规律,比如昼夜更替、冷暖交接、季节变换和作物生长周期等。由此,传统农耕社会中很大部分的地方性知识与时间的认知有关,比如农村长大的孩子可能很小就会"二十四节气"歌;对于成年农民来说,他们十分清楚作物的生长周期,并用谚语等形式将物候知识转化成一年之中时间线上的农事活动,比如黄河中下游地区的"枣发芽,种棉花""寒露早、立冬迟,霜降种麦正当时";江浙地区"麦黄种麻,麻黄种麦""芒种夏至天,走路要人牵""芒种栽秧日管日,夏至栽秧时管时",等等。

尽管农事活动与自然节律高度一致,但并不是说农民对时间的安排是均一的、机械的和刻板的。事实上,农民在安排日常生活时总是会根据实际情况进行最有利的调整。比如农忙时期与农闲时期,农民会做出极不相同的生活安排。"自然周期与劳作之间的关联意味着农民把时间看成一个圈,有节奏地循环往复,但绝不机械刻板。时间短长取决于他们生产劳动的强度和从事什么样的劳动。"①

虽然农民生活节奏与现代工业时间并不完全同步,但农民的时间观念与时间利用方式却表现出了相当的理性。比如一年之中重要的岁时节日,基本都是与农事节律相互错开,另外,需要消耗大量粮食等物资的节日庆典往往也都被安排在作物成熟之后,尤其是往来庆贺的节日多分布在收成之后的农闲时节,比如冬至节、春节等。

对于传统农民来说,时间是循环往复的。农民的时间就像车轮一样,按照自然和劳作的节奏不紧不慢地向前滚动。为调节生活节奏,人们用各种各样的节日庆典将时间分割为许多节点,并在这些节点上开展不同于日常劳作和生活的仪式活动或庆祝活动,从而打破劳作与自然节律带来的乏味感。

(二)神圣时间与仪式庆典

伊利亚德将社会时间划分为"神圣时间"和"世俗时间"两种类型,并强调在日常生活中,这两种时间是相互穿插的而并非界线分明。② 神圣时间与世俗时间的相互穿插既保证了社会时间的连续性,也是保证了社会时间的循环性。

以民间庙会为例。我们可以笼统地把庙会期间视为神圣时间,两次庙会之间则是世俗时间。从庙会本身来说,它并不因世俗时间填充了间隔期而失去连续性。因为代表神圣时间的庙会,它的周期性和连续性是超越世俗时间中的"年"这一最长自然计算单位的。换言之,从时间维度上看,每一次庙会并不都是对上次庙会的简单重复,而是过去的延续和向未来的过渡。尽管许多庙会都经历了或经历着兴亡更替,但人们心中的神圣时间观念却是永恒的,因为神圣时间本身连接了过去、现在和未来,并且寄托着人们的神圣诉求和希望。

实际上,无论一年数次举行,还是一年一次,抑或多年一次,围绕神圣空间组织的庙会都是一种神圣时间的延续。"在宗教和巫术中,任何事物周期性地再现,表明有一种神

---

① [瑞典]洛夫格伦、[瑞典]弗雷克曼:《美好生活:中产阶级的生活史》,赵丙祥、罗杨、黄一川等译,北京:北京大学出版社,2011年版,第14页。
② [美]伊利亚德:《神圣的存在:比较宗教的范型》,晏可佳、姚蓓琴译,桂林:广西师范大学出版社,2008年版,第367页。

秘时间的降临和重复出现。每一个仪式都具有此刻、现在发生的特征。仪式所记忆或重演的事件的时间是现在的,也就是'再现的',不管按照世俗的计算方式距今天有多么遥远。"①

对参与仪式庆典的民众来说,当他们停下来参加节庆时,日常生活的自然节律也已发生了变化。尽管对某些人来说,节庆仅仅是一种可以陪同家人或朋友的借口,但对仪式参与者来说,节日仪式庆典是一年中非常重要的事件,他们为此要花费几天甚至几个星期的时间来准备。

当然,在我们说世俗时间填充了神圣时间时,我们也可以说,神圣时间嵌入了世俗时间之中。事实也是如此,只有仪式过程是神圣时间的实践。"节日总是在神圣时间里面举行。"②人们之所以需要在世俗时间中嵌入节日这种形式,很大程度上是基于对不可逆转的事实的反抗。自然时间的流逝及生命不断地老去就是这类不可逆转的事实。因此,人们需要在社会结构中寻求以可以接受的方式结束过去的情境。各种节日,尤其是周期性的岁时节日正是充当这样社会情境的民俗设置。

许多时候,神圣时间举行的仪式庆典,往往会有独特的计时方式。这些计时方式要么是一种新的时间建构,要么是对世俗时间的再利用。比如冀中赵县范庄龙牌会,在过去,其核心仪式"龙牌巡游"举行时间是早饭过后燃完一炷香,对于现代机械时间来说,仪式开始举行的时间并不确定;后来,在学者和当地政府介入下,为便于拍摄与录像等外在需要,"龙牌巡游"开始时间逐渐确定为上午九点左右。与之相应,其他各种仪式活动也逐渐以确定的时间固定下来,比如主要参与者何时吃饭,何时点香,等等。③

这些关于时间的表述方式,时刻提醒着我们,除去节日本身是一种时间节点外,节日过程中也嵌入了极为丰富的关于时间观念的表述。这些表述,值得民俗学者在讨论诸如节日、节庆活动时予以特别关注。因为,很可能这些观念和表述之中蕴含着当地人对生活世界的理解方式和行动逻辑的解释。

当然,日常生活中的神圣时间除表现在民间庙会之外,还表现在佛教、道教、基督教、天主教、伊斯兰教、东正教等制度性宗教中的诸多宗教节日,以及民众祭祖活动中。

(三) 世俗时间与政治性节日

节日和仪式庆典是人们用以分割时间的最为重要的周期性事件。在这些周期性事件中,日常生活得以周期性更新,地方秩序得以重新调整。节日和仪式庆典把社会时间分化为世俗时间和神圣时间两大部分。与之对应,节日与仪式庆典大体上可以分为两大类:一

---

① [美]伊利亚德:《神圣的存在:比较宗教的范型》,晏可佳、姚蓓琴译,桂林:广西师范大学出版社,2008年版,第369页。

② 同上,第373页。

③ 关于范庄龙牌会的相关研究,参考岳永逸、蔡加琦:《庙会的非遗化、学界书写及中国民俗学:龙牌会研究三十年》,《民族文学研究》2017年第6期;赵旭东、朱天谱:《范庄龙牌会与两种文本中的信仰表达》,《民俗研究》2016年第5期;高丙中:《一座博物馆—庙宇建筑的民族志——论成为政治艺术的双名制》,《社会学研究》2006年第1期;刘铁梁:《村落庙会的传统及其调整——范庄"龙牌会"与其他几个村落庙会的比较》,载郭于华:《仪式与社会变迁》,北京:社会科学文献出版社,2000年版,等等。

是宗教性节日,二是政治性节日。宗教性节日与神圣时间密切相关,政治性节日与世俗时间密切相关。

政治性节日是政治权力的象征性表达。无论是传统社会还是现代社会,政治性节日都是人们日常生活的重要节日形式。比如,在传统社会,从皇帝到各级地方政府,每到立春时,都要举行"打春牛"仪式,意在劝农;冬至日,皇帝要祀天,意在表达敬天;孔子圣诞日,官府举行祭孔仪式,意在宣示重教,等等。这些传统的政治性节日被史书命名为"礼"。传统社会是礼俗互动的社会。[1] 来自官府的"礼"下沉到民众日常生活中,就形成了形式各样的民间节日形式,比如立春"打春牛"活动、冬至祭祖仪式,以及意在祭祀先师的释菜礼等。古代社会中,官府通过各种政治性节日来维系政治权力的权威性和合法性,尤其对于至高无上的统治者来说,更是如此。政治节日为统治者提供了权力神圣化的场合。

尽管现代社会,人们已不大相信统治者拥有神秘的超自然力量,但现代国家仍会通过各种政治性节日来维护政权的合法性。世界上大多数国家都设有"国庆节"。国庆节是构建现代民族国家认同的重要象征资源。除国庆节外,还有不少政治性节日,如五一国际劳动节、三八国际妇女节、教师节等都是为特定群体设立,有些节日也是为纪念特定社会组织而设立,比如建党节、建军节等。还有一类特殊的政治性节日是为自然或人为因素造成的灾难而设立,比如南京大屠杀死难者国家公祭日、汶川大地震纪念日等。

尽管这些节日因政治属性而与日常生活有一定的距离,有些节日甚至都没有被普通民众纳入日常生活范畴,但这并不影响政治性节日应该被纳入民俗学的研究范畴,因为通过这些象征符号构建起来的国家认同和政治过程正在方方面面地影响着人们的日常生活。

总之,无论是宗教性节日还是政治性节日,其本质都是对日常生活节奏的调整,都是对自然时间节律的"反抗"。人们通过设置与自然时间节律并不重合的社会性节日,实际上就是要打破自然时间带给人们的日常枷锁,人们需要借助这些社会性节日重新调整社会结构和重构地方秩序,进而在社会网络中赋予日常生活以更丰富的现实意义。

第二节　日常空间与民俗文化

日常空间是日常消费、日常交往和日常观念在其中得以展开的空间。[2] 日常空间不仅是社会生活展开的竞技场,也是社会关系生产和再生产的媒介。对于生活实践而言,时间和空间都具有社会建构性。[3] 时间与空间在社会生活中具有无比重要的现实意义,不仅为人们提供了日常行动的时空场域,其本身也参与到一切人类行动的意义建构之中。

---

[1] 张士闪:《礼俗互动与中国社会研究》,《民俗研究》2016年第6期。
[2] 衣俊卿:《现代化与日常生活批判——人自身现代化的文化透视》,北京:人民出版社,2005年版,第19页。
[3] 参见[英]约翰·哈萨德:《时间社会学》,朱红文、李捷译,北京:北京师范大学出版社,2009年版;[美]罗伯特·戴维·萨克:《社会思想中的空间观:一种地理学的视角》,黄春芳译,北京:北京师范大学出版社,2010年版;[美]德雷克·格利高里、[美]约翰·厄里编:《社会关系与空间结构》,谢礼圣、吕增奎等译,北京:北京师范大学出版社,2011年版;郑作彧:《社会的时间》,北京:社会科学文献出版社,2018年版,等等。

转向日常生活的现代民俗学,需要重新审视日常时间和日常空间的民俗特性。

一、日常空间的边界与建构

社会生活有一种不可或缺的空间性。日常生活总是和个人的"此时此地"相联系。这里的"此地"就在最广泛意义上代指了"日常空间"。日常空间是个人经验结构化的重要维度。承载日常生活意义的空间结构必然是有边界的,因为边界本身总是确证空间存在的标志。

(一)空间的边界

爱德华·雷尔夫说,"事实上,村落的空间形式都是在不自觉中被组织起来的,整个过程所依据的是主导社会的信仰与劳作实践;每一名成员都能意识到村落里各种空间要素的意义,且能严格遵守"。[①] 从现实经验来看,人们构建空间边界的形式主要有三种:一是物质形式,比如一堵墙、一个篱笆、几个石头、一座庙宇、一个神龛,等等;二是时间形式,比如一炷香的距离、打个盹儿的距离、一小时的车程等;三是观念形式,比如神圣的天堂、充满鬼魅的地狱、"天地三界十方真宰"等。

日常生活中,作为度量单位,时间与空间总是相互指涉、相互对照。一方面,人们往往用时间来理解和度量空间。比如田野中问起某位农民,某某村多远时,他极有可能回答,十分钟路程或半小时路程。另一方面,空间距离的变化,也会经由时间来表达。比如高铁开通之前,北京到武汉的距离被表述为"火车十几个小时",高铁开通火车提速,这段距离又被表述为"高铁四个半小时"。当然,在日常生活中,人们也经常用空间来表述时间,比如人们常说"日上三竿了""日落西山"等都属于这种情形。这些表述,非常清晰地展现了人们如何通过时间长短来感知空间远近,又如何通过空间远近来表述时间的长短。

对于民众而言,无论是将空间远近转化为时间长短,还是将时间长短转化为空间远近,都不是简单的表述策略问题。实际上,这种转化背后,蕴含着人们对时间和空间基本属性的深刻认识。从现实经验来看,人们用时间来表述空间多于用空间来表述时间的情形,原因在于时间更具确定性。在日常生活中,日常时间的确定性让人们在做出选择时往往优先考虑时间维度,时间是否允许,决定了可以到达的空间远近。比如对每天都无所事事的人来说,花十几个小时出趟远门旅游,可能并不会觉得遥远,但对于非常忙碌的人来说,花几分钟去办公楼下取趟快递,可能都感觉非常遥远。这便是时间的确定性带来的空间边界性。

在日常话语中,"长"和"短"既可用来表示时间又可用来表达空间。这是日常生活赋予时间和空间的统一性。当人们说空间距离长或短时,实际上是与到达那里所用的时间进行对比后做出的判断。到达那里,是人们对空间的行动性表达。人们之所以要到达"那里",因为"那里"有与"这里"(我们所处的位置)不同的生活形态。从时间线上看,"那里"是未来的生活或过去的生活,而不是现在的生活。现在的生活只属于空间上的"这里"和

---

① [加拿大]爱德华·雷尔夫:《地方与无地方》,刘苏、相欣奕译,北京:商务印书馆,2021年版,第21页。

时间上的"当下"。

对于未来的生活,人们擅长将现在的空间边界,通过各种方式予以明确,并尽可能地将自然时间划分为确定的时段,以保证未来生活的可控性。对于过去的生活,人们往往依靠回忆和叙事将其释放出来,过去的生活大都不需要明确的空间边界,因此,在民间叙事(比如神话、传说、故事等)中,如果不是赋予空间以特别的意义,那么在讲述的文本中"过去的空间"总是被忽略掉。比如,人们总是爱用"从前,有一个地方……"作为故事的开头,这里的"有一个地方"就是不确定边界的空间。而对于现在的生活来说,人们则通过各种各样的形式来确定空间的边界,因为一切关于当下的日常生活都需要在特定的边界范围内组织完成。

在乡村社会中,边界经常是个模糊的概念。尽管耕地有明确的界线、村庄有明确的轮廓、行政村有明确的政治领地、家庭庭院有明确的围墙,但从村民社会关系与心理认知层面来看,这些边界在日常生活领域并非总是有意义。不过,在重要的公共事件或集体行动时,这些边界会迅速成为各种共同体制作的重要资源,从而展现出强大的社会力量。同时,在这些事件中,边界还被赋予不同个体、不同群体之间进行社会互动的工具。尽管在边界两边看来,这些互动可能更多是消极的背离运动,但在各自边界内部区域内,互动和行动的目标将更加明确,从而一定程度上成为凝聚社会共同体意识的社会力量。

虽然边界经常由物质载体和空间界线构成,但本质上它是一种社会建构。"实际上真正的、纯粹的具有边界的实体在历史上或许就从未长久过。"[1]问题是边界形成的逻辑是什么呢?蒂利认为,"边界过程的参与者接受那些影响他们追求边界内关系、跨边界关系和边界区域陈述的奖励或惩罚……边界维持动机的变化一般导致边界的变化"[2]。

许多情况下,边界的设置在事实上再生产了村落共同体意识。尤其是在一些重要的公共事件场合,现实可见的边界为村民建起一座"安全岛","岛"内意味着安全,这无疑会增强边界内群体的共同体意识。这种共同体意识表现在"对抗"外部世界的"他者"时,往往会迸发出极大的威力。"边界可以稳固社会关系。它区分了居民与流浪汉、邻居与陌生人、陌生人与敌人。"[3]从这个意义上说,因边界设置而形成的村落共同体并非完全是基于情感和关爱的自发组织,更可能的是,它原本就是对共同的外部世界带来的风险的防御机制,同时,边界内部建立起来的共同体本身也形成一种与外界进行沟通和交流的集体机制,"由于村落内部人际关系亲密,交往相对频繁,来自外界的重要信息却可以迅速传播而由村民共享,这在很大程度上弥补了与外界联系不便的缺憾"[4]。

(二)空间与乡愁

在日常实践中,空间的边界划分,在区隔城市与乡村的日常生活世界中得到了最显著

---

[1] [美]迈克尔·赫茨菲尔德:《什么是人类常识:社会和文化领域的人类学理论实践》,刘珩、石毅、李昌银译,北京:华夏出版社,2005年版,第155页。
[2] [美]查尔斯·蒂利:《身份、边界与社会联系》,谢岳译,上海:上海人民出版社,2008年版,第147页。
[3] [美]约翰·布林克霍夫·杰克逊:《发现乡土景观》,俞孔坚、陈义勇、莫琳等译,北京:商务印书馆,2016年版,第28页。
[4] 刘铁梁:《村落——民俗传承的生活空间》,《北京师范大学学报》(社会科学版)1996年第6期。

的表现。城市和乡村之间拥有一条人为的但又不易打破的边界。居住在城市和居住在乡村的人们,各自组织着彼此的日常生活,并形成了各自的文化性格与文化品位。

在现代社会之前,城乡间的不同可能仅仅是体现在职业分工不同,但在现代社会,这种职业分工不同正在被阶层和生活风格与文化形式的不同所替代。现代以来,城市和乡村被视为时间序列上的前后关系,城市代表文明,乡村代表野蛮;城市代表进步,乡村代表保守;城市代表先进,乡村代表落后,等等。诸如此类对立的二元词汇,被嵌入各种描绘城市和乡村的著作中。在这些研究中,人们总想着按照城市标准去改造、拯救,甚至消除乡村。我们很难说,这到底算不算文化霸权,但有一点可以确定,在现代社会,人们在城市和乡村这两种社会形态中间划出了一条明显的界线,这条界线将城市和乡村区分为两个不同的生活空间。

这种来自现代性的区隔,塑造出了一种被称之为"乡愁"的生活状态。生活在城市中的人们向往乡村,因为在其观念中,乡村是承载乡愁的最佳空间。对于生活在城市里的人们来说,即便出生地是城市,也会倾向于认为唯有乡村才能寻觅到乡愁。这很具隐喻意义。乡愁成了特定空间的文化符号。这一特定空间被命名为"乡村"。

当然,乡愁也不只是包含了空间意义,它还具有时间意义,即乡愁是过去或传统生活的现代遗存。人们将空间上远离城市的乡村,想象成时间上的过去。在时间线上,乡村被认定为城市的过去,城市则被视为乡村的未来。时间和空间在此刻统一于乡愁之中。

善于制造乡愁的现代社会,从来也不缺乏满足乡愁的方式。比如借助互联网、新媒体或有线电视,通过各种以乡愁为主题的节目,让身处现代城市的人们足不出户,便可缓解乡愁之苦;或者各种交通工具带来的生活便利,让越来越多的人有机会到空间上更远的乡村寻觅乡愁。寻觅乡愁变成了一种与空间上"遥远"相关的游戏。仿佛越是远离城市,越是远离人类聚居点,就越能接近乡愁。这是人们对空间的文化想象。

从传统民俗学研究路径来看,研究者更倾向于将"乡村"作为展开研究的主要生活空间,而且关注的主要民俗事象或民俗事件也大多与乡村直接相关。正如刘铁梁所言,"村落作为农业文明最普遍的景观应当成为我们民俗学调查所把握的基本空间单位"。[1] 尽管关于都市民俗研究的呼吁和实践早在二十世纪二三十年代,中国民俗学发轫之时即已有不少相关学术作品,但真正将都市民俗研究置入现代民俗学日常转向问题进行讨论,则是近十几年的事情。[2] 现在看来,关注日常生活的现代民俗学是时候重新审视城市与乡村这两种被人为建构起来的概念和社会现实的合法性问题了,而且需要在审视中,思考二者的空间建构性是如何体现在各种类型的民俗事象与民俗实践之中的。

二、日常空间类型与民俗生活

空间为人们的日常生活提供了合适的场所。日常生活领域可分为公共生活和私人生活,与之相应,空间也可以分为公共空间和私人空间。对待这种两种生活空间的态度,也

---

[1] 刘铁梁:《村落——民俗传承的生活空间》,《北京师范大学学报》(社会科学版)1996年第6期。
[2] 李向振:《转向现代性的民俗学的几个关键词》,《华东师范大学学报》(哲学社会科学版)2021年第1期。

构成了乡村与城市最为直观的区别。

（一）私人空间与私人生活

在乡村社会中，私人生活空间是半公共性的，尤其是院落，经常会汇聚一些妇女坐在庭院里聊天或做家务事，她们边干活边闲聊，她们所关注的往往都是村落里的公共议题。

院落与村落其他公共空间的区别在于时间性，村落公共空间没有时间限制，如果村民愿意，他们甚至可以整个白天和黑夜在公共空间闲聊、游戏或者进行其他活动而不会影响到其他村民生活。然而，过去院落是以天黑为标准的，在没有电的年代，人们休息得也很早，即使有串门的，也会在主人关灯休息之前离开。从乡村生活来看，村里接通电的最大好处是延长了作为私人空间的院落的公共性时间，人们可以闲聊更长时间，或者一起看电视或者做其他事情。

传统乡村地区，纯粹的私人空间极少存在。人们的生活空间从院墙内延续到院墙外，院墙的意义不是在公共空间隔离出一个私人生活空间，而是防止牲畜、坏人来搞破坏。对于日常生活而言，院墙只是一个家的范围的象征，并不影响人们之间的交往。

城市的生活空间相对来说私密很多，城市设计者通过种种方式将生活区域与其他空间区隔开来，而在生活空间中，又通过各种"门"来限制其他不属于该区域的人进入，小区有小区的门，家户有家户的门。虽然这些"门"也是为了维护住户与家户不被人为破坏，但从日常生活实践上看，这些门切切实实地阻隔了邻里间的日常交往，无论是下班回来，还是遛弯、买菜回来，在门口遇到的邻里间礼貌性地打过招呼后，就将厚厚的防盗门一关，人与人之间就这样被区隔开来。

（二）公共空间与公共生活

公共空间对于乡村或城市社区的意义不言而喻。人们在这里组织起日常生活，人们在这里讨论着关于他人、关于社会、关于政治和国家的议题，这里充满乐趣、充满活力。人们可以在这里娱乐、休闲，也可以在这里完成手头上的活计，最主要的是在这个空间中，人们讨论的话题是开放性和公共性的，尽管很多流言蜚语也是从这些地方传播出去的。

无论是乡村还是城市，公共空间都分为正式的和非正式的两种。对乡村社会来说，非正式公共空间就是如前所述的邻里交往的日常空间，其正式公共空间则表现为一些固定的场所。比如在没有自来水之前，村子里的水井周围就是村落公共空间，每日午后，都会有村民到水井旁打水洗刷衣物，在洗刷衣物同时，他们互相交流所共同关心的话题或村里的公共事件，所涉及的内容往往很庞杂，正如俗话所说，"张家长李家短七个鼻子八个眼"。

村里的闲话中心，从某种程度上说，也属于公共生活空间的一种形式，闲话中心往往是一种非制度性约束力量，很少有村民在闲话中心褒扬某种集体行为，他们更多的是通过闲言碎语等非正式惩罚机制，规范和约束村民的日常行为。

另外，村里的庙宇、宗祠等也属于公共空间范畴，[1]无论是庙会或祭祖期间，还是日常

---

[1] 参见甘满堂：《村庙与社区公共生活》，北京：社会科学文献出版社，2007年版。

生活中,人们往往会借助这些神圣空间,解决各种事关村落集体或村民个体利益的公共议题。

不过随着现代生活方式的进入,大多数村落已经能够喝上自来水,越来越多的家庭也开始使用洗衣机,在这些生活方式的冲击下,村里的水井周围开始变得冷落起来,甚至许多村子里的水井四周都已经荒草丛生,或者干脆被掩埋了。洗涮衣服这样一件在过去看来属于公共生活领域的事情,退回到家庭内部成为个体生活的一部分,与之相关的公共生活也随之丧失。当然,我们也应该看到,与此同时,政府统一建设的村广场正在逐渐成为新的公共空间,这些都应该成为关注日常生活的现代民俗学所要特别关注的空间议题。

城市社会中,非正式的公共空间一般表现为街头巷尾,比如成都地区的茶馆,北京地区的老胡同、"杂吧地儿",现代城市里形形色色的酒吧、餐厅、咖啡馆等。王笛在分析20世纪上半叶成都茶馆文化时,说道:"中国茶馆在公共生活中,扮演了与欧洲咖啡馆和美国酒吧类似的角色,中国茶馆也是一个人们传播交流信息和表达意见的空间。"①岳永逸在关注老北京"杂吧地儿"时指出,"古今中外,各色人等可能生存的杂吧地儿才是一个空间、一座伟大城市真正的生态和常态,是一座城市前行的动力与助力"。② 城市中这些非正式公共空间里,公共领域和私人领域往往难以截然分开,一个顾客或一个看客的私人事务,很可能会引起其他人的关注,并迅速以话题的形式成为公共事务。

与非正式公共空间不同,城市中正式的公共空间往往具有较为确定的边界,它们往往是被精心设计出来的,这些公共空间,被命名为城市"广场"。在现代城市社会,广场扮演着非常重要的角色。

当然,在城市社区,并非所有的公共空间都被赋予政治功能,事实上,更多的公共空间以城市公园、小区健身器材置放区、棚式或露天菜市场等形式出现,在这里,政治议题成为公共话题的一个类型,而不再是意识形态的实践。这些公共空间,是人们表达地方归属感和认同感的地方,是人们组织日常生活的场所。

(三)神圣空间与神圣体验

尽管在日常生活中,人们并不总是将空间结构置于同社会结构、社会关系、民俗事象、文化设置、生计策略、劳作模式等社会现实同等的地位来考虑,但通过人们在日常生活中对空间的划分,也不难看出,空间结构与上述社会现实存在着深刻内在的关联。

比如传统社会,民间盖房上梁时,会在承载整个屋脊重量的木梁上贴"太公在此,诸神退位"字样,以宣示此木梁所涉及的建筑空间已经被"太公"(即姜子牙)所保护,具有了神圣意味,任何妖魔邪祟都不得侵扰生活于该建筑空间的人们。此时,普通的建筑空间就具有了神圣性。在世俗的生活空间内制造出神圣空间,一方面用来确定人与神的关系以及人们处理神圣与世俗事务的行为边界;另一方面用来确定人与人的关系。③ 与此同时,我

---

① 王笛:《茶馆:成都的公共生活和微观世界》,北京:社会科学文献出版社,2010年版,第426—427页。
② 岳永逸:《"杂吧地儿":中国都市民俗学的一种方法》,《民俗研究》2019年第3期。
③ 岳永逸:《家中过会:中国民众信仰的生活化特质》,《开放时代》2008年第1期。

们也应看到所有二元划分的空间都是一种相对存在,比如世俗空间只有与神圣空间进行对照时,才能显示其社会意义。

范热内普说,"在我们现代社会中,唯一用来对此社会划分的分水岭便是对世俗世界与宗教世界,亦即世俗与神圣之区分"。① 根据生活体验和生活诉求,日常生活可分为世俗生活与神圣生活,与之对应,日常空间也可分为世俗空间和神圣空间。

人们最初在日常空间中分化出神圣空间,也许正是认定这些空间有助于神灵显现。从逻辑上思考清楚神祇显灵的原因并不容易也无必要,人们往往从直观的时间、空间、建筑、身体、仪式等出发,通过重复这些可知可感的因素,以还原神显的原始情境,从而获得新的可重复的神显。正如雷尔夫所言,"神圣空间是古代人的宗教体验,并由各种符号、神圣中心与充满意义的事物分化出多种多样的形式"。② 此时,时间、空间、建筑、身体、仪式等,都具有了神圣性。

神圣空间并非简单地与世俗空间进行隔离,而是在诸多要素共同作用下,为人们提供某种神圣体验,使得人们相信进入且只有进入这些空间,才具有和神灵沟通的可能性。此时,神圣空间成为人与神进行沟通的场所,成为信仰的地域中心,比如某座庙宇以及某个神龛或某座神像所在的空间。神圣空间是人们为满足宗教情感而创造出的社会空间。比如村落中存活了数百年的古树,人们一旦认为其具备了神性,那么这棵树连同周边的空地,便都具备了神圣性。更进一步,人们可能会在该树附近建一座神庙,增加其神圣性。这样,一个原本属于自然界"无机"的物理空间,变成了社会生活领域"有机"的神圣空间。

神圣行为需要在神圣空间举行。因为在人们的生活观念里,人与神的交流非比寻常,它需要一种与日常和世俗并不相同的社会情境,其中神圣空间是隔绝日常与世俗的必备条件。比如,进入神圣空间时需要跨越一种有形的门槛,这无疑使得进入其中的人们具有了某种边界意识,即从世俗走入神圣,从日常进入非常,从人与人的关系进入人与神的关系。

俗话说,"世上至理书说尽,天下名山僧占多"。之所以"僧"要占"名山",一方面与其远离人世有助于静心修行有关;另一方面,将庙宇建在深山老林或山势险峻之处,也有助于维护神灵的神圣性,这是吸引民众信仰的重要因素。信众登顶圣山或建有神庙的山顶,便远离了世俗的生活从而接近了神圣的中心,在最高平台上,不仅从视觉上产生"一览众山小"的神圣感,更从心理上产生"恐惊天上人"的神圣感,人们会在烟雾缭绕的香火、栩栩如生的神像和各种早已深植内心的口头传说等诸多元素影响下,进入另一个境界,超越于世俗空间,从而进入一片"净土"。

比如有"五岳独尊"的泰山,因其东岳大帝信仰和历史上皇帝的多次封禅而被视为圣山,对不少信众来说,一步步攀登上"十八盘"而进入"南天门"是表达虔诚的一种方式,在信众看来,这样做才有机会得到神灵照应。

---

① [法]范热内普:《过渡礼仪》,张举文译,北京:商务印书馆,2010年版,第2页。
② [加拿大]爱德华·雷尔夫:《地方与无地方》,刘苏、相欣奕译,北京:商务印书馆,2021年版,第25页。

神圣空间是人们为满足宗教情感而创造出的社会空间。对于民俗学而言,我们在关注信仰、仪式等民俗事象时,不能忽视神圣空间的相关论题。比如神庙、宗祠等,这些神圣空间本身在完成神圣仪式或祭祀等职能外,有时也会承担公共空间职能。许多与日常生活相关的公共议题,比如邻里或族内纠纷的处理。因此,观察这些神圣空间的位置、构造、历史变迁及其象征意义,对于理解普通民众的生活观念和意义世界都有裨益。

第三节 生命日常与民俗文化

日常生活是个体生命得以实现社会再生产的过程。可以说,一切日常生活都是围绕个体生命历程展开,其意义也蕴于其中。个体生命历程是从生到死不间断的时间和空间过程。个体生命在与社会互动中获得了社会属性,社会也以不同形式将个体生命历程划分为不同阶段,并通过设置各种过渡仪式将社会规范和生活法则传达给生命个体,使其成为社会结构和社会秩序的再生产的不竭动力。某种意义上说,正是各种过渡仪式再生产了社会意义上的个体生命。

一、个体生命的社会再生产

"生命周期是社会时间研究的深层领域。"[①]尽管人类生命周期从形式上看是基于有机生物体年龄增长的生物过程,但我们所有人在整个生命周期中都不可避免地要在相互交错的社会时间中进行穿梭,这个过程构成日常生活中随着年龄增长而不断积累和复杂化的全部生命体验和社会经验。如果不考虑社会情境与社会过程,每个人的生命体验应该是完全基于有机生命体的生物体验,人们将在浑然不觉中从幼小长到成年再到老年,最后走向死亡。事实上,无论任何人都没办法脱离其所生活的社会情境,于是,生命周期被打上社会文化的烙印。人们用与时间密切相关的年龄来划定人的生命阶段,比如什么年龄适婚、什么年龄退休、什么年龄称之为年轻人、什么年龄称之为老年人,等等。通过这种划分,本来毫无社会意义的生命时间变得丰富起来,而且也成为构建社会生活秩序的重要准则。

个体生命的有限性和不可逆性,让人们不得不思考,如何面对出生、如何面对成长以及如何面对死亡等这些必然会发生的事情。人们观察自然界的潮涨潮落、草木荣枯,就想象着生命是否也在循环中得到永生。于是,轮回观念逐渐产生。轮回观念的本质是将生与死这种确定的线性生命运动置入循环的社会时间。这样,生命本身就进入永生状态,死亡变得不再可怕。死亡并不意味着彻底消亡,而是以另一种形式继续参与时间运动。

在现实社会中,个体生命只有得到社会确认,才能真正成为人。个体实现社会确认的过程大体相当于"社会化"过程。在此过程中,人生仪礼是对个人生命进行身份确认的最重要的社会设置。正是借助这些不同的人生仪礼,个体生命得以融入和参与社会过程,从

---

① [英]芭芭拉·亚当:《时间与社会理论》,陈生梅译,北京:北京师范大学出版社,2009年版,第118页。

而在作为生物体的生命历程中打上文化和社会的烙印。人生仪礼是生命历程中的重要节点,通过这些节点的设置,人们获得了对生命的可控感。这些节点大致包括诞生礼、成人礼、婚礼、寿礼和葬礼,对应着个体生命发生生理改变的各个阶段。

在日常生活中,个体生命的再生产,既包括了新生命的诞生,也包括了旧生命的消失。在轮回观念中,新生命的诞生是此生的开始,旧生命的消失则是来生的开始。在这场只有开始而没有终结的时间游戏中,人们顺利地完成了代际更迭、世代更替。"无论对个体或群体,生命本身意味着分隔与重合、改变形式与条件、死亡以及再生。其过程是发出动作、停止行动、等待、歇息、再重新以不同方式发出行动。其间,要不断逾越新阈限:季节、年月或昼夜之交;诞生、青春期、成熟期及老年之变;死亡与再生(对有此信仰者而言)之转换。"①在这个意义上,死去也不代表永久消失,而是去到了另一个世界继续存在,佛教信仰传入中国以后,人们普遍接受了"轮回转世"的观念,认为人的死去意味着新生,是另一种生命的开始。民间丧葬习俗中,也有放置三天才会出殡的习俗,也是遵从这种时间上的衔接。

二、仪式过程与社会秩序

生命是一种过程性的时空秩序。法国著名民俗学家范热内普指出,"无论个体或社会均无法独立于大自然和宇宙之外。宇宙本身受一种周期性控制,而这种周期性体现于人类生活。宇宙同样包括诸多过渡时刻、进程以及相对安暇之阶段"②。过程性本身即包含了时间和空间的维度,对于人的生命历程而言,生命周期本身即是个体与社会不断建立各种关系并由此形成社会结构的过程。所以用来标识生命阶段的各种人生仪礼,至少包含了三个社会功能:第一,对于个体而言,仪式本身是其从一个生命阶段过渡到另一个生命阶段的重要转折点;第二,对于社会而言,每个个体的人生仪礼都意味着一定范围的社会结构和社会秩序的重整;第三,借助人生仪礼中的各种仪式实践,社会关系之网得以缔结,个体与社会的互动得以顺利实现。同时,各种人生仪礼中各种具有象征意义的仪式行为得到了民俗学、人类学的格外关注,其中最为经典的研究范式便是"阈限理论"。

(一)关于阈限理论

对于个体生命而言,基于社会时间赋予的年龄概念,让他们时刻处于各种社会规范之中,他们所有的日常生活几乎都能与年龄发生联系。同时,社会又以年龄作为标准将个体生命划分为许多不同的阶段。不同生命阶段的日常生活受不同社会规范支配。两个生命阶段的转换节点,是充满风险的边缘地带。这个地带标志着从一种稳定的秩序转换到另一种稳定秩序的过渡阶段。

在过渡阶段里,生命处于失序或无序状态,失序或无序意味着社会风险。尽管这些状态对于生物体来说,并无太多实质影响,但对于社会生命而言,这些阶段是否能够顺利渡

---

① [法]范热内普:《过渡礼仪》,张举文译,北京:商务印书馆,2010年版,第137页。
② 同上,第4页。

过决定了其是否能进入到新的有秩序的社会现实,而能否进入新的有序的社会现实又决定了其是否能够在新的社会关系网络中顺利开展日常生活。简单地说,任何社会的任何的人生仪礼都是为个体生命能够顺利地从一种确定的社会秩序过渡到另一个确定的社会秩序的民俗设置。

范热内普在前人关于仪式的讨论的基础上,于1907年提出"过渡礼仪"(也翻译为"过渡仪式")的概念,并根据仪式活动在个体生命阶段的主要功能不同将过渡礼仪区分为"分隔礼仪""边缘礼仪""聚合礼仪"等三种形式,并指出"尽管过渡礼仪的完整模式在理论上包括阈限前礼仪(即分隔礼仪)、阈限礼仪(即边缘礼仪)和阈限后礼仪(即聚合礼仪),但在实践中,这三组礼仪并非始终同样重要或同样地被强调细节"①。范热内普有关阈限的概念强调过程,强调社会结构中稳定部分与动态部分之间的变化,这一理论启发了被视为象征主义人类学代表人物的维克多·特纳。维克多·特纳将阈限理论拓展为至今仍是仪式和人生仪礼研究中最重要的理论之一。

关于阈限,特纳给出了更为清晰的定义,他指出,"阈限的实体既不在这里,也不在那里;他们在法律、习俗、传统和典礼所指定和安排的那些位置之间的地方。作为这样一种存在,他们不清晰、不确定的特点被多种多样的象征手段在众多的社会之中表现了出来。在这些社会里,社会和文化上的转化都会经过仪式化的处理。所以,阈限常常是与死亡、受孕、隐形、黑暗、双性恋、旷野、日食或月食联系在一起"②。尽管这个定义更像是描述性的,但它真正的价值在于"启发性",即它给我们所关注的人生仪礼等仪式提供了边界,同时还给我们提供了一种截取生活片段的过程性分析视角。某种意义上说,阈限为仪式提供了合适的场域,而仪式则为顺利渡过阈限提供了手段。

对于个体生命来说,无论其是否愿意,其一生都要经历几次重要的社会角色的转变,这是社会化过程在其生命历程中打上的烙印。由于个体的社会角色决定了社会结构和社会秩序的总体状态,因此,个体社会角色的转变多少都有些强制性特点。为促成社会角色转变,社会为个体精心准备一系列具有程式性、规范性和集体性的仪式活动。对于个体而言,通过这些仪式活动,就意味着其具备了进入新社会角色的通行证。比如经过诞生礼,就意味着已经由一个自然的生物体,转换成了社会的生命体;经历了成人礼,就意味着个体拥有了做出成年人行为的资格;经历了婚礼,个体就成为"已婚"人士,需要遵守基于婚姻形成的诸多限制,当然也拥有了婚姻带来的各种社会权利;一个人的死亡仅仅是自然生物体的消亡,只有经历了丧葬仪式,才意味着社会生命的结束,从而进入一种观念上的永生之中,等等。当然,由于这些角色转换具有强制性特点,所以这些仪式发生的阶段,正是前面所说的阈限阶段。

(二)过渡仪式与社会结构

任何个体在其完整的生命周期之中,都会经历大大小小的无数个过渡仪式。"过渡仪

---

① [法]范热内普:《过渡礼仪》,张举文译,北京:商务印书馆,2010年版,第10页。
② [英]维克多·特纳:《仪式过程:结构与反结构》,黄剑波、柳博赟译,北京:中国人民大学出版社,2006年版,第95页。

式是仪式中的一个范畴,它们标志着每个人在一生的周期中所经历的各道关口:从某一阶段进入另一阶段;从一种社会角色或社会地位进入另一种角色、地位;它将生物定数如降生、繁殖后代与死亡和人类及文化体验统一起来。"①

一方面,这些通过仪式对于个体而言,是其社会化过程,对于社会而言,则是社会结构不断生成的过程。或者说,对于个体而言,阈限阶段的通过仪式是其生命历程中不同社会角色转变的过渡过程,那么对于整个社会结构来说,这些仪式活动实践则是社会关系和社会秩序重新得以确立的保障。换句话说,作为社会事实和生活实践的人生仪礼正是各种日常生活关系缔结的实践场域。

个体通过参与社会为其安排的各种仪式,才得以顺利实现时间线上的生命阶段的角色转换,前面已经多次说过,个体的社会角色转变本身又是社会结构的再生产过程。

由于通过仪式主要在特定地方社会展开,因此,通过仪式与地方社会结构形成密切相关。作为通过仪式的人生仪礼为地方社会关系和人情、面子的运作与再生产提供了合适的场域。无论是作为阈限人的个体,还是作为参与仪式的其他社会群体,在这些仪式过程中,都在某种意义上积累了社会资本,而社会资本本身就是凝结在社会关系中的各种资源。对于阈限人来说,这些社会资本是其顺利融入新社会结构和转变社会角色的重要力量,对于其他参与群体来说,这些社会资本是其未来社会行动可以依赖的资源,而对于新社会结构来说,这些伴随着社会资本在生产的各种社会关系正是其结构化的内在动力。

另一方面,个体生命历程既是自然过程,又是社会事件。之所以说个体生命是一种社会事件,是因为个体生命的各个阶段都是由社会文化规定的,儿童、成年人、老人等显然是被社会决定的,不同文化传统的社会,对个体生命阶段的规定性极不相同。比如老人,在农耕社会,因为基本要自给自足,所以老人定义最接近于自然状态,年纪老迈、生理机能退化即被视为老人;而在工业社会或城市社会,人们会在某一特定的、由法律明确规定的年龄退休,退休就意味着个体生命的社会性老去,而不管其生理机能是否已经衰退或个人能力是否已经明显弱于所谓的年轻人。儿童、成人等不同生命阶段,也具有同样的社会和文化的规定性特征。

任何社会都会在这些个体生命历程转换阶段设立各种仪式活动,以达到正式确认这些生命阶段具有了社会和文化意义的目标。"生命过程的同一性与连续性被各种过渡仪式有意识地摧毁。"②社会对于个体生命历程的这种有意识地摧毁,是为了将结构化和制度化的社会规范植入个体生命之中,从而保证社会结构得以顺利更新并在个体生命终结后仍然能够延续下去。

过渡仪式对于个体的意义还表现在其为个体提供一种阶段性的集体生活状态,为个体顺利渡过社会角色转变提供安全感。"长久地生活于我们无法理解的世界中,这种体验

---

① [美]巴巴拉·梅厄霍夫:《过渡仪式:过程与矛盾》,载[美]特纳:《庆典》,方永德等译,上海:上海文艺出版社,1993年版,第138页。
② 同上,第141页。

我们是无法忍受的,因此,我们通常用自由创造性来交换一种安全感:即生活是有意义的。"①

对于个体生命而言,每个阶段的人生仪礼都蕴含着对日常行动的规定性和确定性。按照这些知识安排和经营生活,是社会强加给每个个体的责任,一旦个体不按照这套规则和规范行事,他将会受到社会的惩罚,从这个意义上说,各种人生仪礼也是进行社会责任再确认的过程。当然,责任总是与权利同时出现,当社会告诉人们某阶段不可以做什么时,同时也会会宣告可以做什么。正是在这种相对较为确定的知道特定年龄段可以做什么不可以做什么的社会安排之中,日常生活得以有序进行,日常互动得以顺利展开,个体生命的社会意义也才得以真正实现。

思考题

1. 试论述日常生活理论进入民俗学研究的两条路线。
2. 如何理解日常时间的规定性和边界性特征?
3. 试结合具体案例,分析阈限理论在人生仪礼研究中的适用价值。

推荐阅读文献

1. [德]赫尔曼·鲍辛格:《日常生活的启蒙者》,桂林:广西师范大学出版社,2014年版。
2. [法]范热内普:《过渡礼仪》,北京:商务印书馆,2010年版。
3. [匈牙利]阿格妮丝·赫勒:《日常生活》,重庆:重庆大学出版社,2010年版。
4. [英]维克多·特纳:《仪式过程:结构与反结构》,北京:中国人民大学出版社,2006年版。
5. 高丙中:《民俗文化与民俗生活》,北京:中国社会科学出版社,1994年版。

---

① [美]巴巴拉·梅厄霍夫:《过渡仪式:过程与矛盾》,载[美]特纳:《庆典》,方永德等译,上海:上海文艺出版社,1993年版,第142页。

第四章　民俗与民俗主义

本章要点概述

在20世纪50—80年代,美国民俗学曾经出现过对"真/伪"民俗的讨论,这一话题在中国直至20世纪90年代以后仍有延续,中国民俗学界也出现过对"泛民俗"和"伪民俗"等问题的探讨。20世纪60—80年代,德国民俗学发生了对"民俗主义"现象的追问与探讨。1990年代到2010年代,日本民俗学致力于引进、消化和实践运用民俗主义的视角,重新审视其国内的各种民俗文化现象;中国也在21世纪初展开了对民俗主义相关问题的思考与探索。本章集中介绍德国民俗学家有关民俗主义的定义和相关讨论,以此为基础,指出民俗主义在现代社会已经是民俗和传统文化的常态。由于民俗主义及其相关问题的讨论,事实上又和"真/伪民俗"及本真性的困扰密切相关,因此,民俗学家需要理解和超越涉及本真性的困扰。最后,本章还讨论了民俗主义的相关讨论对于中国民俗学的学科建设所具有的重要意义。

第一节　什么是民俗主义?

德国民俗学家汉斯·莫泽(Hans Moser)最早于1962年发表了"论当代民俗主义"[①],随后又于1964年发表了"民俗主义作为民俗学研究的问题"[②],他在这两篇描述性的长篇论文中,非常详细地描述了德国以及欧洲多国,甚至还涉及亚洲、北美等地区,在艺术、文化政策、旅游等领域,以及通过各种商业形式对民俗的广泛应用。汉斯·莫泽对此类"应用民俗学"实践的各种现象采用了更为简短、明快的用语,即"民俗主义"(Folklorismus)来概括,从而在德国民俗学中率先提出了民俗主义这一重要概念,并集中指出了民俗主义现象的大面积存在这一基本的现实及其意义。

汉斯·莫泽对于民俗主义所给出的定义是:不断增长的对"民间"的兴趣;在实践上满

[①] [德]汉斯·莫泽(Hans Moser):《论当代民俗主义》,简涛译,周星、王霄冰主编:《现代民俗学的视野与方向》,北京:商务印书馆,2018年版,第31—61页。
[②] [德]汉斯·莫泽(Hans Moser):《民俗主义作为民俗学研究的问题》,简涛译,周星、王霄冰主编:《现代民俗学的视野与方向》,北京:商务印书馆,2018年版,第62—96页。

足和加强这类兴趣,包括将尚存的传统朝向一定的方向去培育、使之独立或人为地改变其形式;美化或者夸大,然后在缺少真实本体之处,用民间传统予以补充,如此地自由创造的目的是为社会提供一个真实和伪造的混合体。在汉斯·莫泽看来,出于各种目的而对传统的越位,内含着发明和创造的民间印记;二手民俗的传播和演示等,明确地体现在民俗主义的各种典型例证之中。汉斯·莫泽虽然提及艺术的,特别是音乐和舞蹈的民俗主义,但他集中观察的却是在旅游产业影响之下和由于大众传媒的需求而促成的民俗主义。

汉斯·莫泽对民俗主义现象的描述与定义,在德国民俗学界引起了很大的反响。他随后在1964年的论文中进一步展开,并特别提到了民俗学家在田野调查中所遇到的困境:连以前那些值得信赖的老人,现在也不能确定他们提供的资料究竟是来自"可靠"的口头传承,还是随便来自其他渠道,显然,这种状况也就意味着民俗学家已经无法避免在田野工作中遭遇到民俗主义。汉斯·莫泽进一步说明了对于民俗要素或成分的利用和滥用所存在的多种形式,并把它们归结在中性的民俗主义范畴之中。

汉斯·莫泽指出,就民俗主义现象进行专门研究对于民俗学很有意义。他还认为,有必要将民俗主义视为跨时代的现象,将其作为传统构成的重要因素来认识和评价。在他看来,如果民俗学想要走出浪漫的构想,想对过去和现在的民间文化获得真实的认识,那么,它对于传统的研究就不应该忽视其民俗主义的发展轨迹。但值得指出的是,汉斯·莫泽对民俗主义的高度关注,虽然在某种意义上,为德国民俗学确立其现代取向奠定了基础,但他同时却也倾向于认为,民俗主义的兴盛覆盖和窒息了尚存的真正的民俗,并将危及民俗学这一学科,为此,他特别强调民俗学应该注重资料研究和资料考证的必要性。显然,汉斯·莫泽多少还是对民俗主义现象有一些自相矛盾的认识。

促使汉斯·莫泽提出的民俗主义概念得以普及,并促使有关民俗主义的学术讨论真正具备了民俗学的专业学术意义的,则是德国民俗学家赫尔曼·鲍辛格(Hermann Bausinger)。在《关于民俗主义批评的批评》[①]一文中,赫尔曼·鲍辛格不仅批评了对于民俗主义采取沉默的蔑视态度,还通过若干案例,导引出了一些有关民俗主义的重要论点,应该说,正是这些论点极大地提升了民俗主义相关讨论的学术性。例如,把民俗主义定义为是对昔日民俗的应用;所谓第一手和第二手的传统常常是相互交织;不应该简单地认为所有民俗主义都倾向于商业化;应该从个案中进行深入调查,以研究民俗主义表现的功能;现有的民俗主义批评常常只是看到一个方面,无视由于视角不同而感受到的功能差异;民俗主义是角色期待的产物;反对民俗主义、追求"本来的民间文化",就将进入自闭的圈子,但其中仍不可避免地存在着民俗主义的发展;民俗主义和民俗主义批评在很大程度上是一致的。

上述这些论点简洁明了,而又一针见血。赫尔曼·鲍辛格认为,被专门创制出来的新民俗也有它现实的功能和意义,如果一定要严格地区分其中一手的和二手的民俗,那就非常有可能已经混淆了事实本身。除了出于商业目的而创制新民俗的动机,在很多情形下,

---

① [德]赫尔曼·鲍辛格(Hermann Bausinger):《关于民俗主义批评的批评》,简涛译,周星、王霄冰主编:《现代民俗学的视野与方向》,北京:商务印书馆,2018年版,第97—111页。

也有出于责任感、理想主义和乡土情怀等背景的动机,但理想主义有可能导致对于新近发明传统的美化。在赫尔曼·鲍辛格看来,追求所谓"原原本本的民众文化"的民俗主义现象的批评者,往往自己就是一个民俗主义者;应该把民俗主义视为现实的和符合规律的,由此产生的新民俗在当代社会中承担着多重的功能,并且符合当代社会文化的民主化和多元化趋势。赫尔曼·鲍辛格认为,对于民俗主义这个概念的贬义性使用和只对其进行商业化背景的想象,将会从整体上妨碍民俗学家对民俗主义现象的形式和功能进行深入的探究。

赫尔曼·鲍辛格后来于1984年在他为《童话百科全书》所写的词条"民俗主义"中,还对民俗主义给出了一个新的定义:在一个与其原初语境相异的语境中使用民俗(Folklore)的素材和风格元素。[①] 赫尔曼·鲍辛格分析了民俗主义概念的历史和多义性,归纳了由汉斯·莫泽发起的民俗主义相关讨论所主要涉及的问题,诸如经常被当事人所征用的"真实"范畴的可疑性;来自民俗学的对于民俗主义的贡献;民俗主义在政治上的可被利用性等。赫尔曼·鲍辛格指出,民俗主义虽然不是一个分析性的,而是一个带有批判意味的描述性概念,但它首先就具有启发性的价值。

德国民俗学界提出民俗主义的概念,并尝试用它来描述现代社会里更为多样化的民俗文化现象的学术动态,非常难得地引起了世界各国民俗学家的关注和颇为广泛的讨论,并先后影响到欧洲其他国家,进而也传播到美国,并扩展其影响力到了日本和中国。美国民俗学家古提斯·史密什(Guntis Šmidchens)发表于1999年的论文《民俗主义再检省》[②],重新审视了过去有关民俗主义的多种定义,探究了其在现代民俗学研究中具有的有效性。作者认真归纳了民俗主义概念的历史及其内涵的多义性,并没有局限于西方学术界通常依据的汉斯·莫泽和赫尔曼·鲍辛格的解说,而是引述多种国际文献把民俗主义概念的缘起追溯到20世纪30年代苏联的苏维埃民俗学。在承认苏联民俗学家将民俗主义视为民俗的适应、再生产与变迁过程这一定义的理论性意义的基础之上,深入比较了东西方民俗主义概念的异同,指出西方学者通常将民俗主义与商业语境相联系,而苏联东欧学者则多将民俗主义与政府主导的文化项目相联系。古提斯·史密什的贡献在于将民俗主义与民族国家的民族主义,以及各族群的认同相联系,认为民俗主义这一术语能够从功能上加以定义,因为它显示了对民俗的有目的的运用,如使之成为族群、区域或民族(国家)文化的象征等,就此而论,民俗主义的历史,也就能够溯及民俗学的学术根源,也因此,这个术语对于民俗学来说是不可缺少的关键词。古提斯·史密什指出,现代社会的民俗主义往往与在历史连续性中产生的怀旧需求相呼应,它使民俗文化作为过去的传达手段得以客体化。

如上所述,在世界各国的民俗学家们有关民俗主义的学术讨论中,相继出现了对民俗主义现象进行分类的尝试,区分出了政治权力利用民俗文化的民俗主义,例如,在选举活

---

① [德]赫尔曼·鲍辛格(Hermann Bausinger):《民俗主义》,王霄冰译,周星、王霄冰主编:《现代民俗学的视野与方向》,北京:商务印书馆,2018年版,第112—117页。
② [美]古提斯·史密什(Guntis Šmidchens):《民俗主义再检省》,宋颖译,周星、王霄冰主编:《现代民俗学的视野与方向》,北京:商务印书馆,2018年版,第168—188页。

动中利用民俗文化要素,进行社会动员等;意识形态渗透的民俗主义,例如,民族国家的意识形态对民俗文化的征用和采借等;商业化背景的民俗主义,例如,开展民俗旅游,开发具有民俗文化色彩的旅游商品等。此外,还有大众媒体参与的民俗主义,例如,媒体制作节目常借助民俗或传统文化的要素,以便拉近和视听观众的距离等;甚至还有学术研究影响之下的民俗主义,例如,民俗学者通过编纂他们调查获得的口头文学资料,通过将其文本化来创造地方、族群甚或国家的"传统"等等。这些学术讨论的成果,在某种意义上,反映了民俗主义这一概念所具有的广泛的解释力。正如中国民俗学家王霄冰所指出的那样,民俗主义概念及其相关的学术讨论,对于德国民俗学的现代转型与学科发展产生了重大而又积极的影响,进而对于当代中国的现代民俗学也具有非常重要的参鉴价值。[1]

总之,根据汉斯·莫泽和赫尔曼·鲍辛格等人的观点,我们可以对民俗主义给出一个通俗易懂的归纳性界定:所谓民俗主义,简单而言,主要就是指二手性地对民俗文化的继承与演出,或某种民俗性的文化现象,在其原本安居的场所之外,拥有了新的功能,或是在新的目的下得以展开的情形。这意味着无数脱离了原先的母体、时空文脉和意义、功能的民俗或其碎片,得以在全新的社会状况之下和新的文化脉络之中被消费、展示、演出、利用,被重组、再编、混搭和自由组合,并因此具备了全新的意义、功能、目的以及价值,而由此产生的民俗文化现象,便是民俗主义。不过,正如 Folklore 一词有"民俗·民间知识"和"民俗学·民俗研究"这样两层意思一样,Folklorism 一词,既可译为"民俗主义",也可译为"民俗学主义"[2]。在这里,我们采用"民俗主义"这一译名,但需要指出,民俗主义有两层含义,亦即民俗主义现象和民俗主义研究视角。

第二节 民俗主义作为现代社会的常态

民俗主义的概念及其相关的学术讨论之所以值得重视,是因为它较好地揭示了现代社会中无数民俗文化事象的基本常态。就此而论,民俗主义概念可以说是民俗学家对现代社会的一种描述性对应。在现代社会,包括很多貌似传统的事象,其实已不再具备原有的意义和功能,而是和现代社会的科技生活彼此渗透,并在现代社会的日常生活中重新被赋予新的位置,获得了新的功能和意义。20世纪50—60年代以降,世界范围的和平、发展与全球化进程,当然还有各国的现代化和都市化进程,促使在几乎所有国家和地区均出现了大面积的文化商品化和产业化的趋势,市民社会和消费主义,还有现代媒体与大众文化等等,均把民俗学传统上视为研究对象的那些范畴全都裹挟进来,日益形成了全新的民俗文化的事象群,但它们不再只是民众日常生活其中,并为人们提供人生意义的民俗,它们直接就是人们消费和鉴赏的对象。于是,民俗主义几乎在所有的国家和地区均被认为

---

[1] 王霄冰:《民俗主义论与德国民俗学》,《民间文化论坛》2006年第3期。
[2] 西村真志叶、岳永逸和陈志勤等人,曾将 folklorism 译成"民俗学主义",意思就是想强调该用语的"民俗主义研究视角"的内涵,而认为它不只是指一类现象而已。

是一种常态,对这一点的深刻认知,很自然地便成为以德国为首的各国民俗学迈向现代民俗学的一个重要契机。换言之,承认、正视和接受民俗主义现象的常态化,在某种意义上,乃是各国现代民俗学的起点。

改革开放以来,中国社会及文化的发展日新月异,都市化、市场经济、互联网和全球化日甚一日地改变着中国。毫无疑问,各种形态的民俗主义现象在中国也是无所不在、无时不在地大面积发生,不断地形塑着当代中国社会里民众日常生活和民俗文化形貌。民俗主义现象大面积地发生于当代中国社会的各种场景,在某种意义上,我们必须承认民俗主义在中国也已经是一种常态,换言之,中国民俗学视为研究对象的"民俗",绝大多数其实都是民俗主义,亦即二手、三手的民俗事象。

第一,是在国家权力影响之下的民俗主义。政府在以现代化为目标推进各项工作之际,经常会借助民俗文化的某些形式和要素,尤其是在进行社会动员和宣传其方针和政策时,更加倾向于如此。这方面的典型例证很多,例如,在20世纪80年代,全国各地庙会出现了复兴的趋势,从极左意识形态束缚中脱身不久的各级政府,对于辖区内的民间庙会采取了"文化搭台,经济唱戏"的策略。与庙会同时举办各种名目的"物资交流会",展开各种搭车性的其他活动,宣传法制、科普、计划生育等,行政权力对庙会活动的参与或介入,虽然具有淡化其信仰属性的可能,却也使庙会及其传承获得了某种正当性。伴随着21世纪庙会的脱敏化(例如,被列为非物质文化遗产项目或名录),一些地方政府往往还借助传统庙会、兴办吸引八方客商的民俗文化节。

近些年来,以民俗文化为主旨的节日,在全国各地有持续增加的趋势。比较有影响的例子,如甘肃省庆阳市于2015年6月15日至6月21日(农历四月二十九至五月初六)举办了第十三届中国·庆阳端午香包民俗文化节。该节以促进香包民俗文化产业开发,搭建文化企业和生产大户集中展示展销的平台为主旨,具体活动有文艺戏曲演出、香包展、工业产品展和特色小吃展等。再比如,起源于1998年的浙江省象山"中国开渔节",原本是当地渔民的"拜船龙""出洋节""谢洋节""祭小海""太平节"等祭海祈福活动,经政府部门挖掘整理和扬弃,中国开渔节的祭海活动在形式上从渔民个人祭祀改为公祭,主题上不断淡化"迷信"成分,除祈求平安丰渔,还增添了感恩大海、倡导生态保护和可持续发展的理念。现在,该节已被国家旅游局列为全国十大民俗节庆活动,象山也获得了"中国渔文化之乡"的称号。

值得一提的还有动用民俗形式宣传社会主义核心价值观的各种努力,类似这样政治性地利用民俗和传统文化并非始于现在,它其实也是当代中国政治文化的重要特征之一。由此开展的爱国主义和热爱乡土等方面的宣传教育,也是当代中国社会之国家与民俗、权力与文化之关系的基本形态。此外,由共青团组织主导推动的"十八岁成人仪式"教育活动[1];一年一度由中央电视台着力推出的春节联欢晚会,以及类似的元宵节晚会、中秋节晚会等;由中国舞蹈家协会主导,并与青岛市人民政府联合主办的中国秧歌节;由国家体育总局主导的全国传统武术比赛和全国广场舞大赛;由民政部主导的以推广火葬为核心

---

[1] 周星:《现代成人式在中国》,《民间文化论坛》2016年第1期。

的殡葬改革等等,举凡政府及有关公共部门的工作若牵涉到国民生活和民俗文化,均会有民俗主义的基本逻辑存在。

第二,是商业化背景下的民俗主义。1949—1978年的计划经济时代,虽然政治性地利用民俗文化的民俗主义现象并不罕见,但当时很少存在商业性地利用民俗文化的情形。改革开放以来,国家确立了社会主义市场经济的原则,伴随着商品经济的全面发展,国民生活实现了质的提升,同时,各种利用民俗文化因素的商业消费行为,或直接将民俗文化商品化、商业化的尝试纷纷涌现。民俗文化被认为具有一定的商业性价值,当前中国的文化产业中,有一部分就是直接把传统的民俗文化或其部分元素视为资源予以开发的。商业资本对民俗文化的介入或利用,就是典型的民俗主义。

较为典型的例子,如对民俗食品(元宵、粽子、月饼等)、民俗用品、民俗文物、民俗礼品、民间工艺品等的商业开发,以及"旧货市场"的兴起等,均促成了很多独特的商业机遇。民俗用品的"文物化"、民俗食品的精致化(过度包装)、民间工艺品的礼品化等现象,均非常值得关注。很多地方热衷于举办"民俗美食节",以银川市为例,多年来不断致力于推出清真美食节活动,并打造中国清真美食之都。类似情形见于全国各地,目前在几乎所有的大中小城市,均有了本地风味"美食一条街"之类的商业性营运。传统形态的老茶馆几乎是一夜之间就迅速让位于如雨后春笋般涌现的"茶艺馆"。茶艺馆崛起的秘密武器之一,就是商业化的民俗主义,它所营造的消费空间充斥着各种民俗符号,通过在新的空间中建构了迎合都市中产阶级品味的各种意义而大获成功。

和文化的产业化密切相关,民俗旅游、古村镇游、民族风情村寨游,以及"农家乐"等多种形式的旅游开发,均是将民俗风情和传统文化视为观光资源,将其视为客体予以开发。无论是把民俗艺术或地方文化直接转变为旅游产品,抑或是对民俗加工改造,或是恢复富有特色的传统民俗,以及借用他者的民俗加以展示等,各种尝试均会导致形成"类民俗化",亦即民俗主义现象。① 在现代社会的大量生产、大量消费的机制中,民俗主义现象也导致明显的"均质化"趋势,相互的模仿导致地方性衰减和民俗性的流失,从而影响到其自身发展的可持续性。例如,北京、天津、上海、成都、西安、广州等,几乎在所有大中城市,均有以"仿古"建筑和"风情"为卖点的街区,那里的建筑和风情充斥着民俗主义,但由于忽视地方性特色或过度商业化,民俗主义尝试的失败案例,也为数甚多。

第三,是依托大众媒体的民俗主义。广播电视、新闻报纸等传统的大众媒体自不待言,包括新兴的互联网媒体在内,当代中国社会依托媒体而形成的民俗主义现象也非常引人注目。伴随着互联网媒体的日益强大和无所不在,网络民俗主义日益盛行。电视媒体制作的各类节目,采用最多的技巧之一,便是民俗主义;其制作和放映的民俗类节目,例如,中央电视台推出的《中国年俗》《记住乡愁》等大型文化影视节目,更是民俗主义风格作品的典型标本。再比如,近些年来,有意无意地与西方传来的"情人节"形成对峙和参照,

---

① 周星:《古村镇在当代中国社会的"再发现"》,《温州大学学报》2008年第5期;周星:《"农家乐"与民俗主义》,《中原文化研究》2016年第4期;周星:《乡村旅游与民俗主义》,《旅游学刊》2019年第6期。徐赣丽:《民俗旅游开发中的类民俗化与文化真实性——以广西桂林龙脊景区为例》,《旅游论坛》2009年第2期。

传统的七夕正在被中国的各类媒体和商家建构成"中国情人节"。每逢七夕,无论是平面纸张媒体,还是网络虚拟空间,有关七夕的各种演绎层出不穷。和目前尚在一些乡村仍有所保留的以"乞巧"为基本形态的传统七夕有很大的不同,可以说目前以城市青年男女为主体,以各种大众媒体为平台,并且是在一些商家的推波助澜之下,形成全新的七夕民俗。此外,网络上的灵堂和祭祀,网络上的笑话、谣言、各种"段子",以及网络花儿、网络民歌等,均是毋庸置疑的例证。

第四,艺术创作中的民俗主义。当代中国和民俗学及民俗主义最为密切相关的艺术创作,当为"民俗摄影"。成立于1993年的中国民俗摄影学会,在全国拥有4万多名会员,活跃于全国各地无数的民俗活动现场,记录了大量的民俗文化场景,据说现在已经拥有40多万幅涉及全球150个国家民俗的专题图片库。但民俗摄影的目的,并非只是忠实地记录民俗,由于它同时也强调表现,强调摄影者的目光和创意,强调作品的艺术性,于是,包括抓拍、摆拍和创意性的民俗摄影作品,自然也就无法摆脱民俗主义的色彩。在民歌音乐领域,新中国成立以来的"新民歌运动"曾经涌现出大量作品,其形式是民族的,或具有民俗性,内容则是革命的,富于时代感和政治情怀。这个创作思路影响深远,至今仍有实践者乐此不疲。新时期的乐坛更加百花齐放,其中总有一股"民俗风"绵延不绝。最近,号称"新民俗主义"的一些摇滚乐队非常活跃,例如,来自东北的"二手玫瑰"乐队,将摇滚与"二人转"相互连接,通过"二人转"较为夸张的表演形式,唱出朴实、戏谑的歌词,从而广受乐迷瞩目。在美术领域,新中国成立以来逐步形成了意识形态化的"群众美术",以通俗性、革命性、对民间民俗美术的汲取,以及容易被工农兵大众所接受和欣赏等为特点。当然,还有对民国时期商业化美术(连环画、漫画、月份牌之类)的改造和扬弃,以及对民间美术(年画、剪纸、皮影等)的借鉴。相继开展的新年画运动和农民画运动,无论在题材还是形式上,大都遵循革命文艺的基本指导原则:形式的民族性与内容的时代性相结合。改革开放以来,美术各品类的创作活动,也有乡土题材、传统形式,以及借用民间美术资源和样式的各种尝试。

第五,学校教育与博物馆的民俗主义。把地方、乡土的文化、民俗或传统,纳入国民教育的教材之中,一直以来始终是很多教育家的理想。在这个思路上,中国各地也有一些实践,例如,在贵州和其他一些少数民族地区,民族文化往往构成小学、中学之乡土教材的部分内容,从而为少数民族的民俗文化的传承,形成了一条通过学校教育而延续的路径。北京舞蹈学院对少数民族舞蹈、各地民俗舞蹈的教学、研究与实际演练;中央美术学院的民间美术、工艺美术等专业,对于传统的乡土美术和手工技艺的继承、借鉴与发展,以及将其纳入教学环节的实践;还有音乐学院对民间音乐、民歌、山歌、信天游、花儿、二人转等传统音乐资源的汲取和吸收,以及戏剧学院对传统戏曲资源的发掘、继承和参鉴等等,应该说这些公共性的教育机构都是在为乡土、传统的民俗文化提供了传播和传承的全新机制的同时,也无一例外地践行着民俗主义风格的创新。

中国的公共博物馆基本上均是公办的,近些年来,民办博物馆有所增加。博物馆多以国家或地方的历史文物为主要陈列内容,也包括对地方民俗,以及各族群文化的陈列。由于所有主题陈列的设计本身,都是将以实物为主的各种资料(民俗文物、民具和民间器物),按照主题构想予以再编、重构而形成新的叙事脉络,因此,颇与民俗主义的定义相吻合。

第六,学术(民俗学、民间文学)研究导致的民俗主义。和民俗文化、民间艺术最为密切相关的学术领域为民俗学、民间文学,以及文化人类学等。经由学术研究而有意无意地导致民俗主义的情形,近年来逐渐引起了相关领域学者们的自觉和反思。民间文学和民俗文化的调查者们,将其通过"采风"获得的素材或资料,予以文学性的(有时只是个人趋好性的)加工、改编和再创作的情形,几乎是古今中外概莫能外的惯例。这些经由被研究者与研究者之间的互动而得以"再生产"出来的文本,却往往由于话语权和政治,以及意识形态权力的结合而具备了不可置疑的"本真性"。新中国成立以来,民间文学工作者采集并再生产出来的大量文本,尤其是1984年5月,由文化部、国家民委和中国民间文学研究会联合发起的三套集成(《中国民间故事集成》《中国歌谣集成》《中国谚语集成》),到2009年陆续出版省卷本90卷,另有地县卷本(内部出版)4 000多卷问世。民间文学三套集成的确为中国民间文艺的传承和发展做出了巨大贡献,但同时也导致民俗主义现象的大面积发生。民间文学的标准国语文本化,难以避免出现去方言化、脱地方化之类的问题。如今在各地掀起非物质文化遗产保护工作热潮的过程中,这些文本又往往被反馈给它们所诞生的地方和族群,成为其传承和创新的依据。浏览中国民间文艺家协会2012—2014年度《中国民间文艺发展报告》①,不难发现有把民间文艺传承"纳入国民教育体系""还艺于民""着眼于系统的传统节日的文化重建工作""旧瓶装新酒,实现传统与现代的结合"之类的表述,反映了研究者或第三方积极介入民间文艺的传承和创新过程的实际情形。在此,将传统民俗或乡间艺术,在保护、继承和创新的名义下,其实却赋予它新的功能和意义,将其在新的语境之下予以重新编排和再现,正是典型的民俗主义。

民俗学领域也不例外。例如,民俗学家对于防风氏古神话的发掘、研究和重新编排其叙事,正是因为需要在全新的文脉中为地方文化增添特色资源,甚至直接使其和旅游产业的开发相关联。② 现已成为中国的国家级非物质文化遗产,乃至于世界非物质文化遗产的"羌历年",在20世纪80年代之前尚不存在此一称谓。它其实是在阿坝藏族羌族自治州的体制之内,由意识到"藏历年"的部分羌族出身的干部、学者及知识分子,有意识地将羌族原先的"祭山会"改造而成"羌历年"的,其历史最长不过30年。③ 更为典型的例子是河北省赵县范庄的"龙牌会",在这个被中国民俗学会确认为"调查基地"的华北乡镇,传统的龙牌会却令人意外地发展成为一个"双名制"的"龙文化博物馆"。④ 这一演变过程内含

---

① 中国民间文艺家协会:《以文明理想守望民间中国——2012年度中国民间文艺发展报告(摘编)》,中国文艺网,2013年4月15日。安德明等:《在守望传统中开拓创新——2013年度中国民间文艺发展报告(摘编)》,中国民俗学会网站,2014年4月30日发布。安德明等:《记住乡愁,守望家园——2014年度中国民间文艺发展报告(摘编)》,中国民俗学会网站,2015年6月29日发布。

② [日]樱井龙彦:《被发掘的和被利用的"神话"》,於芳译,《民俗学刊》第八辑,澳门:澳门出版社,2005年1月。

③ [日]松冈正子:《羌历年和国民文化》,李昱译,周星主编:《国家与民俗》,北京:中国社会科学出版社,2011年版,第219—230页。

④ 高丙中:《一座博物馆—庙宇建筑的民族志——论成为政治艺术的双名制》,《社会学研究》2006年第1期。

着民俗学家坚持不懈的参与,以及村民的努力和政府机构的通融。这是民俗学家作为调查者和第三方发挥了话语权的影响力,并引起调查地民俗文化发生变化的例子,当然也可以说是民俗学家参与了这个"传统"的创造。

民俗主义现象并非只产生于民俗学和民间文学领域。在广义的中国知识界,民俗主义现象还经常以科学的名义出现。例如,风水知识体系被重新表述为中国特色的环境科学;"养生"的理念和实践被冠以生命科学和营养学的名义;"坐月子"的习俗以及涉及孕妇和产妇的各种禁忌,经由妇产科医生的劝告而显得更加理直气壮。如此这般,民俗主义现象在当代中国,可以借用赫曼·鲍辛格在《科技时代的民俗文化》中的表述,确实具有"无处不在"的普遍性。

上述对民俗主义现象的分类描述只是为了罗列事象时的方便,必须指出它们彼此之间往往是密切地纠葛在一起的。政治性地利用民俗往往需要借助媒体,民俗学家有时也会介入民俗文化的商业化实践,对诸如此类的现象,还需要有更为具体、实证性的调查研究来揭示。在此,需要明确指出的是,上述描述并不涉及价值研判,对于民俗主义现象在当代中国的各种表现,不能简单地予以好坏、正误、真伪、高低、优劣之类的评价。

第三节　理解和超越"本真性"的困扰

民俗主义的概念及相关问题之所以能够在各国民俗学界引起较大的反响,乃是因为它和早期民俗学的核心理念,亦即对"本真性"的执着密切相关。民俗主义和本真性,看起来就像是一组悖论,但其实它们彼此之间存在着颇为内在的关联。因此,有关民俗主义的讨论往往很容易遭遇到"真/伪"民俗的问题,这意味着我们需要在与本真性的关联之中去理解民俗主义。

美国民俗学家理查德·道尔森(Richard Dorson)早在汉斯·莫泽提出民俗主义概念之前,就曾展开过对于和民俗主义类似的伪民俗(Fakelore)现象的批判。[1] 理查德·道尔森把人们对口承文学的改编、杜撰和篡修等举凡经过人为变动的作品称为"伪民俗",并一生致力于批评、抵制和揭露它。正如日本民俗学家八木康幸所指出的那样,伪民俗这一概念具有价值取向,其中蕴涵着真假对立的二元论式的本质主义理念,故也具有明显的局限性。[2] 正是由于对民俗的本真性的想象和对学科纯洁性的执着,促使美国民俗学长期分裂为学院派与应用派。随后很多年,经由来自欧洲的民俗主义之类理念的冲击,当然还有公共民俗学的发展以及学院派民俗学的反思,美国民俗学中的这两派才逐渐形成和解,应该说,民俗主义的概念及相关讨论在这个过程中发挥了重要的媒介作用。

美国民俗学家阿兰·邓迪斯(Alan Dundes)在他1985年发表的《伪民俗的制造》一文

---

[1] Dorson, Richard M, "Folklore and fake lore", American Mercury 70, pp. 335 – 3423. 1950.
[2] [日]八木康幸:《关于伪民俗和民俗主义的备忘录——以美国民俗学的讨论为中心》,周星、王霄冰主编:《现代民俗学的视野与方向》,北京:商务印书馆,2018年版,第581—603页。

中,①对理查德·道尔森进行了恰当、有力的批评。阿兰·邓迪斯针对世界范围内已被视为文学经典的文献,诸如苏格兰的《莪相诗集》、德国格林兄弟的《儿童与家庭故事集》及芬兰民族史诗《卡勒瓦拉》等,逐一揭示了它们各自的形成过程,证明它们都是"打着地道的民间传说旗号,假造和合成出来的"伪民俗范例。阿兰·邓迪斯对这些伪民俗的解释是它们的产生与民族主义相关联,源于文化自卑情结。他认为,所谓民俗与伪民俗其实是相连的,此类伪民俗在世界范围内具有普遍性,也具有广阔的历史背景和重要的意义,民俗学家无法阻挡人们相信伪民俗就是民俗,因此,与其单纯地谴责它,不如从民俗学的角度和方法去研究它。至此,阿兰·邓迪斯也就达到了和德国民俗学的民俗主义相关讨论所接近的立场与结论。

本真性(Authenticity)原是西方哲学中的一个概念,其内涵颇为复杂。德国哥廷根大学民俗学教授瑞吉娜·本迪克丝(Regina Bendix)在应邀为中国《民间文化论坛》杂志撰写的词条中指出,本真性一词源于希腊语的"Authentes",意为"权威者"或"某人亲手制作"。这个术语隐含着对真实性的探求,但由于此类探求具有多义性而又不易把握,它在学术界和社会上均难以达成共识。本真性这一概念在20世纪60年代进入文化研究领域之后,伴随着民俗学、文化人类学和其他相关学科的学术转向,人们发现本真性的概念通常与"传统"相关联,它是建构民俗和构成民间叙事的基本要素,而对于"真正""真实""完整"的追求,自18世纪以来一直都是社会、经济和政治巨变的动力。工业革命导致的大规模生产,使得带有本真性光环的手工制品日渐稀少;浪漫民族主义者试图把口头文学中的史诗和其他叙事形式,视为原汁原味、本乡本土的语言表述,并进一步将其看作真正的文化立国之本。随后,本真性一词的含义进一步扩展,逐渐又具备了纯正、地道、原生、自然、永恒等意义。②

瑞吉娜·本迪克丝指出,民俗学界对本真性概念的重视,是因为本真性或真实性往往引致其对立面即虚假性。人们往往强调在民间故事、史诗或其他体裁的搜集作品中,其来源材料的"货真价实";而相关的文献研究也倾向于确证和加持这类本真性;自诩为传承遗产守护人的一些学者相信,从生活在"传统中"的民众那里搜集的叙事作品更有本真性,因为他们没有进入工业社会。但关于本真性的这类迷思,被涉及伪民俗和民俗主义(二手民俗)的讨论打破了。③ 尽管涉及本真性的分歧依旧,有些人士仍相信自己就是民俗本真性的仲裁人,也有人认为执着于本真性只会导致民俗的灭绝;但越来越多的实践性案例研究证明,对真实性的保护,或对本真性的追求,必定引致适得其反的非真实性。

不过,瑞吉娜·本迪克丝认为,目前的国际民俗学界对于本真性问题的讨论已经有所超越。首先,越来越多的民俗学家开始承认民俗的搜集者、编辑者和翻译者在其传承、变化过程中的深远影响;其次,民俗学家逐渐对共时问题较之对历时问题更加感兴趣了,即比起纠缠于暧昧的历史起源问题,不如转而致力于对当下民俗的传播和产生方式进行探

---

① [美]阿兰·邓迪斯(Alan Dundes):《伪民俗的制造》,周慧英译,《民间文化论坛》2004年第5期。
② [德]瑞吉娜·本迪克丝(Regina Bendix):《本真性》,李扬译,《民间文化论坛》2006年第4期。
③ 同上。

讨。于是，语境和表演就成为理解民俗的重要因素，"变异"也被承认是传统过程的内在要素。再次，学术界开始将市场纳入视野，认可文化产品和文化实践活动的商品化乃是各地民众生活世界的重要方面。① 总之，在放弃描述何为本真性这样令人困扰的目标之后，民俗学家转而提问：是谁、在什么时候、为什么需要本真性？

上述对本真性问题的概述，反映了瑞吉娜·本迪克丝的方法，即比起事象本身而言，应该更加重视人们讨论问题时的立场。所以，她研究本真性的课题并不是为了区分真实和虚假，而是去了解在个人和群体的话语中本真性的功能和意义究竟是什么。瑞吉娜·本迪克丝在1997年出版的专著《探寻本真性：民俗研究的形成》②，正是把本真性作为推论形式予以解构，虽然她深知如此做实际并不能阻止人们对本真性的追求，因为这种追求源自人类深刻的渴望。③ 瑞吉娜·本迪克丝的贡献在于她深刻地揭示了本真性理念和民俗学之间复杂而又密切的关系，在某种意义上，民俗学家在本学科中对本真性的主张，也是他们借此申明自己在体制中权利的途径。本迪克丝指出，民俗学曾被当成寻求本真性的载体或路径，它也将本真性作为自身学科合法性的依据。近代以来最有影响力的现代政治运动是民族主义，其根本观念即来自本真性，民俗学假借本土文化的发现和再发现，一直在为民族主义运动提供服务。④

至此，我们已经了解到本真性问题的复杂性以及它在不同语境被使用时可能存在的不确定性和多义性。当眼下旨在建构本真性的民俗学的知识生产与再生产开始遭到质疑，当民俗学面对当下多元、异质、流动的现实图景，自然也就需要尝试能够超越本真性困扰的新的学术范式。⑤

早期的民俗学曾倾向于本质主义地看待民俗和传统文化，往往相信或假设民俗有所谓的原生态、纯粹性，倾向于相信或主张在民俗或传统文化里凝缩、隐含着民族国家或文明历史的精神。换言之，传统民俗学容易迷失于本真性的言说本身，不加质疑地为其加持，倾向于对这类本真性予以默认；长期以来，对民俗或传统文化不断地附加此类本质或价值的一整套表述在民俗学领域畅通无阻，甚或被不少民俗学家视为"文化资本"。相比较而言，现代民俗学不再以宣称掌握了民俗知识的本质性内涵或意义的方式谋求利益，而是倾向于把普通民众在当下的民俗文化实践，看作是连接、继承或再生产出来的过去的传统，进而是还可创造出未来日常幸福的努力。因此，现代民俗学家更愿意直面普通百姓的现代日常生活，倾向于建构主义地看待民俗和文化遗产，不大承认民俗有所谓的原生态，而是把民俗主义（二手、三手民俗）视为社会文化生活的一种常态。

但即便如此，现代民俗学仍然绕不开本真性的话题，因为普通民众的日常生活里总是会有对本真性的追求，对真实自我的重要性的表达，甚或由此去建构生活的部分意义。无

---

① ［德］瑞吉娜·本迪克丝（Regina Bendix）：《本真性》，李扬译，《民间文化论坛》2006年第4期。
② Bendix, Regina In Search of Authenticity: The Formation of Folklore Studies, The University of Wisconsin Press. 1997.
③ ［美］瑞吉娜·本迪克丝（Regina Bendix）：《民俗学与本真性》，李扬译，《民俗学刊》第五辑，澳门：澳门出版社，2003年版。
④ 同上。
⑤ 刘晓春：《文化本真性：从本质论到建构论——"遗产主义"时代的观念启蒙》，《民俗研究》2013年第4期。

论过去还是现在,也无论哪个国家或民族,在人们的生活世界里,总是充满了无数自诩拥有本真性的人和事,包括传统民俗与文化遗产在内。人们对于本真性的追求或执着的动机,其实是颇为复杂的,既有情感的层面,也有功利的层面,可能还有价值或意义的层面。像鞭炮之于"年味儿"或坚持认定"月是故乡明",大概就是情感的本真,它有可能涉及人们的幸福感。当汉服同袍们宣称汉服内涵着本真性或纯粹性时,那同时也就意味着他们掌握了一些不为他人所知晓的多少有些神秘的文化资本。乡绅在宗族的族谱里把祖先设定为某位历史上的大人物,刚开始时可能是出于功利的动机,它一旦被后人笃信不疑,就不仅达致情感的层面,或许还涉及价值和尊严感的层面。当下中国社会中绝大多数的文化创意,大多需要向本真性不断靠近,人们以各种可能的手段给他们期许的事物、人物和理念赋予本真性。中国社会的公共媒体和知识界,也一样是在持续地致力于生产不同的本真性表述,例如,把某种民俗说成是某个地域永恒不变的代表性文化,或者把某些传统说成是国家或族群的文化之根。虽然在建构实践的层面上,人们经常是不得不与现实妥协,但本真性的理念却总是以各种方式不断被顽强地表象出来。

当民俗学家在进行具体的调查研究时,往往会遭遇到研究对象的乡愁表述或本真性诉求。一方面,民俗学家在试图理解老百姓的日常生活、理念和价值观的时候,经常会发现他们也有自己的对于本真性或类似价值方面的执着,作为学者,他理所当然地应该尊重和理解普通老百姓的此类表述和追求,也应该追问他们的生活中为什么需要这些本真性,民众对于他们当地文化的本真性表述又是如何看待的。对于民俗学家而言,普通民众在他们的生活文化中所创造、建构或相信的本真性,亦即在生活中对"地道"之物的追求自有其正当性,因为其对于他们自身的日常生活(过日子)或人生是有意义的。现代民俗学的立场是要求民俗学家诚挚地尝试理解老百姓为何有如此的需要,这意味着承认在民众文化实践的意义上,本真性对于他们在生活中建构人生的价值、目标或满足幸福感是重要的。

另一方面,民俗学家在其经验研究的田野现场,或在访谈调查的过程中,又很容易发现各种本真性表述的破绽,作为研究者,自然会对某些具体事项中的真相或事实表示质疑,往往倾向于信守学者立场,而对基本事实做一些认定,进而也会推出和访谈对象的本真性表述不同的作为学者的论述,不大会无条件地接受在地生活者的本真性自我建构或其表述。作为学术研究,从实事求是的基本原则出发,民俗学家当然不宜简单地认同、加持或赞美那些往往缺乏基本事实支持的有关本真性的人造神话。

然而,在其他一些场景下,当民俗学家面临甚或参与国家非物质文化遗产的相关行政事务,或在族群层面、地域社会层面、国家文化建设层面的民俗文化陈述或相关话语中,又往往依然故我地为其加持本真性而较少质疑。于此,这部分民俗学家就可能把自己置于一种悖论或自相矛盾的境地。在中国,每当民俗学的研究成果有可能被应用于张扬"文化民族主义"的依据之时,民俗学家对于本真性的神话般说辞或赞誉,往往就容易失去冷静的判断。犹如沉醉于乡愁,就容易失去对乡愁现象本身以及很多相关问题的判断力一样,执迷于本真性的民俗学也非常容易为它所困扰,并有可能因此而丧失研究者的主体性立场。

现代民俗学试图克服上述悖论的做法之一，可能是不再谋求绝对客观地反映社会现实，也不再简单和不假思索地加持或否定本真性。当面对本真性建构或表述时，不再纠结于对客观事实的认定，而是试图去理解为何会有此类建构与表述。民俗学家不需要像历史学家那样去确认人们的历史陈述是否真实，对看起来"虚假"的资料弃之不用即可，民俗学家需要了解人们如此陈述的意义，需要去理解讲述者或生活者对其本真性表述的真实情感。也因此，神话传说不是历史学的研究对象，却可成为民俗学的研究对象；族谱里的始祖神话固然不被承认为信史，却也是本真性建构的一种，或者是基于血缘凝聚所需的情感的真实。在这里，民俗学追求的是对民众的理解，而不是对客观事实的认定，不把追问真实与否作为自己的学术目标，而是透过人们的陈述和对本真性建构过程的分析，揭示生活者对他们自身历史的认同、想象与诉求。换言之，不是把生活者的本真性表述，甚或是走火入魔地违反（我们）常识所执迷的对象或内容视之为经验事实，而是视其为情感的真实，当然也不排除其中有基于功利性的建构和对特定意义的追求。

既然民俗学擅长对身边日常的理所当然的现象提出问题，那么，也就不妨先从民俗学自身以往没有质疑过的诸如乡愁、家乡和本真性之类的民俗学常识提起问题。不再把乡愁之类的情感及本真性之类的理念视为民俗学的理所当然，而是将其作为现代民俗学的关键词予以探讨，如此这般，本真性也就不再是固化的、定型的一套说辞，而是一系列建构和创出的过程。现代民俗学应该将本真性的理念、说辞或相关神话，进而还有各种本真性被建构出来的过程，全都纳入自己的研究视野之内，使之成为民俗学研究所能检验和思考的对象，这才是现代民俗学面对本真性困扰时的立场与出路。简言之，现代民俗学应对本真性问题的立场，就是把它视为研究的课题，把它对象化。

第四节　民俗主义与中国民俗学

民俗主义概念为民俗学带来了一种认识论上的巨大转变，有关民俗主义概念的讨论，彻底颠覆了以往民俗学所固认为的诸如民俗传承的连续性、稳定的共同体、本真性以及民俗的原生态之类的一些基本前提，进而促使民俗学家充分地意识到了把握动态的民俗文化过程的必要性，由此，民俗学家便越来越多地将民俗文化正在发生的变异方向作为课题。[①]

如前所述，民俗主义一词，除了指称诸多民俗主义属性的事实和现象，还有在民俗学领域里将民俗主义理解为一种研究视角这样一层含意，亦即明确地意识到民俗主义概念的内涵，运用或借助这一概念观察和分析各种民俗主义事象的研究视角。进入21世纪，伴随着民俗主义的海外研究成果被以各种渠道陆续介绍到国内，中国民俗学家在对其进行消化的同时，也很快发现民俗主义现象在中国社会也是大面积存在，于是，也开始尝试

---

① 西村真志叶、岳永逸：《民俗学主义的兴起、普及以及影响》，《民间文化论坛》2004年第6期。

应用民俗主义研究视角探讨国内的各种民俗文化事象,涌现出一批富有新意的学术成果。①

首先是通过民俗主义研究视角,探讨民俗学的基本学理及学科建设问题。例如,2005年,王杰文发表了《文化政治学:民俗学的新走向?——兼论钟敬文先生的"民俗文化学"》②一文,集中对美国民俗学的"真/伪"民俗讨论进行了系统梳理,指出其长期争论的结果是放弃了对工业化、现代化、商业化的敌意,实现了研究范式的转换,极大地拓展了研究对象,包括都市民俗,工业化与旅游民俗,大众传媒与民俗,民俗学与民族主义、意识形态及政治的关系等,均成为现代美国民俗研究的主要范畴。他指出,在旅游工业中,民间的节日、舞蹈与音乐,以及手工艺品等都被有意识地商业化了,正是针对商业化现象,才出现了民俗主义(德文的 Folklorismus)这一新的概念。2010 年,王杰文又发表了《"传统"研究的研究传统》③一文,在把"传统"作为民俗学的关键词之一追索其学术史的过程中,指出涉及"传统"的本质主义观念朝向建构主义思潮的转变已经成为国际民俗学界的一种共识。他认为,在这个转变过程中,关于"本真"的传统、伪民俗与民俗主义的争论发挥了非常重要的作用。王杰文指出,民俗学家没有理由鄙视民俗主义,相反,其任务之一就是要去发现民俗主义对于不同参与建构者的意义和功能。民俗主义和民俗相互补充,民俗主义就是民俗。在民俗学的建构主义者看来,所有的传统与民俗,包括民俗主义均是以某种方式建构而成,而无论此种建构是否有意为之。周星在 2016 年发表论文《民俗主义、学科反思与民俗学的实践性》④,认为"民俗主义"这一概念及其相关的学术讨论揭示了现代社会中民俗文化事象的基本常态,中国民俗学也必须正视中国当代社会及文化中无所不在、无时不在的民俗主义化常态,深刻意识到民俗学家自身往往会程度不等地卷入与民俗主义有关的各种事态之中。作者指出,民俗主义研究视角的导入不仅促使中国民俗学全面地校正自己的研究,也揭示了民俗学家与民俗主义的关系,这有助于推动中国民俗学对民俗学家自身角色与责任的深入反思,进而重新审视民俗学的应用性、实践性和公共性。

其次,是经由民俗主义研究视角,深入探讨民俗学的一些传统性课题。例如,庙会与民间信仰,神话、祭祀与节日,花儿,传说与民歌等口承文学,通过民俗主义研究视角的重新审视,均有新的收获,其中以岳永逸、杨利慧等人的研究较具分量。2005 年,岳永逸发表长篇论文《乡村庙会的多重叙事——对华北范庄龙牌会的民俗学主义研究》⑤,论文详细分析了"龙牌"这一象征如何被不同人群在不同层面上认同并利用,从而大家都参与到"龙牌会"这一传统和文化的再生产过程当中。论文从"第三者"对民俗的改造和利用这个意义上,界定和使用民俗主义概念,所谓第三者包括了与龙牌会民俗事象相关的所有人:利用该民俗事象提升政绩、发展经济、丰富文化等多重目的官员,发财致富的开发商,前来

---

① 周星:《民俗主义在当代中国》,张士闪、李松主编:《中国民俗文化发展报告 2015》,济南:山东大学出版社,2016 年版,第 98—136 页。
② 王杰文:《文化政治学:民俗学的新走向?——兼论钟敬文先生的"民俗文化学"》,《西北民族研究》2005 年第 4 期。
③ 王杰文:《"传统"研究的研究传统》,《民族文学研究》2010 年第 4 期。
④ 周星:《民俗主义、学科反思与民俗学的实践性》,《民俗研究》2016 年第 3 期。
⑤ 岳永逸:《乡村庙会的多重叙事——对华北范庄龙牌会的民俗学主义研究》,《民俗曲艺》总 147 期,2005 年。

调查研究的学者、新闻工作者等外来人员,以及这些民俗的当地传承者(当地传承者可否被称为第三者,尚得商榷)。所有这些第三者均在该民俗事象的渐变过程中,互为主体性的同时在场,共同参与了对以往民俗的再生产,也都程度不等地被其再生产出来的民俗所塑造。杨利慧近年来发表了一系列有关"神话主义"(Mythologism)的论文,[1]她对神话主义给出的定义是指现当代社会中对神话的挪用(Appropriation)、重述(Retelling)和重新建构,神话被从其原本生存的语境移入新的语境中,为不同观众展现,并被赋予新的功能和意义。显然,神话主义就是民俗主义的一个类别。

最后,通过民俗主义研究视角,不仅出现了一些对民俗学边缘性课题的研究成果,还拓展了一些以往几乎不被视为民俗学研究对象的课题领域。前者如施爱东对传统相声的研究[2]、陈超颖和黄涛对"小吃"民俗营销的研究[3]等,后者如彭伟文对电影中民俗元素的考察[4]、包媛媛对电子游戏中神话表象的研究[5]等。长期以来,中国民俗学事实上形成了以神话、史诗、口承文学、民间文艺等核心的课题意识,并将其他一些诸如民俗旅游、物质文化等课题领域视为边缘,但经由民俗主义研究视角的探讨,可知这些边缘性课题对于中国民俗学而言,也具有非常重要的学术意义。同时,由于民俗主义现象的无所不在,不少传统上并非民俗学研究对象的领域或事象,经由民俗主义研究视角的审视,也有可能成为民俗学新的涉猎范围。

综上所述,有关民俗主义现象和民俗主义研究视角的讨论,为中国民俗学的学科建设带来积极的刺激,有助于推动中国民俗学扩大视野、拓展研究空间,摆脱本质主义的束缚,以积极态度关注身边急剧变迁的当代社会。[6]正如赫尔曼·鲍辛格曾经总结的那样,民俗主义的提出至少可以促进对民俗在不同发展阶段的变异的研究,同时也将强调传统在真实程度上的相对性。中国民俗学长期以来形成了"向后看"、关注遗留物的传统,民俗学家经常是以传统的守护者或解说者自居,往往热衷于"丧失性叙事"[7],倾向于从旧时传统中发现更本真的文化。正因为如此,中国民俗学界需要有对民俗主义相关问题的深入讨论。在中国,目前仍有部分民俗学家不大明白现代社会在本质上就是商业消费社会,一直以来极力反对传统和民俗的商业化。但其实,现代社会的民俗文化未必就一定是和商业文明及消费主义水火不容,恰恰相反,民俗文化要在现代社会的日常生活中生根存活,反倒是需要借助商业消费的路径才比较有生机与活力。

---

[1] 杨利慧:《遗产旅游语境中的神话主义——以导游词底本与导游的叙事表演为中心》,《民俗研究》2014年第1期。杨利慧:《当代中国电子媒介中的神话主义》,《云南师范大学学报》2014年第4期。杨利慧:《"神话主义"的再阐释:前因与后果》,《长江大学学报》2015年第5期。
[2] 施爱东:《郭德纲及其传统相声的"真"与"善"》,《清华大学学报》2007年第2期。
[3] 陈超颖、黄涛:《民俗主义视角下的"天一角"温州小吃营销策略分析》,《温州大学学报》2011年第2期。
[4] 彭伟文:《从具体到抽象,从市井到民族——黄飞鸿电影中民俗元素的民俗主义考察》,中国民俗学网,2013年11月6日。
[5] 包媛媛:《中国神话在电子游戏中的运用与表现——以国产单机游戏〈古剑奇谭:琴心剑魄今何在〉为例》,《云南师范大学学报》2014年第4期。
[6] 杨利慧:《中国民俗学如何推进"朝向当下"的转向?》,《民俗研究》2014年第1期。
[7] 刘正爱:《谁的文化,谁的认同?——非物质文化遗产保护运动中的认知困境与理性回归》,《民俗研究》2013年第1期。

民俗主义的概念和研究视角，就其初步的研究实践来看，可以期待它能够成为促使中国民俗学克服上述刻板观念的重要契机。眼下，民俗主义的概念和研究视角已经和正在对中国民俗学的"民俗观"，甚至对其现有的学科体系和方法产生影响，并形成了一定的冲击，这些影响和冲击将会是非常深远的。当下中国社会的基本现实是经济高速增长带来了国民生活的大幅度改善，生活革命在几乎所有面向已经或正在改变着国民日常生活的形貌，民俗文化在消费社会中已经和正在全面地"民俗主义化"。

中国的现代民俗学必须直面现当代中国社会的现实日常生活，而不是那些特化的、被挑选出来的民俗。民俗学被认为是当代学，它并非只研究在当代社会中仍得以保存的过往传统。民俗主义现象全面渗透到现当代中国民众日常生活的方方面面，它甚至就是民俗本身，就是生活本身。对于这些民俗主义现象展开研究，恰是民俗学克服过往那些固定观念，并接近现代社会之日常生活的捷径。民俗主义现象或传统的重新建构和民俗的商品化等，说到底乃是现代社会的寻常状态，民俗学要理解现代社会，舍此别无法门。

中国民俗学应该不断扩大自身的解释力，努力应对中国民众非常具有多样性的社会生活和民俗主义文化实践，并向能够展开文化批评和社会评论的方向发展，这样才能最大限度地发挥民俗学的社会价值，造福于国民。民俗主义现象既涉及公共权力，也涉及商业化，还可能与普通百姓日常生活中的任何问题发生关联，所以，加强对民俗主义现象展开的民俗主义视角的研究，就有可能真正显示出民俗学作为文化批评之学的潜力及现实的可行性。伴随着民俗主义研究视角相关成果的不断积累，以及持续开展对诸多民俗主义现象的研究实践，中国民俗学对于中国社会与文化的解释力也将得到空前的提高。

中国现代民俗学必须是公共性、实践性与学术性并重的民俗学。大面积地研究当代中国的民俗主义现象，正是民俗学之公共性的要求，也是其实践性与学术性所追求的目标，只有这样，它才能够获得对于现代中国社会之民众日常生活，及其文化创造的深刻理解。由于经由政府及各个公共部门的介入而形成的民俗主义现象，换个角度也可以说，就是一些"公共民俗"，那么，通过对民俗主义概念及相关现象的检讨，也就为中国民俗学中"公共民俗学"的发展方向开拓了新的可能性。

现代民俗学要求民俗学家不断反思自己置身其中的状况，包括与行政权力的关系，与商业资本的关系，与学术话语权的关系等等。民俗学的成立和近现代民族国家及其文化的形成密不可分，因此，民俗学具有显而易见的政治性，对此，民俗学家应该有所觉悟。与此同时，民俗学家对于自身作为调查者、研究者、批评者、政策建言者、文化表象者、生活解释者的立场，亦应时常怀有警惕、谦恭之心和内省、反思之念。显然，透过民俗主义视角的研究，民俗学家才能意识到由于自身的存在和作为所可能引发的各种后果，从而有助于民俗学家正确地处理好自身与民众、与国家，以及与置身其中的学术共同体的关系。

总之，对于弥漫全国而无所不在的民俗主义现象，如果没有深入和大量的研究实践的积累，中国民俗学就难以实现它指向当下的现代转型，自然也就无法承载起它理应扛起来的时代性的担当。

思考题

1. 民俗主义概念包含哪两个层次的意思?
2. 请陈述民俗主义如何成为现代社会的基本常态。
3. 简要说明民俗主义如何改变了中国民俗学的"民俗观"。

推荐阅读文献

1. 周星、王霄冰主编:《现代民俗学的视野与方向》,北京:商务印书馆,2018 年版。
2. 周星主编:《国家与民俗》,北京:中国社会科学出版社,2011 年版。
3. Bendix, Regina In Search of Authenticity: The Formation of Folklore Studies, Madison: The University of Wisconsin Press. 1997.
4. 王杰文主编:《实践民俗学的理论与批评》,北京:学苑出版社,2020 年版。
5. 高丙中:《日常生活的文化与政治:见证公民性的成长》,北京:社会科学文献出版社,2012 年版。

第五章　表演理论与民俗学

本章要点概述

20世纪60—70年代，欧美民俗学经历了"语境"转向，提出了一些新的学术理论和研究视角，使学界产生了新的气象。其中特别有代表性的，是至今已广泛影响到世界范围内诸多学科领域（如民俗学、人类学、语言学、文学批评、宗教研究、音乐、戏剧、话语研究、区域研究、讲演与大众传媒等）的表演理论（Performance theory），它对以文本为中心的方法提出了尖锐的批评和挑战，并进而提出了以"表演"为中心的新观念。

关于"表演"的含义和本质特点，在表演学派的倡导者们内部，也有不同的表述。本章集中介绍以理查德·鲍曼（Richard Bauman）为代表的学者有关表演的定义和相关讨论，以此为基础，讨论这一理论对于中国民俗学的借鉴和启迪。在最后一部分，以若干个案来展示表演理论对于民间叙事研究具有的重要意义。

第一节　美国的表演理论

关于"表演"，国际民俗学和人类学界有不同的理论观点，产生较大影响的有三种，它们彼此有所重合但又各有侧重。第一，表演作为实践（Performance as practice），也即表演作为处于特定情境的日常实践。这是从马克思主义的实践（Praxis）概念而来的观点。第二，表演作为特殊的文化事件，这与象征人类学如格尔兹（Clifford Geertz）、维克多·特纳（Victor Turner）等的理论密切相关。第三，表演作为艺术性的交流方式，是处于特定情境（Situation）中的口头互动交流的艺术实践，理查德·鲍曼以及大部分运用表演理论的民俗学家都主要持第三种观点。[①] 本章重点介绍的是第三种观点。需要注意的是：这三者之间可以创造性地联系在一起——在考察表演观时，形式、功能、意义以及这三者之间的相互关系实际上都是研究的核心。

---

① 杨利慧：《语境、过程、表演者与朝向当下的民俗学——表演理论与中国民俗学的当代转型》，《民俗研究》2011年第1期。

一、表演理论产生的学术背景

表演理论,有人称之为"美国表演学派"(American Performance-school),[①]其兴起于20世纪60年代末的美国,在20世纪80—90年代上半期影响臻至顶峰,至今仍然具有强大生命力,并为民俗学学科赢得了广泛的声誉。[②]

表演理论兴起的学术背景主要有三个方面:

(一)哲学思想和人类学研究的促动

19世纪,欧洲和美国的诸种民俗学理论大都受到了历史学的深刻影响,学者们经常致力于追溯民间叙事作品的源头、原初形貌和传播路线等等。到20世纪中期,美国民俗学受到存在主义哲学和人类学的影响,开始思考以下问题:民俗是如何与其他民俗相关联的?它是如何被真实的、个体的人所创造出来的?

在此背景之下,美国民俗学界逐渐出现了表演理论,它对19世纪的民俗学理论和方法进行了许多反思和批评,并寻求新的学术视野和方法。如果说,19世纪的民俗学理论大都认为,从文本1到文本2的过程是历史的过程,20世纪的民俗学者则要研究这段历史是如何形成的。[③]

(二)语言学的重大影响

在20世纪50—70年代的语言学领域里,占统治地位的理论是诺姆·乔姆斯基(Noam Chomsky)的理论,他认为,"语言能力"是先天完美的,是一幅抽象的图画,而"语言运用"则是对正常语言能力的不完美的实现,语言学应该真正关注的是"语言能力"而不是"语言运用"。

美国民俗学家、语言学家戴尔·海默斯反思了这一观念。他认为应该从探讨人们实际的行动出发,对言语的使用予以关注。他强调对交流进行民族志研究,受到这一主张的影响,许多研究者纷纷把注意力转向对交流事件的观察、描述和分析。[④] 罗杰·苏伊(Roger W. Shuy)在为理查德·鲍曼的重要著作《作为表演的口头艺术》所作的序言中说:近年来,人们开始逐渐关心起语言的运用……人类学家则寻求揭示交流事件之下蕴涵的文化系统模式,而鲍曼的书正是用"表演"把这些学科中的观点和方法结合起来了。[⑤]

[①] Dégh, Linda, *Narratives in Society: A Performer-centered Study on Narration*, Helsinki: FF Communications, No. 255, 1995, p. 8.

[②] Rudy, Jill Terry, "Toward an Assessment of Verbal Art as Performance: A Cross-Disciplinary Citation Study with Rhetorical Analysis," in *Journal of American Folklore* 115 (455), 2002, pp. 5-27.

[③] 亨利·格拉西(Henry Glassie),《美国民俗学的昨天与今天》,彭牧整理,《中华读书报》,2000年8月20日。

[④] Paredes, Americo, Richard Bauman, ed., *Toward New Perspectives in Folklore*, Bloomington: Trickster Press, 1972, Rpt. 2000, xvii.

[⑤] Bauman, Richard, *Verbal Art As Performance*. 1977, Rpt. Illinois: Waveland Press, Inc., 1984, ix.

(三) 民俗学本身的方法论转向

在表演理论正式提出之前,已经有一些民俗学者,特别是一些做了大量田野调查的民俗学者,对民间表演的艺术性产生了兴趣,并开始注意对语境的考察和研究。例如塞西尔·夏普(Cecil Sharp)在20世纪初期开始搜集英国民歌,他认为音乐与歌词同样重要,应该在语境中搜集民歌。20世纪30年代,哈佛大学学者米尔曼·帕里(Milman Parry)和他的学生艾伯特·洛德(Albert Lord)在南斯拉夫对于史诗的表演进行了考察和研究。洛德于1960年出版了《故事的歌手》一书,发展出了史诗表演的口头程式理论。他们研究活着的史诗演唱者,在表演的语境中研究史诗叙事,考虑到听众、情境、时间、地点等因素对表演中的创作的影响。

早在1957年,威廉·詹森(William Janson)已开始使用"表演"这个概念,并在理论术语的意义上讨论了"表演"。阿兰·罗曼克斯(Alan Lomax)在《民歌的形式和文化》中则关注了民歌表演时的风格、声音的质量等,探究了演唱者的演唱技巧。同时,他还对社会、文化因素如何在这其中产生影响给予了关注。阿兰·邓迪斯(Alan Dundes)于1964年发表了题为《文本肌理,文本和语境》的重要文章,主张在研究民俗事件时,不仅要关注文本,还应该关注表演的结构和事件发生的语境。肯尼斯·苟思丁(Kenneth S. Goldstein)于1964年出版了《民俗学田野工作者指南》,已使用了以表演为中心的方法,主张田野作业要关注事件发生的"自然语境"。①

总之,由于多种因素的促动,"表演"逐渐成为美国民俗学、语言人类学等领域里关注的焦点和时尚,学者们的注意力由此转向了对表演的艺术性、交流民族志等的研究。

二、表演理论的主要理论主张

表演理论的学者队伍庞大,其中主要代表人物有戴尔·海默斯、理查德·鲍曼、罗杰·亚伯拉罕(Roger Abrahams)和丹·本-阿莫斯(Dan Ben-Amos)等,其中又以理查德·鲍曼影响最大,他比较系统地介绍表演理论的论文《作为表演的口头艺术》(*Verbal Art as Performance*),②成为至今被引用最多的表演理论著述。③

关于"表演"的含义和本质特点鲍曼曾经在他的许多著述中作过大同小异的表述。例如在《作为表演的语言艺术》中,他明确地指出了所谓"表演"的本质:"表演是一种说话的模式",是"一种交流的方式":

> 从根本上说,表演作为一种口头语言交流的模式,存在于(表演者)对观众承

---

① 参看杨利慧,安德明:《理查德·鲍曼及其表演理论——美国民俗学者系列访谈之一》;Santino, Jack, "Folklore as Performance and Communication", in William M. Clements, ed., *100 Years of American Folklore Studies: A Conceptual History*, Washington, D. C.: The American Folklore Society, 1988, pp. 21-23.
② 该文于1975年首先发表在《美国人类学家杂志》上,1977年另加了其他作者的四篇相关论文,与该文一道,由美国Newbury House Publishers出版了同名专著,1984年Waveland Press重印了该书。
③ Rudy, Jill Terry, "Toward an Assessment of *Verbal Art as Performance*: A Cross-disiplinary Citation Study with Rhetorical Analysis." *Journal of American Folklore* 115 (2002), p. 5.

担着展示(Display)自己交际能力(Communicative competence)的责任。这种交际能力依赖于能够用社会认可的方式来说话的知识和才干。从表演者的角度说,表演要求表演者对观众承担有展示自己达成交流方式的责任,而不仅仅是展示交流的有关内容;从观众的角度来说,表演者的表述行为达成的方式、表述技巧以及表演者展示的交际能力是否有效等等,将成为被品评的对象。此外,表演还标志着通过对表达行为本身内在品质的现场享受而使经验得以升华的可能性。因此,表演会引起对表述行为的特别关注和高度自觉,并允许观众对表述行为和表演者予以特别强烈的关注。[1]

与以往民间文学研究领域中盛行的"以文本为中心"(Text-centered)、关注抽象的、无实体、往往被剥离了语境关系的口头艺术事象(Item-centered)的观点不同,表演理论是以表演为中心(Performance-centered),关注口头艺术文本在特定语境中的动态形成过程和其形式的实际应用。具体来讲,表演理论特别关注从以下视角探讨民俗文化:(1)特定语境(Situated context)中的民俗表演事件[2](Folklore as event);(2)交流的实际发生过程和文本的动态而复杂的形成过程,特别强调这个过程是由诸多因素(个人的、传统的;政治的、经济的、文化的、道德的等等)共同参与,而且也是由诸多因素共同塑造的;(3)讲述人、听众和参与者之间的互动交流(Folklore as communicative interaction)。例如,故事如何被讲述?为什么被讲述?一个旧有的故事文本为什么会在新的语境下被重新讲述?周围的环境如何?谁在场参与?讲述人如何根据具体讲述语境的不同和听众的不同需要而适时地创造、调整他的故事,使之适应具体的讲述语境?(4)表演的即时性和创造性(Emergent quality of performance),强调每一个表演都是独特的,它的独特性来源于特定语境下的交际资源、个人能力和参与者的目的等之间的互动。(5)表演的民族志考察,强调在特定的地域和文化范畴、语境中理解表演,将特定语境下的交流事件(Communicative event)作为观察、描述和分析的中心,如此等等。[3]

因此,总体上说来,与以往关注"作为事象的民俗"的观念和做法不同,表演理论关注的是"作为事件的民俗";与以往以文本为中心的观念和做法不同,表演理论更注重文本与语境之间的互动;与以往关注传播与传承的观念和做法不同,表演理论更注重即时性和创造性;与以往关注集体性的观念和做法不同,表演理论更关注个人;与以往致力于寻求普遍性的分类体系和功能图式的观念和做法不同,表演理论更注重民族志背景下的情境实践。

---

[1] 理查德·鲍曼:《作为表演的口头艺术》,杨利慧、安德明译,桂林:广西师范大学出版社,2008年版,第12页。
[2] "事件"是指由文化所界定的、有一定边界的一系列行为和经历,它构成了行动的一个有意味的语境。理查德·鲍曼:《作为表演的口头艺术》,杨利慧、安德明译,桂林:广西师范大学出版社,2008年版,第32页。
[3] 参见 Paredes, Americo, Richard Bauman, ed., *Toward New Perspectives in Folklore*. Bloomington: Trickster Press, 1971; Bauman, Richard, *Verbal Art As Performance*, Rpt. 1984; Bauman, Richard, *Story, Performance, and Event*. New York: Cambridge University Press, 1986.

三、表演理论的影响

表演理论是当代世界民俗学领域里最富有影响和活力的学说之一,它并非只是理论的花样翻新,它更代表了一种思维方式和研究角度的转变,它是一场方法论上的革命,带来的是对整个民俗学研究规则的重新理解。[①]

由于表演理论的影响,加上其他一些相关理论和方法的共同推动,促成了美国民俗学界从 1960 年代以来几个大的转向:从对历史民俗的关注转向对当代民俗的关注;从聚焦于文本转向对语境的关注;从对普遍性的寻求转向民族志研究;从对集体性的关注转向对个人(特别是有创造性的个人)的关注;从对静态的文本的关注转向对动态的实际表演和交流过程的关注。尤其在 20 世纪 80 年代以后,民俗学界(及其他一些人文学科)对于传统的再创造、文化商品化的论争,使得整个学科更注重民俗文化现象的即时性、立体性、多重异质性以及复杂性。[②] 民俗不再被看作过去年代流传下来的"遗留物",而是现代的、流动的和不断整合、重建的;民众也不再是简单的、被动的和消极的,而是有意识地、自觉地选择和重新塑造他们的现在和未来。

如前所述,表演理论广泛影响了世界范围内的诸多学科领域,它的一些核心观念已经作为基本理念,渗入除民间叙事之外的许多文化研究领域中。例如,鲍曼夫人贝弗莉·斯道杰(Beverly Stoeltje)长期从女性主义的角度关注文化表演。她的《表演中的性别展现:牛仔女郎与女东道主》一文,讨论了节日和庆典中的性别表演,认为节日是一个事件,从头到尾都充满了性别观念的展示和表现,在此过程中,个人的、社会的、商业的、霸权的以及其他各种力量纵横交织、彼此协商,共同塑造了性别的展示与表现。所以,节日提供了一个很好的场合以研究当今复杂社会中的性别建构和协商。[③] 加纳学者克威西·扬卡(Kwesi Yankah)在《为部落酋长而言:奥克叶米与阿坎王室演讲术的政治》一书中,描述了在加纳南部的阿坎诸种族部落中的王室演讲术以及"三边交流"(Triadic communication)现象,即有事需要禀告部落酋长的人,必须先通过在王室表演诗歌告知奥克叶米(王室代言人),然后奥克叶米再通过更加修饰加工的韵文禀告酋长;酋长的意见再由奥克叶米润色后转达访问者。扬卡将王室演讲术置于阿卡特定的政治和宗教信仰系统中,讨论了这种在社会互动中的演讲形式的艺术和政治的价值,并通过民族志的考察,分析奥克叶米演讲术中采用的各种语言和风格上的策略,以及奥克叶米与部落酋长之间的话语互动。[④]

---

① 李靖:《美国民俗学研究的另一重镇——宾夕法尼亚大学民俗学文化志研究中心》,《民俗研究》2001 年第 3 期。
② 同上。
③ Stoeltje, Beverly, "Gender Representations in Performance: the Cowgirls and the Hostess", *Journal of Folklore Research*, vol. 25, No. 3, 1988, pp. 219 - 241.
④ Yankah, Kwesi, *Speaking For the Chief: Okyeame and the Politics of Akan Royal Oratory*, Bloomington and Indianapolis: Indiana University Press, 1995.

四、对表演理论的反思与批评

二十世纪七八十年代以后，表演理论在世界范围内的民间叙事学领域里广泛渗透，并产生了巨大影响，许多学者在自己的民族志研究基础上，纷纷运用表演理论和方法来研究民间叙事的表演，也有不少学者对表演理论存在的一些局限和不足提出了修正和补充。

例如美国著名民俗学家琳达·戴格（Linda Dégh）认为，像表演理论那样仅仅通过精细地记录和微观地描述分析表演行为的技巧和策略是不够的，如果缺乏对讲述者的个性、教育、艺术、社会文化实践等的全面和长期的调查，就可能导致研究者凭印象得出推测性的阐释。[1] 她的研究方法正好补充了表演理论在相关问题上的局限和不足——她将自己的研究方法概括为以表演者为中心的方法（Performer-centered approach），主张只有通过连续的、反复的、长期的、充满问题意识的民族志研究，才能对特定的表演进行评价。[2] 而芬兰民俗学家安娜·丽娜·茜卡拉（Anna-leena Siikala）的名著《口头叙事的阐释》（Interpreting Oral Narratives），也特别注重故事讲述者的个性因素、世界观和对社会环境的态度如何影响了他在特定社区中的社会地位、他作为传统承载者的质量和他作为民俗传承者的能力。[3] 这对于表演理论过于关注特定叙事过程的追寻，而忽视了对民间叙事传统以及讲述人个性、生活史、语料库（Repertoire）等的全面深入的把握，无疑是有力的补充和纠偏。

另外，中国学者周福岩在《表演理论与民间故事研究》一文中，指出了表演理论的三大局限：第一，表演理论的分析过程太过琐碎，因而"使故事分析几乎无法操作并有陷于琐细短视的危险"。第二，表演理论把讲述者的活动完全看成是有意识的表达（即逻辑行为），仿佛表演者一切行为都是别有深意的，致使研究陷入对互动细节的无休无止的捕捉上，这样不仅给田野作业带来无穷压力，而且也有悖学理。第三，表演理论在批评以往的传承理论的同时，也过分夸大了变异在民俗活动中的作用，从而陷入了另一个极端。[4] 这些批评是非常中肯的。

此外，杨利慧通过神话研究还发现，尽管每一次表演中的细节和母题组合都有大大小小的差异，但是神话的类型和核心母题的变化很小，可见，文本也有其自身独具的意义。那么，如何能真正把文本的形式、内容、意义与表演结合起来研究？把叙事文本的内部研究和外部研究结合起来？这不仅是有待表演理论回答的问题，也是所有研究者都应该积极探索的问题。

---

[1] Dégh, Linda, *Narratives in Society: A Performer-centered Study on Narration*. Helsinki: FF Communications No. 255, 1995, p. 8.
[2] 同上。
[3] Siikala, Anna-Leena, *Interpreting Oral Narratives*. Helsinki: FF Communications, No. 245, 1990.
[4] 周福岩，《表演理论与民间故事研究》，《鞍山师范学院学报》2001年第1期。

第二节　表演理论在中国

一、表演理论的本土化实践与理论贡献

现代中国的民间文学与民俗学研究起源于歌谣运动,早期也有些学者注意到了文本之外的语境因素的重要性,20世纪30—40年代,凌纯声、吴泽霖、马学良等人的著作已注重对神话、传说做全面、科学的采录,强调对其讲述场景、功能,与仪式的关系等的系统考察。中华人民共和国成立后,学者采取了以"采风"为核心的民间文学生产方式,在很长时间内,将文本从田野中剥离出来,进行编排与改写,使其成为适合大众阅读、能够培养社会主义新人的文学作品成为民间文学文本的主要呈现方式。同时,当时的研究往往聚焦于对民间文学的思想意义、阶级内涵与历史沿革的分析上。

改革开放以来,中国学术界对新思想和新理论的渴望十分强烈,国外新鲜的理论和学说被大量地译介进来,以为学界提供新鲜血液。表演理论在中国的文化旅程最早始于20世纪80年代中期。1985年,阎云翔在《民间故事的表演性》一文中,较早地对这一理论做了简要的介绍。[①] 此后,高丙中、蒋斌、李亦园、黄向春、朝戈金等分别在其著述中对这一理论进行了不同程度的介绍。[②] 与此同时,随着各地民间文学普查和各项专题调查的开展,使以往单纯注重文本的"忠实记录"的采录原则受到了反思,民俗学界不仅呼唤着新的、对生动鲜活的表演活动进行全面描述的方法,同时,来自田野和研究实践中的经验和认识积累也呼唤着整体性研究范式的出现。

20世纪80年代,段宝林立足于"民间文学的调查搜集实践与研究工作的实践",提出"民间文学的立体性"的概念;稍后,刘锡诚提出了要对民俗进行"整体研究"的倡议。两者均强调民间文学是一种综合性的艺术,其表演者与创作者是合一的,表演的过程,也是创作的过程,许多民间文学作品即兴创作的成分很大,只有把其放到原初的生存环境中去,才能真正了解它、阐明它。上述两种强调观念与表演理论所主张的在语境中细察文本的观念十分契合,尽管它们没有发展为系统性的理论阐释框架,但在中国民俗学界产生了不小的影响,为表演理论的传播和发展奠定了基础。此后,高丙中进一步在《民俗文化与民俗生活》中全面论述了"整体研究"的主张,提倡民俗学迫切需要面向当代,面向现实生活,需要用取向于生活的整体的研究来带动学科的转变。[③] 在该书中,表演理论被作为"整体研究"的代表得到了热情肯定和强调,并被赋予了带动民俗学转向的重任。此书在国内民

[①] 阎云翔:《民间故事的表演性》,《民间文学》1985年第7期。
[②] 高丙中:《民俗文化与民俗生活》,北京师范大学博士学位论文,1991年版,后由中国社会科学出版社出版,1994年版;蒋斌:《口述历史的舞台》,"文化展演的人类学研讨会"会议,"中央研究院"民族学研究所主办,台北南港,1997年6月6—7日;李亦园:《民间文学的人类学研究》,《民族艺术》1998年第3期;黄向春:《自由交流与学科重建》,见叶舒宪编:《文化与文本》,北京:中央编译出版社,1998年版;朝戈金:《口传史诗诗学:冉皮勒〈江格尔〉程式句法研究》,北京师范大学博士学位论文,2000年版,南宁:广西人民出版社,2000年版。
[③] 高丙中:《民俗文化与民俗生活》,北京:中国社会科学出版社,1994年版。

俗学界产生了广泛的影响,不仅对中国民俗学的当代转型起到了一定的启蒙作用,而且也在较大程度上推进了国内学者对表演理论的接纳和借鉴。

向国内引介表演理论的代表性学者杨利慧也直接受到了国内民俗学上述观念的影响。20世纪90年代初,在研究女娲神话时,她已经注意到民间流传的鲜活的女娲神话,并力图将女娲及其神话的理解置于特定社区的民间信仰语境中加以探讨。21世纪以来,她与安德明通过在美国访学并与理查德·鲍曼本人直接交流,系统了解了这一理论,引介了鲍曼的相关著作[①],为国内同行比较深入、系统地了解表演理论提供了重要参考,对该理论的传播起到了有力的推动作用。与此同时,学界展开的一系列研究,如杨利慧等人对民间口承神话的研究[②];朝戈金、陈岗龙、巴莫曲布嫫对史诗叙事传统的分析[③];祝秀丽、林继富等对口头传统的表演者的讨论[④],张士闪、黄旭涛、王杰文等对竹马表演、秧歌以及二人转艺术传统的考察[⑤]等,以及大量围绕这一话题完成的博士、硕士论文,都为表演理论的本土化实践做出了贡献。

目前,国内对于表演理论的实践有不少,限于篇幅,这里仅举几例,略谈民俗学者的重要实践成果及相关反思。需要指出的是,在实际运用中,许多学者往往并不局限于表演理论一说,而往往结合了其他理论视角的助益,尽管如此,表演理论依然在其中起着显著作用。

案例一,现代口承神话的表演研究。

自2000年始,杨利慧和她指导的四位研究生一道,共同进行"现代口承神话的传承与变异"课题的研究,相关成果后结集为《现代口承神话的民族志研究——以四个汉族社区为个案》[⑥]出版。这项研究所运用的一个主要理论即表演理论,研究目的是突破中国神话学界长期流行的文本考据的方法和视角的局限,对当代中国,尤其是以往较少关注的汉民族社区中传承的"现代口承神话"进行具体而细微的民族志考察,探讨一些以往研究中很少关注的基本问题:在当代中国,神话是怎样在特定的社区语境中生存的?哪些人依然在讲述神话?神话如何在具体的讲述情境中发生变化?中国现代社会的巨大变迁给神话的传承造成了怎样的影响?……作为其中的阶段性成果,2005年,杨利慧发表了《民间叙事的传承与表演》一文,此文的撰写目的有二:其一,针对当下国内对于表演理论实践的弱

[①] 理查德·鲍曼:《作为表演的口头艺术》,杨利慧、安德明译,桂林:广西师范大学出版社,2008年版。
[②] 杨利慧、张霞、徐芳等:《现代口承神话的民族志研究——以四个汉族社区为个案》,西安:陕西师范大学出版总社有限公司,2011年版。
[③] 朝戈金:《口传史诗诗学:冉皮勒〈江格尔〉程式句法研究》,北京师范大学博士学位论文,2000年,南宁:广西人民出版社,2000年版;陈岗龙:《蟒古思故事论》,北京:北京师范大学出版社,2003年版;巴莫曲布嫫:《史诗传统的田野研究:以诺苏彝族史诗"勒俄"为个案》,北京师范大学博士学位论文,2003年。
[④] 祝秀丽:《辽宁省中部乡村故事讲述人活动研究——以辽宁省中县徐家屯村为个案》,北京师范大学博士学位论文,2002年;林继富:《民间叙事传统与故事传承》,北京:中国社会科学出版社,2006年版。
[⑤] 张士闪:《乡民艺术的文化解读:鲁中四村考察》,济南:山东人民出版社,2006年版;黄旭涛:《祁太秧歌表演传统的田野考察》,北京师范大学博士学位论文,2006年;王杰文:《媒介景观与社会戏剧》,北京:中国传媒大学出版社,2008年版。
[⑥] 杨利慧、张霞、徐芳等:《现代口承神话的民族志研究——以四个汉族社区为个案》,西安:陕西师范大学出版总社有限公司,2011年版。

点,即缺乏对特定情境中发生的具体交流事件的细致考察和分析,力图在民族志基础上,对特定语境中发生的某一表演事件和实际动态交流过程的细致描述和微观考察,展示民间叙事的动态而复杂的表演过程和文本化过程,展示民间叙事的文本与语境、传统与创造、讲述人与参与者之间的交流与互动的过程;第二,力图立足中国神话的民族志研究,反省并突破表演理论的局限。该文以河南淮阳人祖庙会上的两次讲述洪水后兄妹再殖人类神话的表演事件为案例,提出在使用表演理论来研究中国的民间叙事时,应结合多种视角和方法的长处,运用"综合研究法"以进行更深入和全面的探讨。①

案例二,"民间叙事传统的格式化"与"五个在场"的田野研究操作模式。

2003年,彝族学者巴莫曲布嫫在其博士学位论文《史诗传统的田野研究:以诺苏彝族史诗"勒俄"为个案》中,对四川凉山诺苏彝族的创世史诗"勒俄"的民间叙事传统进行了深入、细致的调查与分析。通过对一位传统的史诗演述人学艺过程和表演实践、地方史诗观念及其传统法则、史诗的演述场域及其"克智"口头论辩传统等一系列问题的系统考察,论文着力检讨了"民间叙事传统的格式化"存在的种种弊端,并提出建立观察与捕捉口头叙事的本质性表现的研究视界。论文的一大贡献,在于从史诗田野研究的具体个案中,总结提炼出了"五个在场"的田野研究操作模式,包括史诗传统的在场、表演事件的在场、演述人的在场、受众的在场,以及研究者的在场。②论文对于史诗表演事件、演述人与听众等的分析明显受到了表演视角的启迪,其对"五个在场"的田野研究模型的归纳,既借鉴了表演理论对于"语境"的认识,同时也为语境研究提供了一个可资操作的分析模式。

案例三,视觉艺术的表演性。

2006年,彭牧发表了《作为表演的视觉艺术:中国民间美术中的吉祥图案》一文。与国内常见的运用表演理论来研究口头艺术的做法不同,作者从"表演"的视角出发,将中国吉祥物图案的鉴赏视为一个隐含的表演过程。与口头艺术不同的是,由于实际表演者的缺席,"欣赏者和图像的关联"就构成了表演的全过程,而这种关联沟通只有在欣赏者和图像具有共同的期望值和胜任性时才能完全实现。论文进而从"内在的表演"与"外在的表演"双方面,考察了语言/声音要素如何融入实际的表演过程,也就是日常生活场景中"欣赏者和图像彼此关联"的过程。③

那么,中国民俗学者在其本土化的实践中对表演理论的丰富和发展做出了什么贡献呢?除了前文提及的反思,其中主要的贡献也许突出体现在如下几点:

第一,多种理论视角的融合。

中国民俗学者在本土化实践中,往往并不囿于表演理论本身,而能自觉地兼采多种相关理论和方法,取长补短,以求得对研究对象的更深入把握。以《现代口承神话的民族志研究——以四个汉族社区为个案》为例,作者张霞在对重庆市九龙坡区走马镇的现代口承

---

① 杨利慧:《民间叙事的传承与表演》,《文学评论》2005年第2期。
② 巴莫曲布嫫:《史诗传统的田野研究:以诺苏彝族史诗"勒俄"为个案》,北京师范大学博士学位论文,2003年。亦可参见廖明君、巴莫曲布嫫:《田野研究的"五个在场"》(学术访谈),《民族艺术》2004年第3期。
③ 彭牧:《作为表演的视觉艺术:中国民间美术中的吉祥图案》,见吕微、安德明编:《民间叙事的多样性》,北京:学苑出版社,2006年版,第109—128页。

神话进行民族志研究时,既考察了同一个讲述者在不同情境下讲述的同一类型神话的文本变化、变化原因及其意义,也考察了不同讲述人对同一类型神话的不同讲述的比较。[①] 这一分析视角和分析模式,同时受到了鲍曼和芬兰民俗学家安娜—丽娜·斯卡拉的启发。在分析现代口承神话的实际讲述情况和变异规律,特别是讲述者在口承神话变异中的角色和作用时,作者还借鉴了琳达·戴格以表演者为中心的方法以及斯卡拉对于讲述者"传统取向"(Tradition orientation)的研究。王杰文在《媒介景观与社会戏剧》一书中,以民俗学的民族志研究为基础,同时借鉴了文化研究、文学批评、大众传播以及社会学的研究方法,重新思考了"语境与文本"这两个核心词汇,把这两个关键词与戴尔·海姆斯所谓"传统化"以及霍布斯鲍姆(Eric Hobsbawm)等人关于"传统的发明"的思想结合起来,论述了二人转艺术从民间广场向都市剧场、再向大众传媒转变的过程中发生的变化。

第二,对历史维度的强调。

表演理论并非完全不注重历史维度——在鲍曼对于"语境"的划分中,"历史的"语境虽然被放入注释中,但也在考虑的范畴之内。[②] 尤其是在鲍曼后来的研究中,历史的维度得到了强调。[③] 但是,就表演理论最具影响力的观念而言,更注重在特定的情境(或称情境性语境)中,各种因素即时互动的交流过程以及其中呈现出的新生性,对于具体时刻的彰显不免使历史维度受到一定程度的忽视。针对表演理论的这一弱点,巴莫曲布嫫在"五个在场"的语境研究模式中,明确增加了"传统"的维度,对其做出了纠正和补充。杨利慧《民间叙事的表演》则明确指出:"历史视角和历时性方法特点的形成,是与中国悠久的社会文化传统分不开的,它是中国学者在分析中国文化事项上的一个特点和长项,也是认识事物本质的一个有力的途径。"有鉴于此,该文力图突破表演理论的局限,探索一条"综合研究"之路:把中国学者注重长时段的历史研究的长处与表演理论注重"情境性语境"和具体表演时刻的视角结合起来;把宏观的、大范围的历史—地理比较研究与特定区域的民族志研究结合起来;把文本的研究与语境的研究结合起来;把静态的文本研究与动态的表达

---

① 张霞:《讲述者与现代口承神话的变异—重庆市司鼓村的个案》,杨利慧等:《现代口承神话的民族志研究——以四个汉族社区为个案》,西安:陕西师范大学出版总社有限公司,2011年版,第34—114页。

② 鲍曼曾经在"The Field Study of Folklore in Context"一文中,对语境作了非常细致的划分。他认为民俗是存在于一个相互关联的网中,个人的、社会的和文化的因素会赋予民俗以形态、意义和存在,因此我们应该研究语境中的民俗。他把语境划分为两个大层面:文化语境(Cultural Context,理解文化需要了解的信息,主要指意义系统和符号性的相互关系)和社会语境(Social Context,主要指社会结构和社会互动层面),并进一步划分为6个小层面:1. 意义语境(Context of Meaning,理解"这意味着什么"需要了解的信息,例如人们的生活方式、信仰和价值观、符号和隐喻关系);2. 风俗制度性语境(Institutional Context,例如政治、宗教、亲属关系、经济,乃至邻里关系、开张、庆祝等,主要回答文化各方面如何相互关联、如何相互适应的问题);3. 交流系统语境(Context of Communicative System,主要回答"一个文化中的特定民俗形式如何与别的形式相关联"问题);4. 社会基础(Social Base,回答"该民俗关联到何种社会认同的特点?",需要了解的信息包括地域、族群、职业、年龄、家庭和社区等方面的社会性组织原则);5. 个人性语境(Individual Context,包括个人生活史、个人语库的结构和发展等);6. 情境性语境(Situational Context,例如交流事件——如妇女座谈会、家庭聚会、布鲁斯表演,甚至电话交谈等。事件的结构是由许多情境性因素的相互作用而产生的,其中包括物质环境、参与者的身份和角色、表演的文化背景原则,互动和阐释原则,行动发生的顺序等。这些因素将决定选择什么来表演、表演的策略、新生文本的形态,以及特定情境的自身结构)。另外,鲍曼在注释中还指出,历史性语境(Historical Context)也应该被包括在内。Richard Dorson, ed., Handbook of American Folklore(Bloomington: Indiana University Press, 1983), pp. 362 - 386.

③ 参见鲍曼:《十三世纪冰岛的表演与荣誉》,见其《作为表演的口头艺术》中译本第七章。

行为和表演过程的研究结合起来;把对集体传承的研究与对个人创造力的研究结合起来。当然,这一主张尚在探索之中,有待进一步完善,但它对表演理论忽视历史的倾向是一个自觉的修正。

第三,对文本与语境关系的重新思考。

"语境"是表演理论的核心概念,注重文本在特定语境中的动态形成过程是表演视角的革命性主张之一。但是,语境对于民俗的传承与变迁到底有多大影响?对此,国内同人在本土实践的基础上提出了不少疑问和思考。刘晓春在《从"民俗"到"语境中的民俗"——中国民俗学研究的范式转换》一文中,不无担忧地提醒道:"当我们执着于多样的民俗个案研究,是否意味着我们对于民俗事象的整体解释能力正在弱化?是否意味着告别以民俗事象为中心的'民俗'研究范式?'民俗'研究范式真的不具有学术阐释的力量了吗?"[1]杨利慧在《现代口承神话的民族志研究》一书中,进一步明确提出了"有限度的语境"这一概念。作者发现:一方面,神话文本的形成与变迁,尤其是神话的讲述场合与传承方式、讲述者与听众的构成与规模、神话的功能与意义等因素,的确受到语境的较大影响,因此在一定程度上,神话的确可被视为"不断变动着的现实民俗"[2],它们和人们的现实生活息息相关,并且经常由人们根据自己当下的需要和目的而被重新塑造和改变,处于不断变迁和重建的动态过程之中,换句话说,其内容、形式、功能和意义等往往植根于由文化所限定的各种语境之中。但是,另一方面,语境对神话传统的影响并非毫无限度,尤其就文本而言,语境的影响显然具有一定的限度。通过对兄妹婚神话的考察发现:尽管该神话在每一次表演中的细节和母题组合都有大大小小的差异,但是神话的类型和核心母题的变化很小。[3] 由此可见,与许多民俗事象不同,口头艺术文本的确有着一定的自足性,在一定程度上,它们有着自身独具的、独立于语境的内在形式和意义,因此语境对它们的影响是有限度的。从这一点来说,以往诸多文本分析理论并未完全失去其合理性,而目前中国民俗学界盛行的追求语境描写、忽视文本的分析,甚至流于"为语境而语境"的做法,无疑有跟风之嫌,存在很大的盲目性和片面性。[4]

二、表演理论与中国民俗学的当代转型

由于表演理论的影响,加上其他一些相关理论和方法的共同推动,中国民俗学在近30年间,尤其是自20世纪90年代中期以后,逐步发生了诸多转向。具体而言,它为中国民俗学研究范式向下列维度的转型提供了助益:

---

[1] 刘晓春:《从"民俗"到"语境中的民俗"——中国民俗学研究的范式转换》,《民俗研究》2009年第2期。
[2] 杨利慧:《神话的重建——以〈九歌〉、〈风帝国〉和〈哪吒传奇〉为例》,《民族艺术》2006年第4期。
[3] 杨利慧:《民间叙事的传承与表演》,《文学评论》2005年第2期。该文全文后以《民间叙事的表演——以兄妹婚神话的口头表演为例,兼谈中国民间叙事研究的方法问题》为题,收入吕微、安德明主编的《民间叙事的多样性》一书中,北京:学苑出版社,2006年版,第233—271页。
[4] 杨利慧、张霞、徐芳等:《现代口承神话的民族志研究——以四个汉族社区为个案》,西安:陕西师范大学出版总社有限公司,2011年版。

(一) 从"民俗"到"语境中的民俗"

与以往盛行的以文本为中心，以抽象的、被剥离了语境关系的民俗事象为中心的视角不同，表演理论是以表演为中心，关注文本在语境，尤其是情境中的动态形成过程及其形式的实际应用，强调民俗表演是情境化的，"其形式、功能和意义都植根于由文化所规定的背景或事件中，这些背景或事件为行动、阐释和评价确立了富有意义的语境"[1]。

虽然关注语境在人类学与民俗学中都有很长的传统，但在以往的研究中，无论如何强调语境，文本的中心地位都是不可动摇的，而表演理论则"彻底颠覆了民俗研究中文本的中心地位。那些因为要与书面传统具有可比性而被学者们构造、抽象、剥离出来的文本/事象，被重新放回到它们原生的土壤中。文本消失了，取而代之的是一次次的事件、一个个的过程、一次次的交流行动与实践……"[2]。

在中国民俗学领域，长期占据主导地位的，也是以文本为中心的、关注抽象的、往往被剥离了语境关系的民俗事象的方法。20世纪90年代中期以后，中国民俗学逐渐从研究"民俗事象"向研究"语境中的民俗"转变，强调通过田野调查，直面丰富、整体的民众生活。在这一转向过程中，表演理论以及口头诗学理论、民族志诗学理论，以及人类学、社会史研究、现象学、后现代文化批评等，则为中国民俗学研究的范式转换提供了理论资源。受此影响，研究越来越呈现出对民俗的"生活相"的追求，将民俗视为民众的生活方式，同时充分挖掘民俗文本中蕴含的民众生活、情感及历史文化信息。民俗不再被视为外在于人的、客观化的对象，而是"主观的表达、直接被给予的经验、理所当然的日常"[3]，即主体的、生活世界的整体文化。

(二) 过程

在传统的民俗学中，民俗事象往往被当作抽象而相对稳定的物质实体而存在。而在"表演"的视角看来，文本与语境之间的互动以及文本在实际交流中形成的过程更为根本。就鲍曼而言，交流的实际发生过程、表演事件的结构以及文本的动态而复杂的形成过程是研究的关键，他尤为强调这个过程是"各种情境化因素系统互动的产物"，"这些情境化因素包括(但不限于)：参与者的身份与角色；表演中运用的表达方式；社会互动的基本原则、规范、表演的策略及阐释与评价表演的标准；以及构成事件梗概（Scenario）的系列行动"。[4] 因此，从"表演"的视角看到的民俗，不再是静态的、超机体的文化事象，而是处于不断被创新和重建的过程之中；不再是由集体塑造的传统和文化的机械反映，而是植根于特定的情境中，其形式、意义和功能都植根于由文化所限定的场景和事件中的动态过程。

受到这一理论的积极影响，加之对其他理论思潮（尤其是"传统的发明"）的借鉴，20世纪90年代中期以后尤其是21世纪以来，中国民俗学界对于"过程"显示了越来越浓厚

---

[1] 理查德·鲍曼：《作为表演的口头艺术》，杨利慧、安德明译，桂林：广西师范大学出版社，2008年版，第87页。
[2] 彭牧：《实践、文化政治学与美国民俗学的表演理论》，《民间文化论坛》2005年第5期。
[3] 尹虎彬：《从"科学的民俗研究"到"实践的民俗学"》，《中央民族大学学报(哲学社会科学版)》2017年第3期。
[4] 理查德·鲍曼：《作为表演的口头艺术》，杨利慧、安德明译，桂林：广西师范大学出版社，2008年版，第87页。

的兴趣,对于一系列议题,如社会转型期传统的复兴与重构、社区民俗的生成与发明、文化传统的移植与再创造等"过程"的描述和分析成了目前民俗学的主潮。在具体的研究中,注重动态生成过程的"文本化"(Textualization)、"语境化"(Contextualization)、"去/再语境化"(De-contextualization/re-contextualization)以及"传统化"(Traditionalization)等成为核心的字眼。

(三)表演者

对表演者的关注远在表演理论兴起之前便已开始。不过在很长的时间里,那些社区中引人注目、富有特殊才能的讲述人常常被视为"集体"的代言人,他们的才能、个性、世界观等往往被贴上了"集体性"的标签因而面目模糊。而表演理论则为扭转这一取向做出了贡献:

> 从以文本为中心到以表演或事件、过程为中心,民众的日常实践被总体地纳入了民俗学的视野。当聚光在民俗文本上的神秘光环消失以后,那些民俗的传承者、那些普普通通的民众,就不再是历史抉择的偶然承受者而承载着偶然的历史记忆;相反,民众因为主动地在生活实践中运用民俗而清晰地出现在了民俗学研究的地平线上。与民俗学者的田野经验相适应,这时的"民",不再代表被抽象化的、由面目不清的个人组成的均质社区或群体,代表着落后与愚昧,"民"第一次呈现为有血有肉的丰富的个人。人的因素、人的创造性第一次和传统的力量相较量。人不再是被动的传统接受者。不是传统假借文本为化身游走于、飘荡于个体之间,而是由于人的主观选择,传统才能延续。也正是在这个意义上,以表演为中心的研究的另一个转向就是使以往被忽略或至多留下姓名的民俗传承人受到了重视……通过这样的研究,个人的风格、个性、经验、际遇等等都被考虑了进来,民俗学真正触摸到了有质感的个人层面。可以说,真正的人,而不是抽象的"民"终于在民俗学中丰满了起来。也正是在这个意义上,表演理论的转向也被说成是民俗学的研究重心从"俗"(Lore)到"民"(Folk)的转变,因为以前关心的是事项,现在才是事项背后的人。[①]

在此新视角的启迪之下,中国民俗学对个人的关注日益增强,故事讲述人、史诗演唱者、民间手工艺人、香会会首,其他各种民间精英乃至普通香客,纷纷走进研究者的视野,成为既传承民间传统,又具有个性、创造性和主动性的行动主体。

(四)朝向当下

长期以来,到偏远或工业化不发达的地区搜集行将逝去的、具有本真性的传统是民俗学研究的核心。这一"向后看"的取向造成了民俗学的危机,"假如民俗学的研究对象被局限于特定文化或历史阶段的残留物,那么这门学科也行将就木,因为当那些传统彻底消亡

[①] 彭牧:《实践、文化政治学与美国民俗学的表演理论》,《民间文化论坛》2005年第5期。

之后,这一学科就失去了存在的理由"[①]。而表演理论的兴起不仅在方法论上,而且在研究角度上打破了这种学科定式。对于特定情境中发生的表演及意义的关注,使研究者不再迷恋于追溯历史流变、地区变文或文本为主的功能分析,转而注重民俗的新生与重构、表演者与参与者之间的交流互动,以及各种社会权力关系在表演过程中的交织与协调。这样,"现代社会中民俗学的消退"所引起的危机被注重民俗学在现代社会中的角色与意义的学术导向所替代。[②] 用鲍曼的话说,"表演正提供了这样一个出发点,使得口头艺术中的传统、实践与新生性联结起来。因此,表演也许会成为一门全新的民俗学学科的基石,它将使这门学科从'向后看'(Backward-facing)的视角中解放出来,从而能够更多地理解人类经验的整体性"。[③]

在表演理论直接与间接的推动下,中国民俗学近年来也逐渐经历着转变。譬如在民间叙事学领域,"与一段时期内国际民间叙事学的发展历程相似,长期以来占据主导地位的,也是以文本研究为主的视角和方法……学者们打量叙事文本的眼光基本上是'历时性'的,视角和分析方法模式主要是'历史溯源'式的,也就是往往通过对文献资料(包括古代典籍、方志、巫书等)的考据,或者结合采集的口头叙事文本,或者再有考古学的材料,——总之,往往是通过对文本形态和内容的梳理和分析,追溯其原始形貌和原初含义,勾勒它在历朝历代演变的历史脉络,并探询其可能蕴涵的思想文化意义"。[④] 而在近20年来,尤其是20世纪90年代中期以后,文献考据和文本溯源式的研究逐渐为对当下的口头叙事传统进行田野调查和研究的民族志所取代。

梳理近30年来中国民俗学的发展史,我们发现:如今,民俗学者正越来越多地介入对民俗传统在现代社会中的角色与意义的探索之中,如火如荼的民俗旅游、古建筑重修、民族风情表演、民族服装展示、民歌新唱等新现象,吸引了学者的普遍关注,在许多新的现实生活领域,比如网络、影视、手机短信、流行歌曲和音乐、商业或者政治性展览会等方面,我们可以见到不少学者探索的身影。这将促使中国民俗学从根本上融入和现代社会科学的对话中,使学科对当代社会研究做出重大贡献。

第三节 表演理论与民间叙事

民间叙事是表演理论最为关注和倾力的主要领域之一。从表演理论的视角看,民间叙事文本根植于特定情境中,其形式、意义和功能都产生于由文化所限定的场景和事件中,研究者则更注重在特定语境中考察民间叙事的表演及其意义的再创造、表演者与参与

[①] 理查德·鲍曼:《作为表演的口头艺术》,杨利慧、安德明译,桂林:广西师范大学出版社,2008年版,第52页。
[②] 李靖:《美国民俗学研究的另一重镇——宾夕法尼亚大学民俗学文化志研究中心》,《民俗研究》2001年第3期。
[③] 理查德·鲍曼:《作为表演的口头艺术》,杨利慧、安德明译,桂林:广西师范大学出版社,2008年版,第53页。
[④] 杨利慧:《民间叙事的表演——以兄妹婚神话的口头表演为例,兼谈中国民间叙事研究的方法问题》,见吕微、安德明主编:《民间叙事的多样性》,北京:学苑出版社,2006年版,第234—235页。

者之间的交流,以及各种社会权力关系在表演过程中的交织与协调。

以表演理论分析民间叙事的探索很多,例如鲍曼在《作为表演的语言艺术》里讨论了设定表演框架的种种交流手段,例如特殊代码(Codes)、比喻性语言、平行式、特殊的辅助语言特征、特殊套语、求助于传统、否认表演等①;涉及表演的种种模式性因素,例如文类、行动、事件和角色;表演的即时性等。他的另一篇文章《语境化,传统,以及文类对话:冰岛的克瑞夫塔斯卡尔德传说》,则通过一个统一完整的个案,来考察叙事过程中的文类互动,讲述人采取的传统化行为和策略,以及具体情境中的"语境化"。②巴巴拉·巴伯考克(Barbara A. Babcock)在《故事中的故事:民间叙事中的中介叙事》一文中,探讨了故事叙事中"中介叙事"(Meta-narration)的诸种策略,它们在叙事与交流过程中担负的功能,以及关注和分析中介叙事的学术意义等。③

例如鲍曼本人的民间叙事研究,不仅限于叙事文本的形式或者内容的研究,而是形式、功能、意义和表演的有机融合。他在《故事,表演和事件》(*Story, Performance and Event*)一书中研究得克萨斯流行的口头叙事时,特别关注故事讲述行为及其社会语境的意义,关注"被叙述事件"(Narrated events,即故事中详细讲述的事件)、叙述文本、叙述事件(Narrative events,即故事讲述行为发生于其间的情境)三者之间的相互关系,关注讲述人和听众之间的互动关系,在探讨故事演变时注重结合语境以及听众的反应和认识等的变化,来探讨文本的变化和语境的变化之间的关系。他在比较了一个美国故事讲述家Ed Bell 在 15 年中讲述的同一个故事的 3 个异文后,发现故事的长度明显地一次次增加了。为什么会发生这样的变化呢?他除了注意到故事情节插曲的增加、母题的粘连、故事内容的丰富,以及这些变化对于故事讲述的影响,还特别注意考察了故事的变化与故事讲述语境的变化之间的联系。他经过研究发现,15 年前,讲述家的听众是他狩猎打鱼的同伴,大家对他的故事体裁、背景知识都很了解,其意义不讲自明,所以他的故事比较简短;而 15 年后,讲述人成了一个公开场合讲故事的表演者,听众对他个人、对他的故事体裁、对故事发生的背景一无所知,所以他就在故事的间歇点加入了许多介绍他个人以及有关狩猎等活动的细节描写。所以,故事文本的变化是植根于语境的变化之中的。④

瑞格纳·达奈尔(Regna Darnell)的《克瑞人叙事表演中的多种互联关系》⑤一文,也是表演理论著述中常被提及的,从它的描述和分析上,我们可以看到表演理论和方法的一些基本特点。作者开篇就明确指出:民间传统对于文本的创造和变异具有潜在的意义,最

---

① 理查德·鲍曼:《作为表演的语言艺术》,杨利慧、安德明译,桂林:广西师范大学出版社,2008 年版,第 16—29 页。
② Bauman, Richard, "Contextualization, Tradition, and the Dialogue of Genres: Icelandic Legends of the Kraftaskald", in *Rethinking Context: Language as an Interactive Phenomenon*, Alessandro Duranti, Charles Goodwin, ed., Cambridge University Press, 1992, Rpt., 1997, pp. 125 - 145.
③ Babcock, Barbara A., "The Story in the Story: Metanarration in Folk Narrative", in Richard Bauman, *Vernal Art as Performance*, pp. 61 - 79.
④ Bauman, Richard, *Story, Performance, and Event*, pp. 78 - 111.
⑤ Darnell, Regna, "Correlates of Cree Narrative Performance", in Richard Bauman, Joel Sherzer, ed., *Exploration into Ethnography of Speaking*, New York, Melbourne: Cambridge University Press, 1974, 2nd edition 1989, pp. 315 - 336.

有趣的文本也许就是被用以适应某一地域里的某一位新听众或者某一新情境而产生的；在表演的组织中,表演者和听众之间的互动和呼应是至关重要的维度,因为表演本身是一种社会行为。他在文章中详细地描述了一个克瑞印第安老人的创造性的表演,通过详细的语境和过程描述,我们能看到一个表演者如何创造性地改变了传统的神话讲述方式,并适应特定的情境而添加了即时性的内容。

该表演事件发生于1971年3月,作者夫妇对阿尔伯塔(Alberta)地区瓦巴斯卡(Wabasca)地方的克瑞(Cree)印第安人的传统生活方式进行了调查。作者首先调查了一个印第安家庭里的父亲和女儿。父亲70岁了,能讲不少传统故事和地方逸闻,但是他仍然觉得自己不是这个社区中最适合讲这些传统的人,他建议作者夫妇面见另一位近100岁的老人。作者由此对不同的人(父亲、女儿、老人)与克瑞传统质素(Traditional material)的关系发生了兴趣。

父亲保持着克瑞人传统的生活方式,懂一些英语。但他对克瑞的语言和文化的未来持悲观态度,认为目前年轻人不愿意学克瑞语,而且他们也不再遵从克瑞人的传统生活方式和价值观,不再遵从长辈的权威性。

女儿在阿尔伯塔的大学里做克瑞文化的指导教师,除流利的英语外还会德语和汉语,虽然并没有尝试去做一个传统的表演者,但对保护克瑞传统文化感兴趣。在该表演事件中她一直是翻译者和阐释者。在翻译过程中,她经常并不表演,而是只译述有关内容,用"他说"的方式转述,让作者注意父亲的手势和声调。但在翻译一个长故事时,她用了第一人称,而且加上了手势和语调,表明她不再局限于父亲的讲述,而是开始了她自己的讲故事表演。

在这样的背景下,社区中最年长的老人被请来讲述克瑞人的传统生活方式。有一些听众来欣赏他的表演,这就是认可了他在社区中受人尊重的地位。作者特意关注了表演者和参与者们在屋子里坐的位置,认为从中显示出了克瑞传统文化的准则。比如,老人显然处在中心的位置,显示了他的最受尊敬的社会地位。老人和他夫人构成了一个封闭的、亲密的空间。父亲的靠后位置,表明他的角色此时从表演者变为了一个听众,在更具有传统文化知识的老人面前,父亲的重要性减退,他成了一个学习克瑞传统的听众。女儿的位置(处在父亲和老人之间)表明了她的双重身份:作为印第安妇女,她需要隐蔽自己;但是作为英语翻译,她又不得不适当显示自己。

在这一个叙事表演中,作者夫妇构成了主要的听众,父亲和女儿是后台的观察者。讲述过程中,老人的儿子、儿媳、孙子和两个少年也进来听。他们坐的位置(屋子的角落,或者老人的后面)一样突出了老人的尊贵社会地位,显示了对老人的尊重。

在开始唱歌或讲故事之前,老人需要表演一些别的作为开端,慢慢把听众从1971年的瓦巴斯卡日常生活引到传统故事发生的神幻时间框架之中。老人依次采用了如下策略:1. 强调他的故事的重要性,要人们严肃对待;2. 描述自己作为一个老派的丛林印第安人的个人经历,确定自己在传统的克瑞印第安人中的地位,强化自己作为传统的表演者和阐释者的角色;3. 讲述过去的印第安人生活方式;4. 通过演唱传统歌谣,转向神幻时间的叙述,但还依然是在现实世界里;5. 最后讲述故事,从正常世界走入超自然世界。

在这个表演过程中,父亲也时时回忆起他小时候的克瑞生活,感慨目前生活的巨大变化。女儿作为翻译,并不能完全理解老人介绍的传统知识,对他的讲述风格也不熟悉,同时她父亲对老人的遵从态度也影响到她,因此她非常紧张。

在该讲述过程中,只有老人是真正的表演者。在他面前,父亲也没有充分的自信来独立地表演,但是当他女儿因为缺乏有关传统知识而无法正确翻译时,他也会参与翻译,而且也有表演。

老人讲述了一个神话。一个叫贝尔(Bear)的人很强壮。他看见了个子很高的兄弟三人。一个在拉动小山丘,一个在折树,贝尔要他们两个跟他走,去找第三个兄弟。他们看见一个人正捡起洛基山脉朝一个方向移动。贝尔问:"你在干什么?"那人答到:"人们住在洛基山脉里,他们说是我造了那座山。"那人接着说:上帝派我来建造这些山脉,因为将来会有无数的人,他们将说着不同的语言:法国人将说法语;英国人将说英语;奇帕维安族(北美印第安之一族,在加拿大西北部阿塔帕斯坎——杨利慧注)将说奇帕维安人语;乌克兰人将说乌克兰语。克瑞人也将说他们自己的语言。最后,艰辛和厄运将降临到所有的这些种族中间。

至此,老人结束了讲述:"现在我的故事讲完了,我讲得就像我小时候在克瑞恩湖(Crane Lake)地区听到的那样。"翻译者没有翻译这句话,老人接着说:

> 现在我要告诉他们(采访者)一些别的事情。造山的人曾预言将来人们还会再长胡子,他们的胡子会长得和从前一样。……
> 我知道他们以后将会幸福地生活在一起,也许以后我会在另一个世界遇见他们。

作者发现,这个故事的双重结尾在克瑞传统故事中是少见的,正常的故事应该以第三个兄弟对未来的预言而结束。但是老人特地针对他的特殊听众增加了对故事的评论,即"收场白":因为作者的丈夫有胡子,老人也有胡子,所以他增加了有关"胡子"的评论,这实际上是在陈述克瑞传统的同时,也把外来者拉了进来。而且,这个结尾还担负着这样的功能:把叙事从神幻时间再重新放置到日常会话世界中去,逐渐回归到日常生活的时空框架中。老人在结尾时采用的叙事策略与其开头一样,都是逐渐递进的。他用正常的结尾结束了关于神幻时间的讲述,接着他用了一个神圣故事中的人物(造山的人)作为桥梁,连通了超自然世界与日常世界的鸿沟。他采用的叙事策略是:1. 以前印第安人长有胡子,与神话时间里的人一样;2. 现在人们没有胡子了;3. 将来印第安人还会长胡子;4. 最后,他把他的叙事与参与现场互动的个人(即作者夫妇)的现在和未来联系起来了。他用神话人物预言中出现的胡子的主题来评论他的访问者和听众,在评论中他显示了对访问者的首肯,并希望在将来能与他们再见面。

通过这一个案的细致过程分析,作者认为,虽然在阿尔伯塔北部的克瑞人受到传教士、种族多样性的很大影响,在印第安人和白人中间都贬低印第安人的文化和语言,但是传统的克瑞正式言谈的文类依然在延续和适应性地改变。本研究描述的表演情境清楚地表明：克瑞人的叙事依然在变化和适应。虽然克瑞人的生活方式发生了巨大变化，但老人的文化传统还是很强大的，并且继续存活着。这说明克瑞的叙事传统并不是静止的，它的活力在于它具有依据表演者的生活而不断适应的能力。所以，在表演的语境、个体表演者和文化的变迁之间存在着持续的互动。

民间叙事文本形成于讲述人把自己掌握的有关传统文化知识在具体交流实践中加以讲述和表演的过程中，而这一过程往往受到诸多复杂因素的影响，因而塑造了不同的、各具特点的民间叙事文本。表演理论为民间叙事的深入分析提供了利器，推动学者去深入探究文本与语境、文本与传统、文本与表演者、听众以及其他参与者之间的关系等。但总的说来，这方面的工作依然需要进一步拓展和深入，特别是应该进一步加强在民族志基础上，对特定语境中发生的某一表演事件和实际动态交流过程的细致描述和微观考察，同时对讲述者的个人生活史、世界观、个性等进行进一步连续的、反复的、长期的民族志考察，从而更深刻地展示民间叙事的动态而复杂的表演过程和文本化过程，展示民间叙事的文本与语境、传统与创造、讲述人与参与者之间的交流与互动的过程。

思考题

1. 简要陈述表演理论的主要理论主张。

2. 为什么说表演理论对于中国民俗学的转型贡献巨大？就你所看到的研究而言，有哪些是中国学者和表演理论对话的结果？

3. 尝试运用表演的视角，对你熟悉的某一个案或某一民间叙事的讲述过程进行分析。

推荐阅读文献

1. 理查德·鲍曼：《作为表演的口头艺术》，杨利慧、安德明译，桂林：广西师范大学出版社，2008年版。

2. Richard Bauman, *Story, Performance and Event: Contextual Studies of Oral Narrative*. New York: Cambridge University, 1986.

3. Ruth H. Finnegan, *Oral Traditions and the Verbal Arts: A Guide to Research Practices*. New York: Routledge, 1992.

4. 杨利慧、张霞、徐芳等：《现代口承神话的民族志研究——以四个汉族社区为个案》，西安：陕西师范大学出版总社有限公司，2011年版。

5. Linda Dégh, *Narratives in Society: A Performer-centered Study on Narration*. Helsinki: FF Communications No. 255, 1995.

第六章 记忆论与民俗学

本章要点概述

"记忆"作为人文社会科学的一个重要概念,在历史学、人类学、社会学等领域都得到关注。在民俗学研究中,记忆论也有广泛的应用前景。民俗学以口头传承和身体传承为主要研究对象,以访谈记录为主要方法,这些特点都和记忆论有亲和性。将记忆概念引入民俗学研究,不但可以为我们分析民间传承的本质提供新的方法,而且能够将民俗学研究与当下的社会文化现象结合起来,如老年福祉、灾害记忆的研究等。为民俗学重新成为"当下之学"提供了一个可能性。

第一节 记忆研究概述

一、记忆为什么重要

如果一个人失去了记忆,他就无法在复杂的社会关系找到自己的位置。换言之,一个人的意识中没有了自己的过去,也就无法理解现在,更无法想象未来。因为任何人都生活在关系和意义的网络之中,他需要依靠网络之中的参照物来定位自我,确认自我的意义和价值。对一个社会来说,记忆的重要性也是如此。社会是由无数个共同体构成的,一个共同体要维持存续,其成员需要有共同的价值观、共同的行为准则、共同的道德标准,这些我们可以称为共同性的要素越多,共同体就越稳定,安定的生活秩序就有保障。而一个价值观被撕裂,成员之间互不认同的社会,只会处在冲突和对立中。共同性的形成有多种媒介。比如家族共同体的媒介是血缘,村落共同体的媒介除了血缘之外还有地缘,而诸如行会这样的同业共同体则依靠业缘来维系。此外还有基于共同信仰的宗教共同体等。但是,国家之中不同民族的成员数量众多,他们之间的关系可能跨越了血缘、地缘、业缘等共同性,比如东北地区的朝鲜族人和西南地区的傣族人,他们之间的关系用上述的血缘、地缘、业缘来描述的话,很可能是"无缘"。但是他们都认同自己是中国人,这种认同形成的一个重要的媒介就是"集体记忆"。所谓集体记忆,并不一定是这个集体所有成员都体验过的经历,而是一个可以通过经典文本的诵读、仪式性的行为、日常生活层面的规训而建构的记忆。比如使用同样的教科书学习同样的历史课程,在同一个节日举行同样的庆祝或者纪念活动,去同样的纪念碑前用同样的誓词宣誓等,这些活动都让参加者产生共同的历史认知,共享当下的意义与价值,并且形成共同的对未来的想象。

集体记忆最重要的特征就是建构性,所谓建构就是行为主体基于某种价值观和意识形态,对过去的事件或事物进行的表象化行为。建构并非凭空捏造,而是对"事实"进行的意义化和价值化,进而形塑记忆,使之成为人们认同的媒介。比如,1937年4月5日,国共两党代表在黄陵县黄帝陵共同祭祀轩辕黄帝。这是西安事变之后,国共两党停止内战,联手抗日的一种政治宣示。众所周知,黄帝是中国历史传说和神话故事中的人物。传说他是原始社会末期的一位部落首领,生于黄土高原,长于姬水之旁,曾居轩辕之丘,因此取名轩辕。黄帝被奉为中华民族的始祖。长时间以来,这个"事实"已经深入人心。而黄帝是否在遗传学意义上真的是全体中国人的始祖,从常识来看,其"建构性"是很强的。但是,这个"建构"出来的黄帝神话,成为国共两党捐弃前嫌,共同抗日的媒介,在这里,我们把国共两党祭奠黄帝的行为,理解为对中华民族共同历史记忆的形塑。重要的不是"是什么",而是"我们都认为是什么"。这个就是记忆建构的本质。

二、记忆研究的缘起

"记忆"成为人文社会科学的一个重要概念,开始于20世纪的70—80年代。源自欧洲的"记忆研究热"西进美洲,东渡日本,进入中国。波及了东西方的历史学、社会学、民俗学、人类学等多个领域。记忆研究的代表作法国历史学家皮埃尔·诺拉(Pierre Nora)的《记忆之场——法国国民意识的文化社会史》等被翻译成多种文字,至今依然产生着巨大的影响。以"记忆之场"为代表的历史研究的主要学术指向是在近代民族国家成立的过程中,那些所谓的"传统""民族记忆"是如何通过国旗、国歌、纪念碑、纪念集会等形式被创造、被表象的。用诺拉自己的话说,就是"想用不同于纪年式的方法来研究法国的国民感情,也就是通过对凝聚了法兰西集体记忆的各类场所的分析,来勾勒出一幅法兰西象征物的俯视图"。

诺拉用"历史在加速"来表现近代以来的变化。他提出"与记忆一体化的历史的终结"的结果导致了"记忆之场"存在的必要。所谓"与记忆一体化的历史的终结",是指在不断反复的时间中,与过去(记忆)共生的集团中(诸如农民集团),那些被认为是典型的被身体化的过去(历史)消失了。这不仅限于农村、家庭、学校、国家等确保价值的保持、传达的"与记忆一体化的共同体"都趋向消亡,由此造成"从遥远过去开始的事象终于走向消亡"的历史断裂感。诺拉说,如果我们保持着记忆,那就不需要记忆之场;因为,没有导致记忆消亡的历史的存在,也就没有记忆之场的存在。这时,所有的动作,包括最细微的日常活动,都像古昔传承下来的信仰那样不断重复着。这样的动作、行为以及意义都是与肉体融为一体的。但是,一旦痕迹、距离和媒体登场,我们就不再处于记忆之中,而是处在历史当中了。关于记忆和历史的关系,诺拉认为,记忆是当下的,是永远以现在时呈现的,是感性的、特殊的、象征的,而历史是基于知性,建立在分析与批判基础之上的。关于历史和记忆的关系,日本学者小关隆则更为明快简捷地说,在社会中共存的诸多记忆中,经过某种政治的、学术的、文化的认可的公共记忆就成了"正史"(Official history)。

值得关注的是,记忆的研究和遗产概念逐渐发生了关联,2010年,一批日本西洋史学家出版了一本名为《历史之场——史迹、纪念碑、记忆》的著作。书中探讨了美国、英国、法国、德国、东欧和北欧等国家和地区的纪念碑、墓地、历史遗迹的形成背景和经过,分析了这些被作为表象物创造出来,然后被传承、抹消或忘却的过程中显现出来的复杂的社会力学关系。关于这部著作的主旨,主编之一若尾佑司说,诺拉的"记忆之场"的研究重心是在近代民族国家形成过程中,记忆是如何被唤起、建构起来服务于塑造同质的国民的。但是,在一百年后的今天,那些记忆的象征物比如战士墓地、英雄纪念碑等已经不再带有其诞生之初的激起民众的狂热的魔力。它们以一种新的方式成为社会生活的一部分,这就是"遗产化"。联想起在世界范围内的"世界遗产"申请热潮,若尾认为,这些渗透在全世界的遗产热,从原有的国民纪念碑等扩展到了地域性的历史、自然遗产,甚至延伸到了过去被国家公共记忆排除的少数人群以及被封存的国家暴力的牺牲品的记忆。这些原本被抹消、被忘却的记忆,如今以文化遗产的名目成为打开通往过去的"历史之场"。透过这个历史之场,记忆不断被生产、消费。其广度和深度已经远远超出了民族国家建构的政治层面,而延伸到了人们生活的每个角落。这个视角,对于以日常生活的传承性行为作为研究对象的民俗学来说有巨大的亲和性。作为民俗学研究对象的民间传说、谣言、神话、故事、民谣山歌、口述历史等,在记忆论的视角下,被视为保存地域社会记忆的媒介,通过非物质文化遗产保护的文化行政话语的介入,形成了遗产、记忆与民俗学研究的新局面。

有关记忆理论受到关注的时代背景,日本历史学家安川晴基有如下概括,1. 时代的变迁。随着冷战的世界双极构造的终结,世界范围内的民族主义的高扬,使得"民族的传统"作为建构集团的政治认同的资源被发现与发明。而后殖民主义化与移民的大量发生,导致社会的少数族群的历史图像的介入,产生了文化的多元构造。与此同时,二次大战的体验者的逐渐凋零,同时代人共有的"经验记忆"逐渐转换成由媒体所建构的"制度性记忆"。有人举例说,随着越战老兵的逐渐逝去,美国人的"越战记忆"逐渐由好莱坞的越战大片来建构。中国人的抗战记忆也受到抗日战争题材的影视作品的影响。在这种情况下,得到强调的,并不是过去发生了什么,而是过去的何种要素,在当下的何种语境中被如何意义化之后,又是为了谁而保存下来。2. 由媒介来表象过去的"记忆产业"的出现。"二战"结束半个世纪以后,大量相关题材的作品出现媒体创造的"记忆空间"对我们的历史想象产生了决定性的影响。媒体创造的过去的表象对我们构筑"历史的事实"的话语的影响逐渐压倒了体验者的声音。特别是"二战"结束后五十周年、六十周年之际,大量出现的影视作品、纪录片、照片、展览会等,提供了无数"想象的空间",对人们的历史想象产生了决定性的影响。3. 在文化学领域占主导的历史理论,"宏大叙事的终结"之后,进入后现代的历史研究,人们开始质疑普遍的、客观的、历史的存在,对启蒙主义进步史观,黑格尔的历史哲学,马克思主义等学说开始相对化的批判性反思,对国家历史(集体的单数)的历史观的质疑导致了多样化集团作为回忆的主体,承认复数历史的存在的倾向。在这种后现代的新的相对主义的文脉中,针对历史建构的客观性发生了根本性的颠覆。历史不再是中立地再现过去发生之事,而是基于当下的立场的主体选择、建构话语形态,被解释的结果。对过去的叙事是一种话语行动的结果,这个结果本身又受到历史性的约束。由此,过去被有意识地传达与继承的过去、现在、未来一贯的、连续性的、一次元结构的"传统"概念,逐渐被多次元的、动态的"记忆"所取代。

三、作为学术概念的"记忆"

记忆原本是一个生理学和心理学的概念,在人文社会科学领域的运用,历史并不长久,它在不同的领域有不同的表述,由于记忆研究跨越了多个学科,主题和对象多种多样,因此,记忆研究有大量的实践研究,但是理论化的程度并不高。很难对记忆研究做一个整体性概括。下面列出一下常用的概念,其中主要有:集体记忆(Collective memory)、社会记忆(Social momery)、记忆的社会框架(Social frameworks of memory)、记忆之场(Sites of memory)、被发明的传统(Inverted traditions)、交往记忆(Communicative memory)、文化记忆(Cultural memory)等。通过这些基本概念,我们大体上可以了解记忆研究的基本格局。

集体记忆这个概念来自法国社会学家莫里斯·哈布瓦赫(Maurice Halbwachs)他指出,人们根据自己赋予自身和他人行为的意义来展开行动,而这些意义的内容,原本是由个体所属的社会的传统提供的。记忆、智力和认同是通过在某个群体内部的学习过程而建构起来的。因此,也可以说没有任何本质意义上的个体记忆。也就是说,所有的记忆,都是在个人所属的社会关系中形成的。而这个社会关系在哈布瓦赫的著作中,具体表现为家庭、社会阶级和宗教共同体。

哈布瓦赫的最大贡献就是明确地指出了记忆的本质,即记忆是基于当下的场域对过去的形塑,是流动不居的。哈布瓦赫说道:"人们正是在社会当中才正常地获得自己的记忆,也正是在社会当中唤回、认识并安置自己的记忆的。"

哈布瓦赫认为,离开了特定的社会背景和社会关系,个体是不可能以任何持续一致的方式来保持记忆。因此,研究记忆,必须了解制约这个记忆形成的社会框架。这个社会框架,也就是社会群体框定个体记忆的基本架构。这个架构通常是通过各种记忆产品和记忆实践构成的,比如依据口头传统的讲述性行为、经典文本的创造和认定、仪式性行为的举行、纪念空间的建构等。而这个架构又是在不同的政治、社会、宗教等背景下不断变化的。记忆总是一个流动的协商过程,一方是当下的欲望,另一方是过去的遗产。过去和现代,历史和记忆,他们分别在这一协商过程中充当着什么成分,又如何发生关联,这既是一个理论问题,也是一个经验问题。

哈布瓦赫指出,一个人在记忆任何一件事情或者重构记忆的时候,都带有一种社会性,或者被形塑化的社会意义,这是一种创造性的活动及主体再造的过程。而集体记忆特别容易受到政治的影响,执政者会选择某些经过选择的历史事实,以特定的表达方式,比如塑造出一个符合官方意志的叙事文本,指定某些人物、事件和日子,通过举行纪念活动来彰显执政的正当性,以实现其政治目标。纪念碑、纪念日、相应的仪式都是记忆的表象和记忆再生产的媒介。

德国学者简·阿斯曼(Jan Assmann)发展了哈布瓦赫的记忆理论,进一步将集体记忆分为交际记忆和文化记忆。根据他的定义,交际记忆是基于个体的经验产生于日常生活的交际过程,以日常交往为基础的集体记忆,具有非专门化、角色的互换性、主体的不稳定性、非组织化等特点,它还有时间的有限性,其存在期限通常为80年至100年。而文化记忆较于交际记忆更为稳定,是建立在一种制度性安排下的有主体性的表象化操作的结果。文化记忆的形成是一个有明确主体意识的行为,社会通过固定的节点,比如重要的事件,以文化形式(文本、仪式、纪念碑等)以及机构化的交流(背诵、实践、观察)来形塑其记忆。在这个转变过程中,活生生的交流通过客观化的文化形式结晶下来,比如文本、意象、仪式、建筑、纪念碑、城市、风景、口头传统等。都可以看作是文化记忆的表象。

美国历史学家马里达·斯坦格(Marita Sturken)在他的 TANGLED MEMORIES: The Vietnam War, the AIDS Epidemic, and the Politics of Remembering 中对文化记忆有如下解释,文化记忆指独立于正史叙述以外的为社会共有的带有文化意义的记忆。它通常和具体的文化创造物相互作用。这些文化创造物指如纪念碑、公共艺术、流行文化、文学作品等。斯坦格列举了越南战争、"9·11"事件等对美国社会产生巨大影响的事件,分析了围绕这些事件记忆化的过程中,国家权力、种族、社会团体等各种力量的对抗、融和、妥协等复杂的力学关系。这个过程往往是在大量文化创造物的产生中而进行的。如越南战争纪念碑的建造,退伍老兵组织和死者的遗嘱之间产生了尖锐的对立。其对立的症结就在于将越南战争通过建立纪念碑的形式表象化的时候,这个表象实际上凝聚了美国社会对越战的基本评价。而一个社会对任何事件的评价都不可能完全一致。这就产生了围绕如何记录和记忆事件的对立。从这个意义来说,文化记忆是一个社会妥协的产物。

日本学者小关隆总结各方面的成果,对人文学领域的记忆概念下了如下定义:

> 记忆是人们对过去的知识和情感的集合体,记忆的形成是一个表象化的行为。亦即,人们从过去发生的无数事件中,基于现在的想象力对特定的事件进行选择、唤起,并通过表象化的操作重新建构的行为。记忆不单纯是过去事件的储藏库,它是记忆主体针对自身所处状况唤起特定的过去事件并赋予意义的主体行为。

在这个定义中,我们可以看到记忆的两个主要特点。一,记忆的形成是人们对过去事件的一个表象化的行为。它的形态和记忆主体的当下的状态有直接的关系。二,记忆作为个人、社会建构自我认同的精神装置,它本身包含着忘却的机能。除此之外,记忆是可以分层级的,比如个人记忆,是基于个人直接或间接的体验,具有主体的、主观的、心理的特点。集体记忆是地域、学校、宗教、政党、政治社团、阶级、阶层、民族、世代等的共同记忆。特点是游离于成员的实际体验、被创造、被记录、被表述、被灌输,包括虚构作为想象的"记忆共同体"。某一个特定的集团通过国家权力等手段将本集团的记忆扩展到国家范围,这个集体的记忆就变成了国家记忆。从对记忆的根本认识上来说,过去仅仅把记忆当作信息的储藏室,而新的记忆论则完全改变了这个看法。上述新的对记忆的理解是,记忆是在过去发生的事情和经验与他者发生关系的过程中,被唤起、生成的,记忆是一个带有可塑性的动态系统。也就是说,记忆的本质是可塑性。为了重构记忆,记忆的主体会在空间和时间上进行表象化的建构。比如在某个事件发生地竖立纪念碑,并确定纪念日,定期在这个神圣化的空间举行纪念仪式。这个时间和空间的节点,就是"记忆之场"。

第二节 从记忆论看民俗学

一、重新定义民俗学

在民俗学领域,记忆论的研究也开始成为瞩目的焦点,因为民俗学研究的对象——民间传承,包括行为传承、口头传承,从其本质上来说,并不是对过去的事件、事实的重复转述,而是传承人依据对现实的想象力对过去体验的选择性建构。而民俗学的最重要的方法之一——访谈记录,不是以现成的文献资料为对象,而是建立在讲述人的"记忆"的基础之上。从这个意义上来说,民俗学和记忆有着密切的关系。

日本民俗学家岩本通弥用记忆的概念给民俗学下了一个新的定义,他说,"如果我们不使用民俗、传承、常民这些惯用的词汇给民俗学下个定义的话,它可以这样表述,民俗学就是不借助记录,而是以'记忆'为对象,通过'访谈记录'的技法,通过人们的'叙述'、'对话'来研究人们的生活和意识的学问。按照这个定义,对民俗来说,记忆成了最本质性的存在"。

尽管记忆和民俗学有如此密切的关系,但是长久以来,民俗学对记忆论并没有引起足够的重视。岩本认为,其中最重要的原因大概是受到文献史学的影响。具体体现在强调民俗资料的所谓"真实性"上,比如经过三代的传承就可以认定为"民俗",三个以上的不同来源的访谈记录中如果有共通的部分就可以作为民俗资料来看待等等。把生活文化中变化缓慢的部分当作"基层文化"加以固定化,或将访谈的资料与文字资料参照对比,对其中共同的部分认定为"真实的"。其结果是民俗学变成了历史学的辅助学科。而口述访谈材料被当作文献资料的补充。针对以上传统民俗学的研究取向,岩本通弥提出记忆论在民俗学研究方面的几个相关性事项。

① 民俗学不是以文献记录,而是以记忆为素材的学问。它主要以没有被文献记录下来的事项作为研究对象。

② 在研究中,它的基本方法是对直接性的口述、对话进行访谈记录。

③ 通过以言语为媒介的记忆提取信息,原生态地把握当地人们的生活世界。

④ 同时,把非言语的如身体行为、感觉、思维方式、价值观、感情、身体技能作为研究对象。

⑤ 这些知识系统以身体作为媒介,在不同的个体、群体之间发生的保持、传承、传播。力图去把握这个传承的过程和特征。

⑥ 将使这样的记忆可视化、有形化的行为,通过访谈记录、民俗语汇化、民俗志等方法加以记录(主要是文字化)。

基于以上的思考,岩本认为,访谈记录法是民俗学区别于人类学参与观察法的重要指标。这种方法通过和采访对象的交流,从他们的叙述中把握埋藏在他们的生活世界中的生活智慧、技能、思维方式、价值观。而正是这种以非文字的、日常的、平民的,被认为理所当然的、被忘却的事物的关注,才使民俗学有了存在的理由。

在方法论上,岩本总结了千叶德尔的访谈方法论,指出访谈记录不仅关注叙述的内容本身,还关注叙述人的视线、态度和真实的心理反应。通过时间轴的"现在"和空间轴的"现场",构筑"过去"与"彼方"的历史记忆,并结合身体动作、表情等"非语言"的表达方式,探求传承社会的"心意现象"。而如何将这些非文字的资料体系化,既是民俗学发挥本领的领域,也是未来文化的研究必须解决的重大难题。

这种"在场"意识的研究范式,在很大程度上是可以和记忆论找到连接点的。我们知道,社会记忆是我们维系文化传承的基础,而任何一个社会的记忆都是不断被重新建构的,这个重新建构的过程也就是生活文化传承的过程。而"在场"的民俗学研究最根本的目的就是揭示在传承过程中的规律。那么,记忆论作为研究社会记忆重构过程的学术方法,就理所当然地成为民俗学研究最重要的一部分。

我们使用记忆论来表述民间传承的本质的话,可以说访谈记录的过程,实际上就是叙事者和访问者通过互动,重新构筑记忆的过程。而与此相关的情景、空间、话语方式等都构成了记忆之场。如果我们把民间传承看作一种身体记忆和口头记忆的再生产的过程和结果,那么传承实际上是在一个记忆之场中实现的。这个记忆之场,如家庭、村落、宗教结社、同业组织等。而传承社会记忆的主要方式是多种多样的,英国文化史家P.博克提出了:1. 口承传统;2. 文字材料;3. 表象;4. 行为;5. 空间场所。这五项作为传承一个共同体记忆的媒介。其中的1、3、4、5都和传承有直接的关系。这些"场"既可以说是记忆之场,也可以说是"传承之场",如我们过去熟知的村落、祖先墓地等,都是民俗事象传承的空间。这个空间伴随着时间的要素,以及传承主体赋予空间的情感、想象、记忆。这些共同构成了民间传承之场,民俗的变化,往往首先出现在这个传承之场的变化,比如没有了传统的灶台,祭灶的习俗就发生变化或者消失。在我们的生活世界里,存在大量的文化创造物。其中的很多就是民间传承的对象物。如黄帝陵、岳飞庙、孟姜女的传说、梁山伯与祝英台的戏剧等。这些创造物使公众对特定事件的记忆具象化,同时把记忆的形成纳入了生产记忆的权力作用的过程。

民间传承包括行为传承和口头传承。传承行为从其本质上来说,并不是对过去的事件、事实的重复转述,而是传承人依据对现实的想象力对过去体验的选择性建构。也就是说,传承行为的进行绝非像原封不动地把一件物品交给下一代人那样。民俗学的最重要的方法之一——访谈记录,不是以现成的文献资料为对象,而是建立在讲述人的"记忆"的基础之上。从这个意义上来说,民间传承的最本质性的存在就是记忆。传承是跨越世代的反复、持续的行为,伊利亚德在他的《永远回归的神话》中指出,传承实际上是"祖型反复"的过程,而祖型的形成则是将一次性的、特殊的、个性化的"历史""时间"排斥的过程。而文化记忆形成的过程也是将某些"历史事件"重新编组,将无数个体的记忆加以过滤、集约成为集体记忆。

小松和彦则将柳田国男的祖灵信仰从记忆论的角度重新解读。他指出,所谓的"安魂、慰灵"实际上是一个社会记忆装置。为死者树碑、举行悼念仪式，都是保持对祖先或故人的记忆，并消解生者对死者的歉疚和追思之情的行为。而柳田所说的经过33年或者50年的供养超度，死者的灵魂就净化升华成了"祖灵"的一部分，保佑子孙的幸福和家业永续。实际上涉及一个记忆的限度问题。33年或50年，是一般人能够承受的祭祀行为的极限。这个年限到了，子孙可以结束对死者的供养祭祀。这个装置的作用在于将子孙从对死者的歉疚之情中解脱出来。从这个意义上说，这个传统社会的慰灵行为同时也是一个"忘却的装置"。如果民间信仰中的祖先崇拜是民俗学研究的对象，而现代社会为名人、重大事件、战争、灾害死难者举行的各种祭祀活动、追悼仪式等，通过记忆理论，都可以纳入民俗学研究的领域。在科学主义盛行的今天，人们之所以还接受所谓"在天之灵""英魂"这样的"非科学"的说法，并非单纯是前近代社会的民间信仰自然传承的结果，其中还包含了保留社会记忆的种种政治的、文化的、社会的作为。这种行为，既和前近代的民间信仰有文化的、心理的连续性，又带有现代社会的独特的政治力学的文化意义。灾害记忆的传承，也是民间传承的重要内容，在各民族的神话传说中，我们可以看到大量的天地异变的材料。这些在民间文学、民间传说领域的研究中，都有很多成果。但是，对于当代灾害记忆的传承，民俗学却很少涉及。而当代灾害记忆的传承，直接影响当下人们的防灾意识的养成以及灾后的心理恢复。笔者在对唐山地震的记忆传承进行调查时，就发现当代中国的灾害记忆有传承形式的类型化构造的趋势。这个趋势随着中国社会的变化，也在不断解体重构。这个在2008年的四川大地震的记忆传承中就有所表现。我们希望记忆论的导入，能为民俗学研究开拓新的领域。

从记忆的角度来分析民间传承，可以打通民俗学研究与社会史、思想史研究界限，为民俗学研究开拓新的视角和研究方法。

二、记忆论、口述史与民俗学方法

记忆研究虽然蕴含着丰富的可能性，但作为方法，它一直处在探索和争论之中。在历史学领域，过去往往将记忆作为历史的对置概念，认为历史是客观的、科学的、可靠的、不变的，而记忆则是主观的、感性的、多变的。因此，在采用诸如口述史的方法来进行历史研究的时候，鲜活的记忆资料往往要被拷问是否"客观""真实"。就连以访谈记录为主要方法，以口头传承为主要对象的民俗学，也曾经有过如何确认口述的民俗资料的客观性、真实性的讨论。这种议论的共同点就是，将口述资料当作另一种文献看待。在更多的时候，口述的声音资料被记录成为文字，成为文献资料的补充。但是，口述历史研究的兴起打破了这样的格局，最重要的变化就是承认主观性和身体性本身的价值。例如，英国口述史家保尔·汤普逊赞同如下观点："恰恰是被某些人视为口头资料来源的一个弱点的主观性，也可以使得这些来源具有独一无二的价值。因为主观性与更加可见的事实一样，也是历史学的应有之义。被访者所相信的东西确实是一个事实（也就是说，他或者她相信它这一事实），就像'真正'发生的东西一样。"对于口述资料的不真实的可能性，波利特认为，"'不真实'的陈述仍然是心理上'真实的'，并且这些以前的'谬误'有时比实际准确的描述揭示出更多的东西……口头资料的来源的可信性是一种不同的可信性……口头见证的重要性经常并不基于它对事实的依附,而是会基于它与事实的分歧。在这里,想象、象征、欲望破门而入"。汤普逊进一步指出,"历史学不仅是有关事件或者结构,或者行为模式的,而是有关这些东西如何被经历和在想象中如何被记住的。而历史学的一个组成部分,人民想象发生的东西,也是他们相信可能已经发生的东西——他们对于一个可供选择的过去,也是对于一个可供选择的现在的想象——可能与实际发生的东西同样至关重要"。波利特提到的"想象、象征、欲望",可以说是记忆形成的本质性的要素。正是这些主观要素的存在,构筑了一个与"客观事实"不同的"主观事实",然而事实上,影响人们生活的往往是这些"主观事实"。日本社会学家樱井厚援引美国教育心理学家布鲁纳(J. S. Bruner)的人生三分类,即"作为生活的人生"(Life as lived)、"作为经验的人生"(Lifes as experiedced)、"作为叙事的人生"(Life as told)来讨论体验、经验、叙事的关系。所谓作为生活的人生,就是生活体验本身,通过行动表现出来,是可以直接观察的客观存在的生活事实。而作为经验的人生,则是伴随叙述者的印象、感觉、感情、欲望、思想、意义而成立的,是记忆的本源。它在被唤起的时候,会根据当下的情境重新构筑。至于作为叙事的人生,是通过日记、自传、备忘录等手段文字化的人生,也包括口述采访的记录稿等。《百年孤独》的作者、哥伦比亚作家加西亚·马尔克斯曾说:"所谓人生,并非是发生的一切本身,而是对发生的一切的回忆,以及唤起这些回忆的过程。"换言之,作为生活的体验,是一次性的,而它对人生的影响是体现在作为经验的人生中的;作为经验的人生,就是记忆的本质,它通过文字的书写和非文字的口述表象化,而这个过程是"伴随叙述者的印象、感觉、感情、欲望、思想、意义而成立的"。

既然主观性和身体性是记忆的重要特征,那么,该如何把握它并资料化呢?在这方面,以访谈记录为基本方法的民俗学,就显示出独特的优势。关于访谈记录法的特征,日本民俗学家千叶德尔指出,访谈记录不仅关注叙述内容本身,还关注叙述人的视线、态度和真实的心理反应;通过时间轴的"现在"和空间轴的"现场",构筑"过去"与"彼方"的历史记忆,并结合身体动作、表情等"非语言"表达方式,探求传承社会的"心意现象"。具体在记述方法上,樱井厚提出了三种具体做法,即实证主义的方法、解释性的客观主义方法、对话式的结构主义方法。所谓实证主义的方法,是指重视讲述内容的真实性、客观性,追求讲述内容的规范性和前后一致性。而解释性的客观主义方法和对话式结构主义的方法则强调讲述人的主观性。解释性客观主义的方法通过归纳推理的方法解释讲述的内容,将生活片段多重叠加排比描绘出生活中的规范和制度的现实存在。这个手法的一个特点是收集生活片段史加以分析和解释。与实证主义方法相同的一点是,两者都具有追求客观事实的指向。对话式结构主义的方法认为,讲述是讲述者和访谈者之间的互动形成的,关注讲述行为的形成过程。这个过程由于有研究者的加入,使得采访者和讲述人之间的关系是非对称的。不难看出,在对记忆的主观性和身体性的把握上,第三种对话式结构主义的方法最为有效。德国民俗学家雷曼(Albrecht Lehmann)通过口述史的研究,开发出通过日常话语的"意识分析"方法,分析出个体记忆如何通过社会文化的多种作用而被定型化和表象化。所谓"意识分析",侧重分析个人的历史、环境的历史、宏大历史是如何在个人层面被体验、被理解的。在揭示这个过程中文化是如何从发生条件的角度给以说明的时候,提供历史证据。意识分析最重要的材料是自传资料,这些资料是在质性社会调查的原则下,将人与人,或小组访谈对话中记录下来的。有时文字记录比如日记信件的分析、照片等物质文化,也成为分析的对象。意识分析的方法具体如下:先将大量的口述资料彻底地文字化;与此同时,对同时代的文学作品包括创作文学、民间文学以及各种公文书、绘画、照片、报刊等资料作系统的调查收集整理,找出相关的内容,保存进电脑或卡片。然后对口述调查中所出现的重要的意念、表象、知识进行对比分析,找出其来源。通过这样的操作,可以析出千百个日常个体记忆中共通的表象构造,进而可以找出社会记忆形成的内在机理和逻辑。

作为口述史方法和记忆论在民俗学研究的一个范例,中野纪和在《民俗学研究中口述史的意义与课题》一文中,以日本福冈县北九州小仓北区的八坂神社的夏季举行的"小仓祇园太鼓"为例,使用了三个参与者的口述史资料,作者指出,以往的研究重视对参加者整体的分析以及相关知识的传承方面。但是,传统祭祀仪礼活动在现代社会开始发生变化。而这个变化用原有的宗教祭祀仪礼研究的概念是无法解释的。随着这个活动影响的扩大,参加者不断增多,固有的礼仪规则逐渐被突破,比如出现了女性参加者等等,围绕小仓祇园太鼓的"规范",形成了保守和革新的势力,作为一个地域传承,其内部出现了不同的传承模式,而形成不同传承模式起因都和其代表人物的人生经历有密切的关系。作者关心的是,这些代表人物是如何在接受传统的规范和习惯的基础上构筑自己的行为模式,并付诸行动的。当民俗学研究以个人为对象的时候,口述史就成为一种有效的方法,无论行为者否定反抗规范还是肯定服从规范,"讲述"都可以说是将规范习得之后外在化的一种实践,这个实践源自生活史的全部。而生活史的记述方法,樱井厚提出了三种方法,实证主义的方法、解释性的客观主义方法、对话式的结构主义方法。所谓实证主义的方法是重视讲述内容的真实性、客观性。追求讲述内容的规范性和前后一致性。解释性的客观主义方法和对话式结构主义的方法则强调讲述人的主观性。解释性客观主义的方法通过归纳推理的方法解释讲述的内容,将生活片段多重叠加排比描绘出生活中的规范和制度的现实存在。这个手法的一个特点是在收集生活片段史加以分析和解释。和实证主义方法相同的一点是两者都具有追求客观事实的指向。而对话式结构主义的方法认为讲述是讲述者和访谈者之间的互动形成的,关注讲述行为的形成过程。这个过程由于有研究者的加入,使得采访者和讲述人之间的关系是非对称的。采访者对这一点要有清醒的认识。在具体的运用上,由于对象和目的的不同,这三个方法往往同时得到使用。

这些记忆论方面的理论与实践,无疑对民俗学会有相当大的借鉴作用。民俗学的主要方法之一是民俗志的方法,而传统的民俗志的撰写工作,往往是直接对口头传承的访谈记录,但是,在现实生活中,有很多民俗事象随着生活方式的变迁,已经丧失了其存在的外在形态。比如很多地方已经不再使用耕牛,相关的农具等也不复存在。但是,这并不意味着这些民俗已经消失。表面上看来,使用耕牛耕田这一生产民俗似乎是不存在了。但是,只要使用过的老农还健在,他们的脑子里保存着牛耕田的细节。如有需要,他们是可以恢复这个民俗事象的。这种现象,日本民俗学家樱田胜德称之为"潜在民俗"。所谓潜在民俗,就是保存在人的记忆之中,失去外在形态,但是经过记忆的重构,是可以恢复原来的形态的。因此,民俗志的书写,开始越来越依据记忆的材料。

现代社会中像刚才举出的在现实中已经消失,但是还存在于人们记忆之中的"潜在民俗",还是大量存在的。这些潜在民俗的很多并非当事人直接体验的事象,而是他们听到的传闻。因此,新的民俗志的编写就进入了一个依靠记忆的时代。除此之外,过去民俗很少涉及的,但直接影响当下生活的,如战争体验的传承、灾害体验传承的研究方面等缺少有效的方法。记忆论的导入则提供了一个新的方法。近现代发生的战争、灾害等,作为历史事件,是历史学研究的对象,战争本来并不是民俗学关注的对象,因为战争属于突发事件,而不是世代传承的事象。但是,当事人有关战争的传承,则被历史学排除在外,虽然近年来历史学界也开始了口述史的研究,口述的材料主要作为文献史料的补充,追求的依然是历史的事实。但是,有关战争的叙述则有可能是世代传承的对象。很多神话和传说都可以说是人类远古战争的记录。但是,对于发生在晚近的战争,其记忆和传承该如何研究。普通的战争史研究往往通过口述记录,来补充文献史料的不足。这是历史研究的一部分,而不是民俗学研究的范畴。民俗学注重从口述的过程中探讨参加战争人们的体验和心态。这种体验是如何被叙述出来,成为一种记忆化的表象,从而影响人们对战争的态度的。例如在研究战争记忆传承方面,记忆论就展现出其方法上的独特性。民俗学家香月洋一郎在分析战争记忆的调查过程时,有如下体验。他对很多一直保持沉默的战争体验者的话语构造从某个时期开始发生变化这一事实进行了分析。这个变化简单说来,就是他们的叙述变得娴熟老练了。以前"没有经历过战争的人根本没法理解"的姿态和生硬的部分消失,那些在无法言喻的世界中深深地苦恼的体验者,随着时间的流逝,开始像反刍一样重新排列组合,说出自己的体验。这是作为一种生活的信念,不断重新把握的内部形成的话语。这个叙事归结于"民俗学成立的场所酿成的"事象。近十多年来,大量战争受害者开始讲述自己的"历史"。这种现象不应仅仅归结于冷战构造这一时代背景,而是一种向记忆外化的转换。借用岩崎的说法,不是说出记忆,而是记忆本身涌现出来。从精神科学的记忆论来看,"无法说出""不愿想起"这类的外伤性记忆(Trau-matic memories),通常像成人的记忆一样,带有无法由语言加工成一个线性叙事结构的特点。要摆脱这种心灵创伤,必须将记忆升华为一种叙事,想说而无法说出的心灵的呼声,以及沉默都是一种无法忘却的历史,将被压抑的记忆言语化的作业,今后恐怕是民俗学的一个重要工作。

三、事件、记忆与传承研究

长久以来,民俗学是以民间传承作为研究对象的,民间传承具有如下几个特点,一是类型的而非个性的,二是反复的而非一次性的,三是集团的而非个人的,四是基层文化而非上层文化,五是跨世代的行为和现象。以此来衡量,诸如战争、灾害、革命这样的事件,通常被排除在民俗学的视野之外的,因为这些事件很少会在日常生活中周而复始地反复发生。因此,民俗学长期以来很少能在影响社会的重大事件发生的时候,发出自己的学术声音。但是,记忆理论的导入,让民俗学有可能突破原来的局限,对重大事件的理解和分析,做出民俗学式的说明。

让民俗学对事件进行研究和分析成为可能的，就是记忆。民俗学对分析事件缺乏有效的概念和手段，因此没有民俗学家直接撰写关于秦始皇如何统一六国的论文，但是，有关秦朝暴政的记忆，通过孟姜女传说流传下来，便成为民俗学研究的对象。民俗学关心的是事件的记忆是如何传承的，人们传承这些记忆的目的是什么，以及这些记忆在传承过程中发生了什么样的流变等。事实上，有很多耳熟能详的民俗事象，都是源自事件。比如端午节的习俗，赛龙舟和吃粽子，世代传承，连绵不绝。而这些习俗的起源却是一个事件——屈原投江，如果说一个著名的文学家、政治家投水自尽，是一个"事件"，这个事件本身不会反复发生，因此不入民俗学的法眼。但是，围绕这个事件的记忆，通过文本、口头叙事、空间建构、仪式性行为等被保留下来，并世代传承。成了民俗学的经典命题。由此我们可以总结出民俗学研究事件的路径，即一次性的非重复"事件"转化成记忆，通过口头传统、仪式、空间表象等，被嵌入日常生活，其中传承的部分就成为民俗学研究的对象。

那么，研究事件记忆的意义在哪里呢？从记忆理论来看，人们对过去的事件，有选择性记忆和选择性遗忘两种处理方式。其中那些被认为有意义有价值的就被记忆下来，并且为了不让记忆风化，人们会用各种方式去传承它，表象它。因此，研究记忆的传承，也就是揭示人们如何理解自身生活意义，同时还可以揭示围绕各种意义和价值的对立与冲突，权力、传统、地域、社会、个人等相关要素是如何解决矛盾，最终达成妥协的。

1995年在日本的大阪神户地区发生了大地震，围绕重建计划制定，政府与灾民发生了对立。阪神大地震之后，各地开始由政府统一协调制定重建规划，核心人员是城市规划专家和相关行政部门的官员。在神户市东滩区森南地区的重建过程中，市政当局在地震后的25天，就制定了一个"科学合理"的重建规划。这个所谓合理的计划，以居住区间整齐划一、道路笔直宽阔，公共服务设施分布合理为特征。但是，这个看似"科学合理"的规划，却遭到当地居民的抵制和反对。规划公布之后，当地居民有28 000多人联署，向市政当局提交了一份《森南地区街区重建宪章》，其中写道：

> "阪神大地震一瞬间夺去了众多人的生命和财产，把我们推向悲痛和穷困的深渊。但是，我们如今已经从废墟中一步一步走出来，开始重建新生活。为了在废墟中重建我们自己的社区，全体住民制定了这个《重建社区宪章》。
>
> 我们的社区重建，将遵循如下原则：我们社区灾前的记忆，是我们的珍贵的财产。现在，化为废墟的这个地方，绝不单单是一块土地，这里埋藏着我们生活的记忆。我们不接受将我们的过去清扫一空的《城市规划》，我们的目标是，把震前的生活和震亡的80多位居民的记忆，铭刻在心，重建美丽家园。"

这个宪章表达的核心是要保存"记忆"，其中包括了幸存者和死者的双重记忆。日本学者寺田匡宏评论说，如果说地震造成了第一次破坏的话，灾后行政当局清理废墟，以重建为名的再造街区，是第二次的破坏。对于居民来说，这里的记忆绝非仅仅是一种情绪上的怀旧。那些经历过生与死的洗礼，还处在"悲伤和苦难"深渊中的人们，在重建自己家园的时候，首先把记忆的保存作为首要条件提出来，充分说明对他们来说，在和灾害对决的极限状态中,记忆和历史,应该成为他们未来生活空间不可缺少的一部分。这个记忆,将成为他们迈向未来的基石。

另一个例子是围绕一个地震海啸的废墟发生的记忆的冲突,在东日本大地震的灾区,有一个地域防灾中心。海啸摧毁了它,导致30多人遇难,这个建筑只剩下一个钢铁骨架。围绕这个设施,有个动人的故事。地震发生之后,海啸即将袭来的那个短暂的间歇,防灾中心有一位女播音员,她反复呼叫,让大家赶快向高处逃难,最后这个声音戛然而止。后来才知道这个播音员坚守在广播室呼叫到最后一刻,她的事迹被报道之后,有很多人来这里献花。周围的环境也逐渐得到整理,修建了停车场。但是,是否保留这个废墟,当地人是有争论的。有的死难者的家属希望能够拆毁,因为他们觉得看到它勾起伤心和痛苦,但是也有很多人认为应该留下这个纪念物来纪念这个播音员。最后妥协的结果就是当地的人们决定保留这个废墟20年,20年之后再由大家来决定,继续保留还是拆毁。

上面的例子说明,灾害的记忆表象构建的过程,也是地域共同体围绕历史重建意义和价值的场域。文化记忆形成的过程也是社会整合,形成共同的生活感和生活意识的过程。民俗学通过对这个过程的分析,可以克服原有的对重大事件缺乏发言能力的缺陷。进而实现现代民俗学的转型。

第三节 "回想法"与民俗学

最后从应用的层面举例说明民俗学研究记忆的价值和意义。在日本很多乡村,都有保存和展示当地民俗生活的乡土博物馆。在这些博物馆中,常常会看到老人的集会,他们围绕自己生活的某个场景,谈天说地。很多时候,这个就是"回想法"治疗的现场教学。

回想法(Reminiscence/Life review)是美国精神科医生R. Butler创立的一种心理疗法,这个疗法主要通过老人对自己的生命里程进行口述回忆,来重新确立自己的人生意义,提高精神生活质量,确立生命尊严和自信。除此之外,回想法还具有促进代际交流提高地域社会的活力等功能。

"回想法"起源于1960年代,R. Butler提出应该对老年人回顾自身人生历程的行为予以关注,并在临床上开始提倡这一方法。1970年代英国心理学家Coleman对高龄住宅区的48名高龄者进行了回想法的临床治疗。他将回想分为单纯回想、信息携带回想、生活回顾三个层面,他的研究表明,其中单纯回想和生活回顾与患者的适应无关,只有信息携带回想与现状适应相关。1980年代,回想法开始进入临床实践,其理论探讨也进一步展开。英国的社会工作者Gibson开发出了将回想法运用于老年痴呆的具体方法。1990年代美国老年护理学专家Haight和Burnside开始有意识地区别回想与人生回顾,探讨了两者在临床实践中的作用。

日本从1990年开始引入"回想法",在民俗学、社会工作、临床护理等方面都有应用。民俗博物馆在这方面起到特殊的作用。很多地域性的民俗博物馆专门开辟特定的场所,组织老人来参观聊天。博物馆里使用古老的用具、照片、映像、音乐等构筑的生活空间,能够帮助老人回忆自己人生的经历,感受生活的快乐。这个领域也成为民俗学服务社会的一个切入点。

此外,由于民俗学的基本方法是访谈记录法,对象也以 70 岁以上的老年人为主。通过访谈记录建构传承世界的生活文化。因此,民俗学研究和"回想法"具有很强的亲和性。通过回想法的实践活动,民俗学服务社会的学科宗旨得以发挥,同时,也可以积累大量民俗资料。

从研究领域来看,回想法的应用涉及民俗、护理、福祉、心理、社工、医疗、康复等诸多方面。不同领域有自己不同的理解和定义。但其共同点是使用回想法需要的三方面的素养,一是对老人问题的正确价值观,二是老人工作方面的技术,三是相应的民俗学、社会学、老人医学、社会福祉等方面的知识。

一、回想法的主要功能及适用范围

一般认为,在促进老人精神健康方面,回想法具有两方面的功能,一个是对改善个体身心方面具有良好效果,具体体现在如下几个方面。1. 通过对自身的人生经历的回顾,重构自身生命的意义。2. 通过叙述活动,获得愉悦感。3. 重构时空感觉,减轻对死亡的恐惧。4. 促进自我肯定,找回自我尊严。5. 促进大脑活性化,延缓大脑功能退化。另一个是能够促进回想者的社会的、社交方面的动机和积极性。具体表现为:1. 通过增加和同龄人的交流机会,提高社交意愿和能力。2. 改善生活质量,发现生活的快乐。3. 重新习得社会习惯和社会技能,发挥余热。4. 促进世代间的交流,有利于适应新的环境。

对于回想者本人来说,回想这个行为的意义和作用是因人而异的,Haight/Webster 将回想的功能归纳为以下几种。1. 发现人生的意义和连续性。2. 有助于当下的问题解决。3. 提供知识和信息。4. 提供自传故事。5. 为逃避现实而怀古。6. 强迫回忆起过去的失败经历。7. 做好离世的思想准备。8. 把对某人的记忆当作生命的意义。9. 否定过去,并继续否定现在。

回想法在早期更多用于阿尔茨海默病患者的治疗,近年来适用范围逐渐扩大,几乎所有的老年人都可以用这个方法来改善其精神生活,具体而言,此方法特别适用于以下对象。1. 独居老人和其家属,2. 老人福利设施的利用者,3. 退休老人,4. 丧偶老人,5. 阿尔茨海默病患者,6. 抑郁症患者,7. 智障老人,8. 即将做手术的患者,9. 临终关怀的需要者等。在日本一些地方博物馆,还专门设置了实施回想法的特设空间,陈列一些过去的生活生产用具和照片,播放过去的电影影像等作为回想的刺激物,在这些空间里,老人们通过接触这些自己过去使用或者看到过的实物,唤起自身对人生经历的回忆,通过交谈共享各自的人生体验。

二、回想内容的分类

对于回想内容的分析,涉及心理学和社会学等多学科的领域,不同的学科有不同的分类。而且不同文化背景下的人群也会呈现出不同的特征,在西方的回想法实践的基础上,Wong 和 Watt(1991)把回想内容做了如下分类:

1. 统和回想：接纳自己和其他人，解决过去的纠葛，接受自己关于价值和意义方面的感觉，以及调和过去与现在的不同，从而妥善解决。例如，把自己的过去看作有意义（有价值）的，整合理想和现实，接受过去否定的那一面。

2. 工具式回想：回忆起过去如何为实现计划和目标而努力。从过去的经验中学习解决现在的问题的方法。唤起从前克服困难的记忆。

3. 传达交流回想：近似于故事和口述历史，对听众，有时候处于快乐的目的而叙述过去的事情。

4. 逃避式回想：回忆过去发生的愉快、令人感觉舒服的各种各样的人和事，回味产生这回忆的时刻。希望能够回想起过去快乐的时间点（过去的美好时光）。

5. 强迫性回想：多次强迫回想起过去的不愉快的事情，回忆关于过去的罪恶感和痛苦的体验以及失败。

6. 叙述性回想：指口头的回忆，仅仅实事求是地叙述关于自己的自传而不加入评价。

"回想法"本身不是民俗学家的发明，但是各地的乡土资料馆大多是在民俗学家指导下修建的。在保留了地域社会文化记忆的空间中，让老人们聊天杂谈，唤起的他们记忆，延缓他们大脑退化的进程。在这里民俗学也找到了回馈社会的一个方式。

思考题

1. 民俗文化是集体记忆吗？
2. 交往记忆与民俗传承之间有何关系？
3. 记忆理论对于民俗学研究方法有何启发？

推荐阅读文献

1. [法]皮埃尔·诺拉主编：《记忆之场——法国国民意识的文化社会史》，黄艳红等译，南京：南京大学出版社，2015年版。

2. [德]阿斯特莉特·埃尔、冯亚琳主编：《文化记忆理论读本》，北京：北京大学出版社，2012年版。

3. [英]保罗·康纳顿：《社会如何记忆》，纳日碧力戈译，上海：上海人民出版社，2000年版。

4. [法]莫里斯·哈布瓦赫：《论集体记忆》，毕然、郭金华译，上海：上海人民出版社，2002年版。

第七章　民俗与身体

本章要点概述

民俗与身体有着深刻的关联。民俗学作为一门现代化过程中诞生的学科,起源于对口头传统的关注。尽管各国的学术传统有所不同,但学科伊始,大多数国家的民俗学都致力于对歌谣、民歌、神话、童话、谚语等口头文学形式的研究。对于口头性的强调,一方面源于民俗学对过去、对前现代传统社会生活的悠远乡愁,另一方面又折射出民俗学学科形成过程中时代变迁的深刻烙印。事实上,现代化进程带来的一个根本改变就是社会交流方式的变化:书面文化随着印刷术的普及,地位日益提高。基于这样的时代烙印,民俗学作为一门关注口头的现代之学,其本身所包孕的口语与文字这两种知识传承方式的对立与关联,就成为学科始终不可回避的基本立足点与理论出发点。由此也可以看出,实际上民俗学从学科一开始,关注的就是我们最原始也最自然的口耳相传、面对面的交流方式,是参与各方及其身体的所有感觉方式全面投入的交流。但是为什么身体在民俗学兴起一百多年的学术研究中并未受到直接关注呢?身体什么时候才成为民俗学的话题?这种转变的社会和思想背景是什么?身体民俗有哪些基本的研究路径?有哪些核心的研究焦点与领域?引入身体视角对于民俗学意义何在?这是本章试图探讨的问题。

第一节　身体转向:从社会到思想

身体得以进入民俗学的理论视野,除了学科内部的理论发展和部分学者的兴趣转向,更是与20世纪80年代以来几乎波及整个人文、社会科学领域并愈演愈烈的"身体转向"(The body turn)有关。我们可以从社会背景和学术思想两个方面来理解这一转向。

首先我们来看一下身体转向背后的社会生活与生产实践变迁。不少学者指出,现代化、全球化、消费主义和医学技术的革新已使人类自身存在的身体经验发生了前所未有的变革,而正是我们身体所经历的这些生产、生活方式的变化,使身体的存在与经验方式发生变化,并最终导致身体本身成为问题,由此也就成了思考与研究的对象。[①] 从20世纪

[①] 参考 Emily Martin, "The End of the Body", *American Ethnologist*, Vol.19, No.1, (Feb. 1992), pp.120-140.

早期开始,资本主义生产方式经历了从福特式(Fordism)的大规模流水线生产方式到晚期资本主义后福特式(Post-fordism)的灵活积累(Flexible accumulation)方式的转变。①在此期间,人对身体的感觉、认知也发生了相应的变化。这种变化在医学话语中表现得最为明显。人类学家艾米丽·马丁(Emily Martin)曾精炼地指出,一个世纪以来医学话语对身体描述和解释的变化,实际上对应着两种资本主义生产方式的变化。福特式的生产方式强调身体作为一个有机体的生产效率和标准化,与之对应,福特式的医学话语认为身体是按中央控制原则和工厂生产模式组织起来的,"大脑始终处于层级金字塔的顶端发号施令,其他器官位列其下。新陈代谢的产物从身体边缘各种孔隙排到体外。稳定而规则的产量在此至为重要,最好能够维持一生,就如同精子的生产"。而到了晚期资本主义时期,与全球资本运作所强调的创新、特殊性和迅速灵活的变化相适应,身体尤其是免疫系统,在医学话语中被描述成"一个内部自成一体的完整网络系统",衡量身体生产的原则也不再是产量和标准化,而是追求对特殊需求做出迅速灵活的反应。② 可见,医学话语典型地体现出身体在不同社会生产方式中的存在方式,同时也反映出身体在不断地从一种存在方式过渡到另一种。

再从学术思想的层面来看,身体转向也有其自身话语历史演进的内在逻辑。很多学者都指出,学界对于身体的兴趣深受哲学、政治转向的影响,尤其是后结构主义、解构主义和女性主义的流行。社会学家布莱恩·特纳(Bryan Turner)曾简洁地勾勒出这一转向的哲学基础:"由于福柯的日渐流行,对于尼采重燃的兴趣,以及海德格尔持续的重要性共同使这些年有关身体的书近于泛滥。"③可以看出,从尼采到海德格尔,再由于福柯的推动,这一思想脉络逐渐偏离了西方哲学传统主流,批判从柏拉图开始到笛卡尔达至顶峰的灵肉二元论,由此,隐而不彰的身体终于得以浮出历史地平线。④

对柏拉图来说,灵魂和肉体不仅可分,而且肉体从属于灵魂,死亡就此成为个体把灵魂自我从肉体的桎梏中解放出来的伟大时刻。柏拉图在论及苏格拉底之死时认为,正因

---

① 有关福特式、后福特式生产方式的具体内容,可参考[美]戴维·哈维:《后现代的状况:对文化变迁之缘起的探究》,阎嘉译,北京:商务印书馆,2003年版;唐小兵:《英雄与凡人的时代:解读20世纪》,上海:上海文艺出版社,2001年版,第314—323页。

② Emily Martin, "The End of the Body", *American Ethnologist*, Vol. 19, No. 1, (Feb. 1992), pp. 121-22, 123-24.

③ Bryan Turner, "Recent Development in the Theory of the Body", in Mike Featherstone and Mike Hepworth (eds.), *The Body: Social Process and Cultural Theory*. London: Sage Publication, 1991, p. 18.

④ 参见 Bryan Turner, "Recent Development in the Theory of the Body", in Mike Featherstone and Mike Hepworth (eds.), *The Body: Social Process and Cultural Theory*. London: Sage Publication, 1991, p. 18. Arthur W. Frank, "For a Sociology of the Body: An Analytical Review", in Mike Featherstone and Mike Hepworth (eds.), *The Body: Social Process and Cultural Theory*. London: Sage Publication, 1991, p. 39. Brenda M. Farnell, "Moving Bodies, Acting Selves", *Annual Review of Anthropology*, Vol. 28, No. 1, (Oct. 1999), p. 346. David Harvey, *Space of hope*. Berkeley: University of California Press, 2000, p. 14. Roy Porter, "History of the body", in Peter Burke (ed.), *New Perspectives on Historical Writing*. London: Polity Press, 1991, p. 207. Paul Stoller. *The Taste of Ethnographic Things: The Sense in Anthropology*. Philadelphia: University of Pennsylvania, 1989, p. xiii. 汪民安、陈永国:《身体转向》,汪民安、陈永国:《后身体文化、权力和生命政治学》,长春:吉林人民出版社,2003年版,第1—22页。

为抛弃了身体,苏格拉底的自由之魂非但不死而且得到了永生。① 在他看来,身体是灵魂寻求真理的阻碍,"带着肉体去探索任何事物,灵魂显然是要上当的",由此"一个人观察事物的时候,尽量单凭理智,思想里不掺入任何感觉,只运用单纯的、绝对的理智,从每件事物寻找单纯、绝对的实质,尽量撇开视觉、听觉——一句话,撇开整个肉体,因为他觉得灵魂有肉体的陪伴,肉体就扰乱了灵魂,阻碍灵魂去寻求真实的智慧了"。而面对日常生活无法完全忽视肉体的情况,"我们除非万不得已,得尽量不和肉体交往,不沾染肉体的情欲,保持自身的纯洁,直到上天解脱我们"。② 可见从那时起,西方哲学对肉体的态度就已十分纠结,因为它与偶然的情感、欲望和感性紧密相连,是追求知识、智慧和真理所需克服的障碍。

受柏拉图身体与灵魂二元对立思想的影响,此后很长一段时间,身体一直处于被压制的漫漫长夜中。特别是到了新柏拉图主义者奥古斯丁那里,这一思想为其基督教禁欲主义拉开了序幕。直到中世纪后期,文艺复兴和宗教改革才使身体逐渐走出神学的禁锢,但此时哲学家的目的是摧毁神学而非解放身体,因此他们需要的武器是理性的知识,而在他们看来理性的知识显然与看似感性、盲目的身体格格不入,唯有通过心灵的思考才能获得。③

于是到了笛卡尔这里,身体成了无足轻重的存在。在他看来,肉体和心灵分别属于两个完全不同的领域,"虽然也许(或者不如说的确,像我将要说的那样)我有一个肉体,我和它非常紧密地结合在一起;不过,因为一方面我对我自己有一个清楚、分明的观念,即我只是一个在思维的东西而没有广延,而另一方面,我对于肉体有一个分明的观念,即它只是一个有广延的东西而不能思维,所以肯定的是:这个我,也就是说我的灵魂,也就是说我之所以为我的那个东西,是完全、真正跟我的肉体有分别的,灵魂可以没有肉体而存在"。④ 而且对于获得真理来说,只有心灵是必要的。这一笛卡尔式的身心二元论,使得精神和肉体的研究得以归属于完全不同的现代学科:身体成为自然科学、特别是医学的对象,心灵则成为人文学科的对象。身体不再是追求真理的障碍了,身体既与心灵无关,也就不成其为问题,从此彻底沉默而渐渐淡出视野。以此而言,身体在民俗学和其他人文社会科学中的缺席,也就再自然不过。人之为人,全在于心灵。

这种意识哲学直到尼采出现,才有了根本性的变化。"身体不再是一个可悲的听凭观念驱使的被动机器,也不是一个需要驯服管制的令人恼火的捣蛋怪物。它不再沉默、冷淡、无动于衷,不再被忽视,被打入冷宫,被注入另册。尼采让身体自足地运转起来,让万

---

① 参见 Nicole Loraux, "Therefore, Socrates is Immortal", in Michel Feher(ed.), *Fragments for a History of the Human Body*. New York: Zone, Vol. 2, 1989, pp. 12-45. 汪民安、陈永国:《身体转向》,《外国文学》2004年第1期;汪民安、陈永国:《后身体:文化、权力和生命政治学》,长春:吉林人民出版社,2003年版,第1—22页。
② [古希腊]柏拉图:《斐多柏拉图对话录之一》,杨绛译注,北京:生活·读书·新知三联书店,2015年版,第20、21、23页。
③ 参见汪民安、陈永国:《身体转向》,《外国文学》2004年第1期;汪民安、陈永国:《后身体:文化、权力和生命政治学》,长春:吉林人民出版社,2003年版,第1—22页。
④ [法]笛卡尔:《第一哲学沉思集》,庞景仁译,北京:商务印书馆,2017年版,第345页。

事万物遭受身体的检测,是身体而非意识成为行动的凭据和基础。"①在他这里,"我整个地是肉体,而不是其他什么;灵魂是肉体某一部分的名称","肉体是一个大理智,一个单一意义的复体,同时是战争与和平,羊群与牧者。我的兄弟,你的小理智——被你称为'精神'的,是你的肉体的工具,你的大理智的小工具与小玩物……我的兄弟,在你思想与感情之后,立着一个强大的主宰,未被认识的哲人,——那就是'自己',它住在你的肉体里,它即是你的肉体"。② 也就是说,对尼采而言,不仅不存在纯粹的意识,而且意识只是人类存在的很小一部分。肉体的、感觉的部分才是自我,肉体存在是尼采的权利意志这一自我实现力量的源泉和根基。③

从尼采开始,在对真理与知识的追求中,身体得以重新占有一席之地。这一西方哲学本体论的身体转向影响了后续很多学者,如乔治·巴塔耶、吉尔·德勒兹、梅洛-庞蒂等。他们继续将身体拖出意识哲学的深渊,造就了 20 世纪身体研究方面的三个传统:其一是现象学传统,以梅洛-庞蒂为代表,他追随胡塞尔的脚步"将身体毅然地插入知识的起源中,取消了意识在这个领域的特权位置";其二是人类学传统,以涂尔干、马歇尔·莫斯(Marcel Mauss)、皮埃尔·布迪厄(Pierre Bourdieu)等人为代表,他们重视身体实践,其中特别是布迪厄,试图以"实践一元论来克服身体和意识的二元对立";其三是谱系学传统,以尼采、福柯为代表,他们重新透过身体来看世界,也是从他们这里开始,身体与历史、权力、社会之间的复杂关系成为学术审视的对象,身体进入学术话语。④

除了哲学层次的根本转变,女性主义批评也对身体理论的兴起起了重要作用。它们"深刻地质疑了古典社会理论中自然和文化的传统二分,特别是女性属于自然、男性属于文化的二元对立"。⑤ 值得注意的是,得益于生物医学技术的发展,许多有关身体的研究都与性别(Gender)和性(Sex)有关,而且开始挑战传统理论将这些话题归为生物性本质差别的话语构建。著名女性主义理论家朱蒂斯·巴特勒(Judith Butler)就主张性别的身体只是表演性的,性别仅仅只是体表的一种装置物(Fabrications),并没有本体论的性质。⑥

在分析有关身体的各种理论时,特纳认为就身体的本体论性质而言,学界发展出两种不同的思想脉络,不过具体到研究中,学者常常会兼而有之。在本体论上,特纳把它们命名为基础主义(Foundationalism)和反基础主义(Anti-foundationalism),与此相应的,就是认识论上的社会建构主义(Constructionism)和反社会建构主义(Anti-constructionism)。

---

① 汪民安:《身体、空间与后现代性》,南京:江苏人民出版社,2015 年版,第 56 页。
② [德]尼采:《查拉斯图拉如是说》,尹溟译,北京:文化艺术出版社,2003 年版,第 28—29 页。
③ 参见 Bryan Turner, "Recent Developments in the Theory of the Body", in Mike Featherstone and Mike Hepworth etc. (eds.) *The Body: Social Process and Cultural Theory*. London: Sage Publication, 1991, pp. 1-35. Nancy S. *Love, Marx, Nietzsche, and Modernity*. New York: Columbia University Press, 1986.
④ 参见汪民安、陈永国:《身体转向》,《外国文学》2004 年第 1 期;汪民安、陈永国:《后身体文化、权力和生命政治学》,长春:吉林人民出版社,2003 年版,第 21 页;文军:《西方社会学理论经典传统与当代转向》,上海:上海人民出版社,2006 年版,第 335—338 页。
⑤ Bryan Turner, *Regulating Bodies: Essays in Medical Sociology*. London: Routledge, 1992, p. 45.
⑥ 参考 Judith P. Butler, "Bodily Inscriptions, Performative Subversion", in Judith Butler (ed.), *Gender Trouble: Feminism and the Subversion of Identity*. London: Routledge, 1990, p. 136.

"基础主义的理论框架致力于理解身体鲜活的生命体验,或对'具身性'(Embodiment)做现象学考察,或试图解释存在的生物学条件如何在日常生活和宏观的人口组织上留下深刻的烙印……与此相对,反基础主义的视角把身体视为展示社会关系本质的一种话语。它们或把身体看作一套象征系统,或试图理解身体实践如何隐喻着更大的社会结构,或把身体看作社会中权力和知识构建的产物,或把身体看作社会话语的结果。"[1]可以看出,基础主义的理论多源于现象学的哲学传统,主要关注活生生的身体,反基础主义的理论则多与福柯的权力、话语思想以及人类学中把身体视为象征系统的传统有关。

具体而言,现象学对于身体研究最重要的影响来自梅洛-庞蒂。他试图用"具身性"这一概念来克服灵肉二元论的传统思路。[2] 梅洛-庞蒂写道,"感知着的心灵是一个肉身化的心灵。对立于那种把知觉当作外界事物作用于我们身体的简单结果的学说,也对立于那些坚持意识自主性的学说,我试图首先去重新确立心灵在其身体中和在其世界中的根基"。[3] 梅洛-庞蒂认为没有任何知觉可以超越特定的视角与特定的身体,有生命的肉体从根本上决定了我们对于现实的感知。由此,梅洛-庞蒂的哲学就明确地承认了身体性是人类存在的根本属性,活的身体终于在对于知识和真理的探求中获得了一个位置。而且这里的身体作为知觉的主体,是主动积极的、外向的身心统一体,而不再仅仅是传统认为的科学对象。[4]

梅洛-庞蒂的影响虽然深远,但对于当今学术界身体的热潮和大多数学者来说,最直接的影响还是来自福柯。福柯不仅提出了全新的理论分析框架与话语,而且其在医学、性、精神病、犯罪学等一些曾经被忽视的领域的开创性探索,为学界提供了充满启发的研究范例,使身体真正成为可以运用的分析范畴。虽然身体是福柯关注的中心所在,但福柯的身体是权力与历史刻写的对象,总是显得被动而驯顺。随着福柯在医学、惩戒和性方面细致深入的谱系学研究,西方文化中抽象的身体,那个唯一的、没有历史的身体被彻底颠覆并消失,取而代之的是丰富多样的身体,是不同文化和历史环境所产生的多元身体建构模式。[5]

总结而言,从尼采把人的本质定义为肉体性,到现象学特别是梅洛-庞蒂感知的身体性,结合女性主义对传统话语中两性身体、性、性别的挑战与颠覆,最后通过福柯对医学、性和犯罪等的典范性研究,身体终于在西方学术思想的脉络里发展成了一个具丰富操作性的学术分析范畴。

---

[1] Bryan Turner, *Regulating Bodies*:*Essays in Medical Sociology*. London:Routledge,1992,p. 48.
[2] 参见 Bryan Turner, *Regulating Bodies*:*Essays in Medical Sociology*. London:Routledge,1992,p. 43.
[3] [法]梅洛-庞蒂:《梅洛-庞蒂的一份未刊稿:他本人作品的内容介绍》,张尧均译,杨大春校,高宣扬:《法兰西思想评论第5卷》,上海:同济大学出版社,2010年版,第165页。
[4] 参见[英]布莱恩·特纳:《身体问题:社会理论的新近发展》;汪民安、陈永国:《后身体文化、权力和生命政治学》,长春:吉林人民出版社,2003年版,第15—16页。
[5] 参见 Michel Feher, "Introduction.", in Feher Michel (ed.), *Fragments for a History of the Human Body*, Vol. 1, New York:Zone,1989,pp. 11-17.

第二节　身体民俗:话语与具身性

中外学者从身体视角切入的中国文化研究,在哲学、医学、文学、史学(特别是身体史、性别史)、文化研究、政治学、社会学和人类学等领域,已取得了不少成果。但对于民众日常生活、民俗实践和传承中的身体,民俗学界还少有涉及。事实上,在中国民俗学发端初期,江绍原、黄石等学者就已经开始关注民俗学研究的身体层面,但因两人的人类学、宗教学背景及当时新文化运动带来的"开启民智、启蒙思想"思潮的影响,他们的研究多是对身体相关习俗、禁忌的历史性追溯或跨文化比较,旨在破除这些非科学的"迷信"或封建礼教,比如最广为人知的《发须爪》。① 然而这一身体民俗的研究传统未能在民俗学学科后来的发展中得到重视。② 近年来,虽然刘铁梁等学者对此有所关注,并提出感受民俗学、劳作模式等具有身体维度的概念,但更深入的研究,不管是在理论、研究方法还是个案研究方面,都还有待进一步展开。③

与中国的情况类似,在美国民俗学一百多年的历史中,直到20世纪60年代戴尔·海姆斯(Dell Hymes)等人创造性地提出言说民族志(Ethnography of speaking)④,民俗学者才开始在口头传统的研究中看到在场的身体,并反思以往从书面传统发展而来的语言和文学分析占主导地位的研究方式。但即便如此,那些与身体直接相关的民俗事象还是无法逃脱这种基于文字的文本化惯性。与身体有关的民俗被归入不同的民俗体裁,分门别类地进行研究,比如手势、服饰、面具、舞蹈等等。⑤ 直到1989年,女学者凯瑟琳·扬(Katharine Young)在美国民俗学年会上创造性地提出"身体民俗"(Bodylore)这一概念,才重新激发起民俗学对于身体悠久但是零星的兴趣。扬提出这一概念,旨在使"身体成为民俗学的一个研究领域",探讨有关身体的民俗或知识,特别是身体如何参与构建社会意义。⑥ 随后,扬又先后编辑出版了两个《身体民俗》的专题论文集,影响颇大。⑦ 如今,美国

---

① 参见江绍原:《发须爪关于它们的迷信》,北京:中华书局,2007年版;黄石著,高洪兴编:《黄石民俗学论集》,上海:上海文艺出版社,1999年版;赵世瑜:《黄石与中国现代早期民俗学》,《北京师范大学学报(社会科学版)》1997年第6期;舒瑜:《发须爪中的"迷信"与"道德"——读江绍原〈发须爪——关于它们的迷信〉》,王铭铭:《中国人类学评论第11辑》,北京:世界图书北京出版公司,2009年版。
② 参见王霄冰,禤颖:《身体民俗学的历史、理论与方法》,《文化遗产》2019年第2期。
③ 参见刘铁梁:《感受生活的民俗学》,《民俗研究》2011年第2期;刘铁梁:《劳作模式与村落认同——以北京房山农村为案例》,《民俗研究》2013年第3期。
④ 参见 Dell Hymes, "The Ethnography of Speaking", in T. Gladwin and W. C. Sturtevant (eds.), *Anthropology and Human Behavior*. Washington: Anthropological Society of Washington, 1962, pp. 13-53.
⑤ 如 Richard Bauman (ed.), *Folklore, Culture Performances and Popular Entertainments*. Cambridge: Oxford University Press, 1992.
⑥ Katharine Young, "Bodylore" in Jan Harold Brunvand (ed.), *American Folklore: An Encyclopedia*. New York: Garland Publishing, 1996, p. 98.
⑦ 这两个文集分别是 Katharine Young (ed.), *Bodylore*. Knoxville: The University of Tennessee Press, 1993; Katharine Young, Barbara Babcock (eds.), *Bodylore (Special Issue of Journal of American Folklore)*. Vol. 107, No. 423, (Winter, 1994).

民俗学界有关身体民俗的研究早已超越了对身体习俗的探究,身体成了与口头叙事、仪式行为等相提并论的研究类型(Genre),成为民俗学研究的一个基本理论视角。

纵观美国民俗学近年来的身体研究,根据学术渊源与侧重点的不同,大致显示出两种研究取向。一条主要是沿着福柯话语分析的路径,又结合人类学家玛丽·道格拉斯(Mary Douglas)对身体象征和社会结构与关系的考察,着重探究社会、历史与文化如何塑造身体,如何刻写于身体之上,身体如何成为权力、话语争夺和角逐的场域并体现之。另一条则根植于现象学的传统,强调身体活生生的肉体性。沿着人类学中从莫斯的"身体技术"(Body technique)到布迪厄的惯习(Habitus)的理论脉络,它关注身体的能力、经验、感觉和能动性,探讨"具身性""体知"(Bodily knowing)与人类社会文化实践的关系。[1]

我们先来看第一条路径。学术界受福柯理论影响的主导倾向是进行话语分析,辨析身体、社会、历史和文化之间复杂纠缠的权力关系,美国民俗学界也不例外。由此,美国"身体民俗"研究的基本理论根植于福柯强调的身体承载和刻写着文化和历史的观点,凯瑟琳·扬编辑的两个《身体民俗》文集中的大部分研究就是其突出代表。

扬在《身体民俗》一书的序言中开宗明义:"文化刻写在身体上。我们关于身体的信仰,对于身体的感知,以及赋予它的特性,无论是本意还是象征的,都是被文化所构建的。身体总在被发明出来。我们维持体态、举手投足和穿衣戴帽的方式都体现出我们是某一文化的成员。表面的刻写划破身体、拉长身体甚或刺入身体的象征财产。"[2]她明确指出"身体民俗"研究的核心是关注身体的社会构建,其基本前提之一"是身体不是天生的而是被发明出来的"[3]。因此,那些原先分散在民俗研究各门类里与身体有关的事象,被民俗学者从文化构建的角度来重新组织和审视,统一归属于"身体民俗"的领域。

在扬主编的两个《身体民俗》文集中,大部分研究也是采用话语分析的方法,关注"话语如何操纵身体以及身体又如何承载话语"[4]。身体与社会结构之间双向互动,彼此构建和刻写的关系成为一条主线,重新贯穿一系列传统的民俗话题,如身体语言、装扮与服饰、运动、仪式和禁忌等等。这些研究关注身体,特别是性别的身体如何被构造和呈现,身体的肉体性及身心之间的对立与紧张,自我、情感和肉体性与精神性的错综关系,正常与怪异的(Grotesque,巴赫金语)身体等等。

引人瞩目的是,在以话语分析为中心的方法中,最突出的特征就是将身体实践文本化。身体成为阅读和理解文化书写的新场域,成为一套由编码和象征复杂地编织起来的文本。例如民俗学家芭芭拉·巴伯科克(Barbara Babcock)分析了从十九世纪二十年代开始,白人殖民者、旅游者和学者表现普韦布洛印第安文化时的一种经典图像:普韦布洛

---

[1] Marcel Mauss, "Body Techniques", In *Sociology and Psychology*. London: Routledge and Kegan Paul, 1979(1950), pp. 95 – 123. Pierre Bourdieu, *Outline of a Theory of Practice*. Trans. by Nice Richard, Cambridge: Cambridge University Press, 1977(1972).

[2] Katharine Young, "Introduction", in Katharine Young (ed.), *Bodylore*. Knoxville: The University of Tennessee Press, 1993, p. xvii.

[3] Katharine Young, "Preface", Katharine Young (ed.), *Bodylore*. Knoxville: The University of Tennessee Press, 1993, p. vii.

[4] 同上。

女性身着传统服装,头顶着陶罐。她认为隐藏在这一文化身份象征背后的是白人文化消费者凝视的目光,是对异文化女性身体和文化产品的欲望。① 克娄伍·威廉斯(Clover Nolan Williams)则考察了美国加州准新郎婚礼前夕单身汉聚会上的脱衣舞表演和对准新郎的羞辱。她认为准新郎在这一身份、角色转换的阈限时刻,在男性同伴的凝视之下,其身体似乎成为被动的、女性化的怪异存在,但深藏在仪式性折磨背后的对准新郎适当反应的期待,实际上更为强烈地要求准新郎们意识到他们的男性自我与女性他者的差异,从根本上强化了男性的性别角色与身份认同。②

实际上,在文化人类学中,把身体看成社会关系和社会结构最简洁、形象的隐喻与象征,有着悠久的传统。其代表就是道格拉斯的研究。道格拉斯清楚地认识到身体是人类理解、认识世界时所凭依的一个重要的隐喻之源,生理的、自然的身体和社会身体构成人类文化中普遍的对应与互动的二元。她认为:"身体可以用来象征任何有边界的系统。"③ "生理身体是一个微观的社会。它面对权力中心,完全根据社会压力的增加或减少来收缩或扩张它的需求。……社会身体限制了生理身体感知的方式。身体的生理经验总是被社会认知范畴所调节,从而维持了对于社会的特定看法。社会身体和生理身体这两种经验之间持续的意义交换彼此巩固了各自的范畴。鉴于这种互动的结果,身体本身成为一种高度受限的表达媒介。"④ 福柯哲学也已表明身体处于社会历史实践之流的核心,历史与过去沉淀于身体之中,从而也可以从解码身体中得到解读。

但是这一研究路径也有很大的问题。因为它把我们又带回了民俗学研究中一些似曾相识的主题:文本与阅读、文本化与解码。民俗学者曾经试图把口头传统文本化,直到帕里和洛德提出口头性的挑战。但现在我们又把身体实践与经验文本化,以使它们便于解码。在两个《身体民俗》文集中,大部分的研究不仅致力分析身体和象征结构的关联互动,甚至论文写作的语言也因高度抽象而理论化。换言之,这些对于体验、体会和体悟(Embodied)等身体经验和实践的研究采用了一种远离身体、毫无质感(Disembodied)的抽象话语。虽然学术界的理论话语和实践发生了根本的变化,关注身体的结果却是使身体抽象、稀薄化为文化历史书写的媒介。身体的感觉、质地和血肉被简约到极致,从而为展开象征性的话语分析铺平道路。肉身的感觉必须被概念和语言表述所同化,身体实践的意义在于肉体存在之外的某种象征。"身体民俗"是否有可能摆脱文本化身体而另辟蹊径?

---

① Barbara A. Babcock, "Pueblo Culture Bodies", in Katharine Young and Barbara Babcock (eds.), *Bodylore* (*Special Issue of Journal of American Folklore*), Vol. 107, No. 423, (Winter, 1994), pp. 40–54.

② Clover Nolan William, "The Bachelor's Transgression: Identity and Difference in the Bachelor Party", in Katharine Young and Barbara Babcock (eds.), *Bodylore* (*Special Issue of Journal of American Folklore*), Vol. 107, No. 423, (Winter, 1994), pp. 106–20.

③ Mary Douglas, *Purity and Danger: An Analysis of Concepts of Pollution and Taboo*. London: Routledge and Kegan Paul, 1966, p. 115.

④ Mary Douglas, *Natural Symbols: Explorations in Cosmology*. New York: Penguin Books, 1973(1970), pp. 101, 93.

如果我们仔细审视上述两个《身体民俗》文集中的一些文章,[1]以及其他一些民俗学[2]和人类学[3]研究,我们可以辨识出另一种研究身体的思路。这一路径虽然似乎在一开始没有前一种声势浩大,但近年来其影响却日益广泛。这一学术传统,无论有无直接或明确的现象学基础,都把着眼点放在活生生的身体上,关注各种身体感觉经验和情绪,关注"体悟""体知"的方式与状态。这些研究尝试挑战心灵、文本乃至视觉的单一或主导地位,描述和考察听觉、触觉、嗅觉等身体其他感官经验在不同文化中所展示出的丰富多样性。比如陶乐茜·诺伊斯(Dorothy Noyes)在探讨西班牙柏加地区传统的帕特姆(The Patum in Berga)庆典时,通过描述自己亲身参与这种集舞蹈、表演、游行为一身的社区大型节日仪式的身体经验,反思自己的"体悟",强调庆典的根本魅力在于亲身经历它,在于人们融入其间的身体经验。多日的大量饮酒、睡眠缺乏把身体感觉推向极限。在眩晕中,视觉平时所具有的权威主导地位不复存在,所有感官都被刺激、调动起来,在亢奋中获得全方位的、难以磨灭的身体经验。[4]

事实上这一学术路径在人类学中也由来已久。人类学学科伊始,充满异国情调的非西方身体就是最吸引人类学家的文化对象之一。与民俗学相似,服装、面具、身体装饰、文身、身体禁忌等等都是人类学熟悉的话题。从一开始对他者身体的兴趣,经莫斯的"身体技术"概念,到厄文·戈夫曼(Erving Goffman)对人类交往中身体作用的微观分析,[5]再到布迪厄的惯习和实践理论,这一学术路径一直关注活生生的身体,并发展出现象学人类学这样的研究领域。

莫斯的"身体技术"概念,旨在关注不同社会中的人对他们身体的使用方式和技艺。他认为"身体是人第一个,也是最自然的工具,或者不要说成是工具,是人的第一个,也是

---

[1] 如 Dorothy Noyes, "Contesting the Body Politic: The Patum of Berga", in Katharine Young (ed.), *Bodylore*. Knoxville: The University of Tennessee Press, 1993, pp. 134 – 64. Deidre Sklar, "Can Bodylore Be Brought to Its Senses?", in Katharine Young and Barbara Babcock (eds.), *Bodylore* (*Special Issue of Journal of American Folklore*), Vol. 107, No. 423, (Winter, 1994), pp. 9 – 22. Kathy Neustadt, "The Folkloristics of Licking", in Katharine Young and Barbara Babcock (eds.), *Bodylore* (*Special Issue of Journal of American Folklore*), Vol. 107, No. 423, (Winter, 1994), pp. 181 – 96.

[2] 如 Regina Bendix, "The Pleasure of the Ear: Toward an Ethnography of Listening", *Culture Analysis*, Vol. 1, (2000). Burt Feintuch, "Learning Music in Northumberland: Experience in Musical Ethnography", *Journal of American Folklore*, Vol. 108, No. 429, (Jul., 1995), pp. 298 – 306. Barbara Kirshenblatt-Gimblett, "Message in a Bottle", *Gastronomica*, Vol. 2, No. 1, (Winter, 2002), pp. 16 – 22.

[3] 如 Michael Jackson, "Knowledge of the Body", *Man (New Series)*, Vol. 18, No 2, (Jun., 1983), pp. 327 – 45. Thomas Csordas, "Embodiment as a Paradigm for Anthropology", *Ethos*, Vol. 18, No. 1, (Mar., 1989), pp. 5 – 47. Thomas Csordas(ed.), *Embodiment and Experience: The Existential Ground of Culture and Self*. Cambridge: Cambridge University Press, 1994. Brenda M. Farnell, "Ethno-Graphics and the Moving Body", Man (New Series), Vol. 29, No. 4, (Dec., 1994), pp. 927 – 74. "Moving Bodies, Acting Selves", *Annual Review of Anthropology*, Vol. 28, No. 1, (Oct., 1999), pp. 341 – 73. Jon. P. Mitchell, "A Moment with Christ: The Importance of Feelings in the Analysis of Belief", *Journal of Royal Anthropological Institute*, Vol. 3, No. 1, (Mar., 1997), pp. 79 – 94. Paul Stoller, *The Taste of Ethnographic Things: The Senses in Anthropology*. Philadelphia: University of Pennsylvania, 1989. Paul Stoller, *Sensuous Scholarship*. Philadelphia: University of Pennsylvania, 1997.

[4] Dorothy Noyes, "Contesting the Body Politic: The Patum of Berga", in Katharine Young (ed.), *Bodylore*. Knoxville: The University of Tennessee Press, 1993, pp. 134 – 64.

[5] Erving Goffman, *The Presentation of Self in Everyday Life*. New York: Anchor, 1959.

最自然的技术对象,同时也是技术手段"。① 而且即便是最自然的日常行为比如行走、吃饭等,都是后天习得的。身体是由社会塑造的。他借用并发展了哲学的"惯习"概念来强调这种社会性,"这些'习惯'不是随着个人和他们的模仿而呈现不同,而特别是随着不同的社会、教育、礼仪、习俗、声望等呈现不同。我们应该能看到各种技术,以及集体与个人实践的理性,而不只是像那些平常人只能看到灵魂和它重复的技能方面"。② 除莫斯外,戈夫曼也注意到了身体在建构社会人中所起的作用。在有关污名(Stigma)、面子功夫(Face-work)、尴尬(Embarrassment)及社会自我(Social self)的相关研究中,他从日常生活中人与人之间的微观互动层面向我们呈现出各种具体的身体控制技术。③

随着布迪厄对惯习概念的进一步发展以及对身体的持续关注,在面对人类具体的身体实践时,我们终于有了一个更为复杂但切实可行的分析工具。布迪厄认为惯习是一种"结构形塑机制"(Structuring mechanism),是"生成策略的原则,这种原则能使行动者应付各种未被预见、变动不居的情境……(就是)各种既持久存在而又可变更的性情倾向的一套系统,它通过将过去的各种经验结合在一起的方式,每时每刻都作为各种知觉、评判和行动的母体发挥其作用,从而有可能完成无限复杂多样的任务"。④ 也就是说,由惯习产生的实践,一方面是历史性的,它融合了过去的实践经验,与客观的社会条件或社会结构相关,另一方面它又依当下的、情境的不同而变化,行动者可以调整相应的身体实践以符合具体的情境要求。对个体而言,随着时间的积累,外在的历史条件和过程逐渐内化为一种自然的、无意识的生成性结构,与此同时,正因为有了这一生成性结构,个体得以以某种预知的方式应对外部环境中不断出现的各种状况。惯习就是这样一个倾向(Disposition)系统,它通过个人的社会化而实现了社会结构的内化,即结构化的结构(Structured structure),另一方面又通过指导人们的实践再生产着社会结构,即结构着的结构(Structuring structure)。也因此,我们可以通过惯习来进一步探讨阶级与趣味(Taste)的问题。

对布迪厄来说,身体是人类实践的场所与中心。正是通过身体,两种不同的时间,历史性与当代性,得以在惯习之内在结构的基础上相遇并生产出实践。因此,实践是一种后天习得的、结构化的身体行为方式。对身体实践的关注,使得布迪厄得以分辨出两类知识:一种是可以与身体分开的知识,它通过其他媒介,如文字而流传;另一种是身体全身心投入而习得的、融入身体的知识(Incorporated knowledge)。这类融入身体的知识表现为"体知"(Embodied knowledge),是凝聚于身体之中的经验、技术和能力,它"是以教授者和学习者间直接的、长期稳定的接触为基础的,通过总体全面、实践可行的传递方式,从实

---

① [法]莫斯等著,王铭铭主编:《论技术、技艺与文明》,北京:世界图书北京出版公司,2010年版,第85页。
② 同上,第82页。
③ 可参见[美]欧文·戈夫曼:《污名:受损身份管理札记》,宋立宏译,北京:商务印书馆,2009年版;[美]欧文·戈夫曼:《日常生活中的自我呈现》,黄爱华、冯钢译,杭州:浙江人民出版社,1989年版;王晴锋:《欧文·戈夫曼:微观社会学的探索》,北京:中央民族大学出版社,2018年版。
④ Pierre Bourdieu, *Outline of a Theory of Practice*. Trans. by Nice Richard, Cambridge: Cambridge University Press, 1977(1972), pp. 72,95. 转引自[法]皮埃尔·布迪厄、[美]华康德:《实践与反思:反思社会学导引》,李猛、李康译,北京:中央编译出版社,2004年版,第19页。

践到实践地传递"①。而且"身体习得的东西并不是一个人拥有的财产,不像那些可以拿出来挥舞炫耀的知识,而就是使一个人之为其人的东西。这一点在没有文字的社会尤为明显。在那里,传承的知识只能通过融入身体的状态才能流传下来。这种知识绝不可能与传承它们的身体分开"②。在此,布迪厄引用帕里和洛德关于南斯拉夫史诗歌手的研究,来说明了这个惯习习得的身体实践过程。③ 学唱史诗是这样一种学习方式:通过长期纯粹的熟悉和模仿,不知不觉地获得并建立再生产的生成结构即惯习。事实上,这种不自觉的模仿实践在儿童身上表现得最为明显,"在所有社会中,孩子们都特别注意那些在他们看来能够表达成为一个成年人的一切手势和姿势——走路的方式,微斜的脑袋……"④。

更进一步,布迪厄指出,不仅身体的具体生理感受,而且身体整体的感受也是在实践中由文化、社会建构和塑造的。"这一原则不过是一个社会建构的身体,带着它所有的趣味和厌恶、强迫和排斥,总而言之,它的所有感受,也就是说,不仅仅是传统的五种感官——它们永远无法逃脱社会决定论的结构作用——还有必要感和义务感、方向感和现实感、平衡感和美感、世俗感和神圣感、策略感和责任感、商业意识和礼节意识、幽默感和荒唐感、道德感和实践感等。"⑤基于此,布迪厄将身体的感觉、感受也纳入了身体研究中。

从莫斯到布迪厄,沿着这一路径,我们可以看到各种活生生的肉体,它们都有着具体的行动与感受。在这里,身体不再是符码化的文本,而是能动的创造与实践主体。历史与文化刻写于身体之上,但身体也因为这些历史文化的刻痕成为特定文化塑造的身体。身体视角的引入就是要探寻身体如何在被动的形塑和能动的创造中传承与书写历史。身体不再仅仅是抽象话语的载体,而是重新恢复了其丰富的感觉和肉体性。更为突出的是,大部分学者都注意到学者田野作业中自身的身体经验具有方法论意义,是深入把握研究对象的文化、身体实践的重要途径。正是在这一不同于话语分析的研究路径中,我们发现,身体转向不仅为民俗学展示了新的分析方式,而且有可能为民俗学方法论提供全新的思路与视角,民俗所代表的交流方式的口头性或身体性也具有了方法论的意义。

第三节　身体民俗学:研究焦点与路径

近年来,在不少学者的共同努力下,中国民俗学开始转向"日常生活"研究。这其中自然有来自德国、日本民俗学现代转型经验的影响,但更直接也更重要的原因是,中国民俗学者开始逐渐意识到传统的民俗学概念、研究理论与方法已"无法追踪民间生活的现代改

---

① [法]皮埃尔·布迪厄、[美]华康德:《实践与反思:反思社会学导引》,李猛、李康译,北京:中央编译出版社,2004年版,第319页。

② Pierre Bourdieu, *The Logic of Practice*. Trans. by Nice Richard, California: Stanford University Press, 1990(1980), p. 73.

③ 同上,p. 74.

④ 同上,p. 78.

⑤ Pierre Bourdieu, *Outline of a Theory of Practice*. Trans. by Nice Richard, Cambridge: Cambridge University Press, 1977(1972), p. 124.

变,导致民俗学与现代日益隔离"①。在这样的学科危机下,日常生活研究的转向也就成了必然。民俗学开始探寻以何种姿态回归生活世界并真正做到经世济民。

民俗学的日常生活研究已有了不少成果,包括哲学层面的理论奠基、学术概念等的重新审视与提出,比如对生活世界、主体间性、身体实践、身体感受等的强调。② 那么具体我们又该如何运用这一视角来研究民众看似琐碎凌乱的日常？有学者提出将日常生活作为一种方法论,从"日""常""生""活",即时间、空间、身体、习性四个可行的面向着手来开展实际的研究,而且这四个面向都通过日常生活中具体的身体"实践"体现出来,也正是在对这些微观的"实践"的观察、体验中,研究者得以揭示无名者的行动策略。③ 可见,这样的日常生活研究,不管是在哲学基础、学术概念还是具体方法论上,都与上文提及的身体民俗的两种研究取向特别是根植于现象学传统的第二种研究取向殊途同归。

那么接下来,结合身体民俗的这两种研究取向以及对日常生活的观照,我们尝试从更为具体的层面来介绍一些身体民俗学研究的核心焦点与研究路径。

首先是身心关系(Body 和 Mind)问题的研究,这是整个身体研究的核心与基础。对这一问题的关注,不仅有对哲学层面的身心问题的深刻关怀,更是在具体的经验和实践层面考察我们该如何看待他者与自我的身体,并最终重新反思身心的关系。如幽灵般存在的身心二元论直接或间接引发了很多值得探讨的问题。从个人层面来讲,身、心的关系关涉人对肉身、灵魂、理性、感性乃至整体生命的认知,由此"自我"、自我形象(Self image)等也就成了西方人文学科的研究焦点。同时,在身心二元论的对照之下,我们可以去反思中国传统的身心一元论,由此观照中国人的身体观、生命观、体知等等概念。再从自我与他者之间的关系来看,它涉及我们如何看待他者、看待世界。这往往又深刻关联着性别、阶级等问题。

其次是身体的话语分析研究。在福柯与道格拉斯的影响下,我们可以将这一问题更具体地表述为：话语如何建构身体,身体又如何被表征、再现,并成为象征符号？权力是话语分析的关键,因为这其中涉及各种权力关系的博弈。通过对话语形成过程的分析,我们可以清楚地看到权力与话语的形成、作用过程,以及身体究竟是如何被话语塑造、改造,又如何被贴满各种标签的,并在此基础上探讨身体政治、生命权力(Biopower)等问题。

在这个方面,医学话语是一个突出的研究领域。自有人类文明以来,关于身体最重要的一个知识成果源自对身体生物性存在的认识,即各文化不同的医学知识,体现了不同文化对身体独特的认知和实践,比如中医的知识与实践体系就不是像生物医学那样对一个标准化身体(The Body)的客观性认知,而是基于多元的身体。中医认为生命与疾病是人

---

① 刘晓春:《探究日常生活的"民俗性"——后传承时代民俗学"日常生活"转向的一种路径》,《民俗研究》2019年第3期。
② 哲学层面的研究可参考吕微:《民俗学:一门伟大的学科——从学术反思到实践科学的历史与逻辑研究》,北京:中国社会科学出版社,2015年版;户晓辉:《返回爱与自由的生活世界:纯粹民间文学关键词的哲学阐释》,南京:江苏人民出版社,2010年版。学术概念方面的研究比如周星的"生活革命"、刘铁梁的"交流式民俗志"等。具体可参考刘晓春:《探究日常生活的"民俗性"——后传承时代民俗学"日常生活"转向的一种路径》,《民俗研究》2019年第3期。
③ 参见赖立里、张慧:《如何触碰生活的质感——日常生活研究方法论的四个面向》,《探索与争鸣》2017年第1期。

与人、人与自然、人与社会复杂互动、关联的结果,中医知识传统也积极纳入了医生的主观感受与长期的实践经验。①

在现代生物医学对人体的改造愈演愈烈的今天,自然和人工的身体正在引发家庭与社会伦理的诸多挑战,比如整形、冷冻卵子、试管婴儿、器官移植、临终关怀、安乐死等等。这些话题引发的争议反映出背后不同的社会历史中的身体观、生死观及其当代变迁。另一方面,传统医学知识,包括中医和各种民间医学知识,与其产生的自然环境与社会组织和实践也正在经历重大变化,比如受到公共卫生事件如突发疫情等的影响。正是这些社会现实问题,不仅使人们面对生老病死,而且在科学、理性与感性的话语间反复抉择,而身体民俗学对这些话题的关注和参与,恰恰反映出民俗学在当下的重要意义。

最后,身体的具身性研究。如上文所说,这类研究要求我们关注身体,包括身体技术、身体实践以及身体感等。正如上文所述,民俗生活与文化模式在很大程度上即或多或少包含着习得的、融入身体的知识,是一种"体知"。无论是口头的传统,匠人手头身上的技艺绝活,还是民众在日复一日、年复一年的节日、仪式和日常生活中形成的情感方式、感觉倾向、行为方式与规范,往往都是在耳濡目染中习惯成自然,成为刻骨铭心的知识和文化模式。民俗生活在社会化过程中的作用从根本上是形塑、生产和再生产符合特定文化传统的身体,而身体的具身性研究可以从实践主体的角度来呈现"一个人之为其人"。在具身性研究中,实践和经验是两个关键性分析角度。基于对中国农村的长期思考,刘铁梁提出"劳作模式"概念,关注长期的、群体性的共同生产、生活实践对村民身体经验的根本形塑,以此探讨村落共同体与村民自我认同的身体性基础。②

这方面一个代表性的领域是近年来欧美人类学、认识人类学、认知心理学、教育学等对于师徒制的研究。这些研究把传统师徒制和学校教育进行比较,指出师徒制的学习是一种情境中、实践中的学习,和学校教育不同,并具有相当的优势。师徒制的核心是文化与知识的实践性传承。对师徒制的重新发现与认识,是对身体习得能力的重新审视。③师徒制的研究最终触及的是人类知识生产与传承的认识论问题。人类知识的传承依靠的不仅仅是文字这一类与身体脱离的媒介,多样与基本的人类文化经验传承是依靠通过身心融合的长期实践而获得的凝聚于身体之中的技术,是依靠不断更新与发展的人本身。④在这方面,我们也可以去反思"记忆"概念在民俗学研究中的有效性,去关注日常生活中民

---

① 参见彭牧:《医生、主观性与中医知识传统》,《文化研究》2014年第1期。
② 参见刘铁梁:《劳作模式与村落认同——以北京房山农村为案例》,《民俗研究》2013年第3期。
③ Marchand Trevor H. J., "Muscles, Morals and Mind: Craft Apprenticeship and the Formation of Person", *British Journal of Educational Studies*, Vol. 56, No. 3, (Sept. 2008), pp. 245-271. Marchand Trevor H. J., "Making knowledge: explorations of the indissoluble relation between minds, bodies, and environment", *The Journal of the Royal Anthropological Institute*, Vol. 16, (Apr., 2010), pp. S1-S21. Tim Ingold. *Being Alive: Essays on Movement, Knowledge and Description*. London: Routledge, 2011. Jean Lave and Wenger, E. *Situated Learning: Legitimate Peripheral Participation*. Cambridge: Cambridge University Press, 1991.
④ 参见彭牧:《模仿、身体与感觉:民间手艺的传承与实践》,《中国科技史杂志》2011年增刊第32卷。文中探讨了民间手艺传承中师徒制所体现的传统知识生产与再生产的特点与价值。以当地概念"拟师"和与此相关的"请师"为切入点,指出学徒制的基本特点是模仿和实践,是徒弟在模仿师傅的反复实践中以"体悟"和"体会"的方式特化和锐化身体技能及感觉方式,从而内化知识与技艺。

众个体的、底层的声音以及融于他们个人叙事中的生活苦难与生活智慧,比如郭于华对普通大众"苦难"历史的关注、王晓葵对地震灾害记忆的研究等等。① 身体视角有助于我们去认识人类社会实践中身心融合、整体参与的方式,使人类的知识生产与创造得到更全面的认识。同时,也有助于我们去思考技术世界中科学、理性的技术的应用与人的主体性及尊严之间的关系问题。

而另一个重要的领域则是宗教和民间信仰对身体,特别是身体经验与身体实践的重视。在欧美学界,宗教经验的意义和价值从威廉·詹姆士(William James)1902年第一次出版《宗教经验之种种》开始得到探讨,②宗教研究领域近年来也已从关注宗教文本、理念转向关注具体的宗教实践,由此宗教实践中的身体性、身体经验也成为关注点之一。③ 美国民俗学者哈弗德(David Hufford)则强调辨析和考察实践者的个人经验,包括具体的身体感受和经验与宗教信仰和实践的内在关系。④ 彭牧在其英文专著《中国农村的宗教与宗教实践》(Religion and Religious Practices in Rural China)中探讨了日常生活中耳濡目染形成的身体性实践"拜"如何构成中国民众宗教实践的底色与基调,又如何在阴阳两界定期沟通交流的日常祭拜实践中完成身心的统一。⑤ 近年国内受国外影响而兴起的修行人类学的研究亦是对身体的宗教实践经验的深入考察。⑥ 在现代性的背景下,身体民俗有关宗教和信仰的研究,实则也是对当下人们面临的精神困境的回应。⑦ 修行人类学强调从内部性理解的视角,关注宗教信仰者的身心实践的微观、主观性经验过程,去反思宗教或信仰文化的习得机制与内在动力,理解宗教行为、体验、动力和情感,⑧由此对放

---

① 参见[日]岩本通弥:《作为方法的记忆:民俗学研究中"记忆"概念的有效性》,王晓葵译,《文化遗产》2010年第4期;郭于华:《作为历史见证的"受苦人"的讲述》,《社会学研究》2008年第1期;郭于华:《倾听无声者的声音》,《读书》2008年第6期;王晓葵:《国家权力、丧葬习俗与公共记忆空间——以唐山大地震殉难者的埋葬与祭祀为例》,《民俗研究》2008年第2期;王晓葵:《灾害文化的中日比较——以地震灾害记忆空间构建为例》,《云南师范大学学报(哲学社会科学版)》2013年第6期。

② James William, *The Varieties of Religious Experiences*. New York: The Modern Library, 1936.

③ 如 Bell Catherine, *Ritual Theory*, *Ritual Practice*. New York, Oxford: Oxford University Press, 1992. Bell Catherine, *Ritual: Perspectives and Dimensions*. Oxford: Oxford University Press, 1997. 并参见 Robert A. Orsi, "Introduction to the second edition", in *The Madonna of 115th Street: Faith and Community in Italian Harlem, 1880-1950*. New Haven: Yale University Press, 2002, pp. ix-xxxviii. Robert A. Orsi, *Thank You, Saint Jude: Women's Devotion to the Patron Saint of Hopeless Causes*. New Haven: Yale University Press, 1998. Robert A. Orsi, *Between Heaven and Earth: The Religious Worlds People Make and the Scholars Who Study Them*. Princeton: Princeton University Press, 2005.

④ David J. Hufford, *The Terror That Comes in the Night: An Experience-Centered Study of Supernatural Assault Traditions*. Philadelphia: University of Pennsylvania Press, 1982. David J. Hufford, "Beings without Bodies: An Experience-Centered Theory of the Belief in Spirits" in Barbara Walker (ed.), *Out of the Ordinary: Folklore and the Supernatural*. Logan: Utah State University Press, 1995, pp. 11-45.

⑤ Peng Mu. *Religion and Religious Practices in Rural China*. London: Routledge, 2020.

⑥ 参见陈进国:《宗教人类学"修行人类学"特辑(第7辑)》,北京:社会科学文献出版社,2017年版。

⑦ 参见孙艳艳:《修行中的"身体感":感官民族志的书写实验——以豫东地区S念佛堂的田野考察为中心》,《民间文化论坛》2020年第4期。文中呈现了现代人所面临的精神困境,同时对修行中的"困"与"哭"的身体经验做了详细描述与分析。

⑧ 参见杨德睿、陈进国、黄建波等:《修行人类学:中国人类学家的话语构建——修行人类学访谈录》,《新视野》2017年第2期。

生、占卜、念佛、"看香"等等日常信仰实践展开了一系列研究。①

作为对具身性的深化,近年来越来越多的学者开始关注身体感的研究,比如沈燕对老年人在养老院感受到的身体异化感和消极的自我认知的考察,刘奕伶则分析了城市打工群体由于不稳定的生计方式导致的缺乏未来预期而产生的特殊的时间感,及其引发的对待疾病的方式:接受病痛为常态或追求治疗的时效性等等。② 这里的"身体感"并非仅仅指感官体验,更是指向其背后的感知模式,"我们通过感觉来体验自己的身体——以及这个世界。因此,感知的文化构成深刻地规定着我们对自己身体的体验,以及对这个世界的理解"③。这类研究以1990年代戴维·豪斯(David Hoes)、康斯坦丝·克拉森(Constance Classen)等开展的一系列感官人类学(Anthropology of senses)研究为代表,强调身体研究中的"感官转向(The sensorial turn)",即"探讨感觉的体验如何因各感觉所具有的意义、所获得的重视不同"④而在不同的文化中有不同的表现,以及这些差异对社会组织形式、自我及宇宙观念等的影响。余舜德在藏区田野调查中有感于自己与当地人之间身体感受的不同而开始关注"身体感"。他将"身体感"定义为一系列感官项目及其感知方式,并认为其存在于日常生活的各个面向。⑤ 而与"感官转向"几乎同时发生的,还有对人类情感的关注与研究。1986年卢茨(C. Luts)与怀特(G. M. White)在《情感人类学》一文中正式提出情感人类学(The anthropology of emotion)一词,提倡对人的情感进行文化分析。⑥

值得强调的是,对身体感的关注促使不少学者开始从方法论的高度去反思田野作业本身。他们倡导以主体间平等交流的方式进行田野调查,让自我全身心地参与其中,甚至在一定程度上成为自我启蒙、反思的对象,如通过"感觉移情"(Kinesthetic empathy)的方式来达成对研究对象身体体验的理解。⑦ 美国学者德得蕾·斯科拉(Deidre Sklar)曾描述比较了自己两次参与宗教庆典的身体体验。一次是纽约犹太教普林节教堂里摩肩接踵的拥挤,另一次是新墨西哥州圣母瓜达卢佩祭典时,双膝跪于圣母像前的瞬间感悟,提出学者只有以"体知"的方式,反思自身的各种身体感觉,才能真正把握身体性的文化知识与实践,特别是宗教实践。⑧ 瑞吉娜·本迪克斯(Regina Bendix)则检讨了民俗学由于对文本及视觉经验的偏爱,虽然开创时期赫尔德等浪漫主义先驱曾探讨过民歌中体现的其他感觉经验,特别是听觉经验,但这一思路逐渐消失在实证主义的文本制造和解读中。结合她

---

① 参见陈进国:《宗教人类学"修行人类学"特辑(第7辑)》,北京:社会科学文献出版社,2017年版。
② 参见沈燕:《"脏"与"不值钱":养老院老年人的身体感研究》,《民间文化论坛》2020年第4期;刘奕伶:《不稳定的身体——一个京郊打工者聚居村的医疗实践》,《民间文化论坛》2020年第4期。
③ [美]康斯坦丝·克拉森:《感觉人类学的基础》,《国际社会科学杂志(中文版)》1998年第3期。
④ 同上。
⑤ 参见余舜德:《体物入微:物与身体感的研究》,台北:清华大学出版社,2008年版,第16页。
⑥ Catherine Luts, Geoffrey M. White, "The Anthropology of Emotions", Annual Review of Anthropology, vol. 15, No. 1, (Oct., 1986), pp. 405-36.
⑦ 参见 Deidre Sklar, Dancing with the Virgin: Body and Faith in the Fiesta of Tortugas, New Mexico. Berkeley: University of California Press, 2001.
⑧ Deidre Sklar, "Can Bodylore Be Brought to Its Senses?", in Katharine Young, Barbara Babcock (eds.), Bodylore (Special Issue of Journal of American Folklore). Vol. 107, No. 423, (Winter, 1994), pp. 9-22.

自己田野调查的听觉经验,特别是与登山客、旅游者、音乐爱好者一起在阿尔卑斯山上听露天莫扎特音乐会的经历,倡议超越视觉和文本的偏向,发展"听觉民族志"(An ethnography of listening)乃至"感知民族志"(Ethnography of sensory perception),以全面地探索人类文化展示的丰富多样的身体感觉和认知方式。① 事实上,这也是刘铁梁一直在强调的"感受生活的民俗学",即在身体实践性和感受性的基础上,达成对生活的整体性理解,而研究者感受生活的程度决定了研究的深度,也就是说,研究的过程本身就是自反性的感受生活的过程。② 在此基础上,他对"个人叙事"的概念进行了反思与扩展,将之视为一种"交流实践方式"并纳入民俗学的研究方法中。③ 这样身体民俗的视角已然不仅仅是对身体本身的关注,更是关涉如何看待民与俗、如何研究民俗等学科本位问题。

总结而言,身体民俗学通过对身体的关注,聚焦于当下民众的生活世界与意义世界,真切审视个体在快速流动、变化的日常生活中所面临的身、心困境,继而发出属于民众自己,也属于民俗学的声音。

在很大程度上,西方近来的身体热,源于其历史上的冷,源于身体曾经的沉默与缺席。对于无论大小传统都不存在灵肉二元对立的中国文化来说,一方面,"体知"等观念和实践与几千年的中医传统体现出迥异于西方的身体观念与实践体系,启示我们反思本土传统的特殊价值,在与他者的比较中重新认识自我在当代的意义与价值。另一方面,当代中国人的身体正在全球化的消费主义浪潮中愈卷愈深。因此,与一般地引入西方某种流行思潮不同,身体这一源自西方学术话语体系的理论视角,因为和中国的历史和现实既有着切实紧密的相关性又别具张力,就具有特殊的意义。从身体实践的角度,我们考察身体如何被文化所刻写,身体又如何形塑文化,从而探讨民俗生活内在而丰富的身体性,探讨中国文化独特的身体观念与实践。在中西映照与比较中,我们有可能从悠久的文化实践传统中发展出可以对话、丰富与挑战西方身体理论的观念和思路。

更进一步,身体民俗的探讨在理论上重新检视了理性和感性的关系,肯定了经验和情感的价值;在认识论、知识生产和知识传承的研究中,重新认识到民间日常生活中传承的实践性知识的特殊性和重要性。这些理论层面的进展,预示身体视角的引入对民俗学的影响将是根本性的,而民俗学在这些方面的深入探索,也可以超越学科界限,在跨学科对话中,对本体论、认识论的研究做出贡献。

思考题

1. 身体民俗主要的两种研究取向是什么,有何不同?
2. 举例说明身体民俗学具体的研究方向与领域。

---

① Regina Bendix, "The Pleasure of the Ear: Toward an Ethnography of Listening", *Culture Analysis*, Vol. 1, (2000).
② 刘铁梁:《感受生活的民俗学》,《民俗研究》2011年第2期。
③ 刘铁梁:《个人叙事与交流式民俗志:关于实践民俗学的一些思考》,《民俗研究》2019年第1期。

3. 关注身体对民俗学学科发展有何意义？

推荐阅读文献

1. 刘铁梁:《感受生活的民俗学》,《民俗研究》2011年第2期。

2. 彭牧:《模仿、身体与感觉:民间手艺的传承与实践》,《中国科技史杂志》2011年增刊第32卷。

3. 汪民安、陈永国:《后身体:文化、权力和生命政治学》,长春:吉林人民出版社,2003年版。

4. [法]米歇尔·福柯:《规训与惩罚:监狱的诞生》,刘北成、杨远婴译,北京:生活·读书·新知三联书店,2003年版。

5. [英]玛丽·道格拉斯:《洁净与危险:对污染和禁忌观念的分析》,黄剑波、柳博赟、卢忱译,北京:商务印书馆,2018年版。

第八章 民俗认同论

本章要点概述

本章首先从民俗认同是民俗学研究的核心这一命题出发,探讨民俗与认同的概念及其在民俗活动与民俗学研究的角色,再以民俗认同概念为出发点,反思民俗学发展历程中的方法论范式的转换,由此提出,当前的民俗学研究需要关注意识形态范式的转换,目的是从民俗生活本质和跨文化交流的角度,来重新审视民与俗的关系,反思与认同概念相关的其他概念。民俗认同概念强调在具体研究中从学术理性与生活情感的不同角度对民与俗的关怀,在根本上反对在民俗研究中使用基于种族主义的"种族认同""民族认同""族群认同"等概念,而提倡以民俗认同与民俗生活的视角,来解析民俗认同在日常实践中的实践。

第一节 概念及其背景

民俗认同(Folkloric identity)是指以民俗为核心来构建与维系多重认同并由此传承传统的精神意识与日常行为。因此,关注民俗认同就是在研究认同的构建和民俗的传承进程中,以民俗传统本身为主线,记录和分析一个传统事项的传承和演变机制,以及该传统如何与其他传统互动而创造新传统。民俗认同所强调的是,不应在以(种族概念下的)"族"限定实践者群体的前提下,去看某传统的传承进程,而要承认,一个民俗传统的传承是基于所有认同和实践该传统的不同群体的成员来维系的,由此而形成的群体是民俗群体。又因为民俗实践的核心是构建和维系个体和群体的多重认同,而且群体认同的核心是共享的民俗,在此基础上的民俗认同构成不同群体互动和新传统形成的驱动力,所以,对民俗认同的研究也是民俗研究的核心所在。

在民俗学的发展史上,曾出现过一系列方法论范式的转换,从对基本概念的界定到搜集、分类和分析方法的形成,从围绕"民"与"俗"等概念去界定"民俗"到对"民俗学"的再定义。例如,"民"的内涵也从指特定群体或阶层的民众发展到指任何有共同民俗行为特征的群体。但是,近五个世纪来,受到欧洲文化的深刻影响,"民"的内涵潜在地与基于"种族"(Race)思想的"族群"(Ethnic group)和"(少数)族群或民族的民俗"(Ethnic folklore)等概念联系在一起,由此被用来进一步强化对"他者"的刻板印象,并成为构建社会制度的基础,进而成为服务于特定社会内在的意识形态的范式。在这个过程中,社会固有的群体紧张关系被附加了"种族"概念,以此来解释特定历史阶段的现实,维系特定阶层的既得利益与制度。这便是种族主义和殖民主义的逻辑基础。对此,"民俗认同"旨在寻求新的路径,从而引导意识形态范式的转换。

在21世纪20年代的今天,民俗认同这一概念凸显出它的必要性和迫切性。现代社会的意识形态、政治体制与社会法规,在极大程度上,受到近五百年来的殖民主义和种族主义思想影响,因此,在社会阶层或群体划分,以及相应的社会制度和法规的制度中,基于"种族"前提的意识形态影响反映在日常生活的方方面面,成为许多人的潜意识思维和行为。这样的意识形态范式也决定了民俗学的方法论范式。

至今,民俗学科和整个社会在界定民俗群体时常常以"族群""民族""种族"作为前提,这不但导致并激化社会矛盾,而且是违背民俗传承内在逻辑的。鉴于此,民俗认同的界定是为了指出和改变以"血统"或"种族"论为前提的对民俗传统和群体认同的界定与研究,以便以实践为基础,解释个体、群体认同中的多样性、杂糅性、临时性和流动性,关注日常实践中的民俗。这样,通过实践者所实践的传统来认识和理解"我们是谁"以及"他们是谁",而不是按照被划定的某种种族或民族类别去认识日常生活中所传承的传统,从而集中关注一个群体如何以其民俗实践来建构其群体认同,并发现正在建构中的新群体、新认同和新文化,更好地理解一个群体内部以及群体之间的多元互动,理解并阐释当前的社会矛盾。

民俗认同的概念是建立在"民俗"与"认同"两个概念的基础之上,关注的是对民俗群体的界定以及民俗的传承问题。它是理解民俗研究中"民"与"俗"的关系的一个重要视角,因为这些相关的问题不仅是民俗学的方法与理论问题,也是学科范式的意识形态问题。在此,尽管个别概念的论述有些重复,但为了整体的结构,首先概括几个与民俗认同相关的概念,然后讨论作为民俗研究核心的民俗认同问题。[①]

一、民俗

民俗是"小群体内的艺术性交际"。[②] 在此,"民"可以是任何至少具有一个共享特征的群体;"俗"是一个群体的共享生活方式、经验和知识。将"民"与"俗"进行二分法的辩论,这不只是一个研究方法上的问题,更是一个方法论或意识形态上的问题。无疑,民与俗是共生的,相辅相成的。在民与俗的发展进程中,民是一个不断重构的群体,维系此群体的核心是共享的俗。俗是相对稳定的主线,也是吸收其他文化传统,融合其他群体成员,创建新文化传统,维系群体认同的机制。在对民俗的研究中,在方法论上,需要关注民与俗的辩证和有机关系。在对某传统事项的具体研究方法上,又必须体现出对民与俗的相对侧重关系,但不是取舍关系。在根本上,认同将民和俗的观念紧密地联系在一起,但

[①] 本章中有些观点的详细讨论与引文出处等信息参见,张举文:《民俗认同是日常生活与人文研究的核心》,《文化遗产》2021年第1期。

[②] 参见丹·本-阿默思:《民俗学概念与方法》,北京:中国社会科学出版社,2018年版。第16页。

是,尽管每一个个体和群体都有其独特的认同,但这种认同不会被直接地认识到,而只有通过其日常行为表达才能被认知。具体地说,民俗研究是以提出问题为主还是以解决问题为主,这体现了两个不同的研究导向:前者是以俗为主的研究;后者是以民为主的研究。

这两种导向应该因不同研究课题而有不同侧重,不可过于偏重或忽视某一方面。传统的民俗研究多数展示出以"俗"为主的导向,以致有些过分忽视"民"而将"俗"视为静态或永恒的。但需要强调的是,这是民俗学在欧洲发展历史的特色,其中所谓的俗是以文字文本为核心,而其中的民是限定在欧洲国家内部的社会阶层的民,也就是农民或低下阶层。当然,这个思想影响了二十世纪亚洲等地的民俗研究。

但是,这些思想完全不同于今天所讨论的以俗为民俗实践,以民为跨文化或地域的群体的民俗研究。随着民俗学的发展,特别是公共民俗界开始强调以"民"为主的研究,对民俗的"整体研究"①不仅关注个人的因素,也注重个人的"民族"或"族群"身份。在特定的社会背景下,将"民"视为"公民"而探讨"公民性",超越"种族""民族"的视角,强调以"民"为主体的民俗研究取向反映出对某些群体,特别是少数群体内部以及不同群体之间的社会、政治和道德层面的矛盾的关注。这也是将民俗作为民众日常生活实践的一个导向。

另一方面,我们也必须认识到,越发突出的跨文化群体之间的矛盾,特别是一个国家内部不同群体间的矛盾,其根源便是基于"种族"意识形态以"民族"或"族群"划分社会群体的结果。这也是种族主义思想导致的对"民"的极端界定。因为,一个群体的存在和发展的前提都是:它必须也必然是一个融合了多种文化传统和元素的文化群体,而不是狭隘的"种族"群体。

因此,民俗认同概念所强调的,正是突出了以完整日常生活实际为"俗",并以此为主线来看一个传统的传承进程,同时也关注其实践者,即"民",在实践进程中所获得的生活意义。民俗便是这些进程中的实践活动,其本身就是对一个群体的构建及其群体认同的维系,遵循着文化传统传承和发展的内在逻辑规律。

二、认同

认同作为名词,可理解为"身份认同"或"认同感",强调心理层面的精神生活。从个人角度看,指的是个人为了使生活有意义而对某种文化群体所形成的归属感和认同感。认同也可以作为动词,强调个体对群体的归属和认同行为。之所以有这种心理层面的认同感,是因为在日常生活中个体或群体常常会陷入各种生活危机,进入非日常状态,产生危机感。换言之,认同感是对危机的感知;没有危机感便没有认同感。危机感主要体现在个体或群体对"我"或"我们"所处的新的处境的质疑与不确定,以及对寻找确定"我"或"我们"的家庭、群体和社会地位的心理需要。所以,对认同概念的研究在学术界最早是出现在心理学研究中,特别是对青春期心理的关注。毕竟,认同的意义或作用是为了使人感到"活着有意义",即日常生活的一言一行"有意思"或"有用"。

---

① 参见高丙中:《文本和生活:民俗研究的两种学术取向》,《民族文学研究》1993年第2期;另见,周星主编:《民俗学的历史、理论与方法》,北京:商务印书馆,2006年版,第117—128页。

认同也常常被用来表达多种不同学科的内涵与意义,如社会学上的"个体认同"和"集体认同"与文化及心理学意义的"个人认同"和"群体认同",政治学的"国家认同"与人类学的"民族认同",以及民俗学的"民俗群体"及其"群体认同",乃至在此所讨论的"民俗认同"。因此,对所用概念的清楚界定是进一步运用该概念分析民俗行为的前提。

从社会和文化层面看,一个人可以有多重认同身份或认同感。同时,认同是双向的,即个体对群体或社会的主动认同,以及个体受到群体或社会的被动认同。从日常生活角度看,民俗认同强调的是通过民俗活动,也是日常最能确认一个人或群体的文化传统归属的活动,来使其日常生活有意义,帮助其构建或重建认同感。

三、民俗认同与民族认同

民俗认同概念是民俗学研究认同的根基,因为它打破了之前的以种族为前提的认同界定,更关注作为人类存在的核心表达的民俗实践行为本身,并突出以传统为线索对传承过程本身的分析。这个概念是基于邓迪斯(A. Dundes)所提出的"通过民俗界定认同"的观点发展出来的。

民俗认同在本质上是一个群体所共享的实践中的民俗。这个概念的关键是,任何一个民俗群体都不是基于共同的种族(或由此而界定的民族认同特征)而存在和持续的。早在1888年美国民俗学会成立时,弗朗茨·博厄斯(Franz Boas,1858—1942)就指出,"毫不过分地说,没有一个人类群体是没有受到外来文化影响、没有借用外来的因素,并由此以自身的方式发展出自己的艺术和思想的"。[①] 因此,民俗认同概念强调的是一个民俗群体形成的"进程",即民俗如何被用来构建一个群体中的成员所共享的群体认同符号。所以,民俗与认同两个概念是相辅相成的。在挑战基于种族主义的"民族认同"(或族群认同)时,民俗认同概念指向的是民俗实践的本质。这个概念可以帮助我们更好地理解新民俗群体、新认同身份、新文化是如何形成的,更好地理解民俗群体的流动性与内部的多样性。

通过民俗界定认同,这可以从两个方面来理解。一个是在方法论方面,即邓迪斯所强调的,民俗群体是比民族群体更具有流动性的概念,更有益于对认同概念的理论讨论;另一个是在意识形态方面,即当下的"民族认同"或"族群认同"产生于种族主义和殖民主义的意识形态,将从"部落"文化发展出的"族群"特征强加为"民族认同"。当下,"民族"或"族群"概念仍是被作为形容词来划分群体、民俗和认同,成为取代"种族"并隐含"他者"的委婉语,也与"社会阶层"同用,承载着"民俗"之"民"在最初所包含的意义。从这层意义上说,我们越是强调这种民族性或民族认同,就越是在强化种族主义和殖民主义意识形态,为现有的不公平和不正义的制度服务。

与此相反,民俗认同概念提出对实践中的民俗的关注,考证其中的传统的传承和发展历程,而不是首先将实践者以种族或民族做出划分。这样,民俗认同关心的是一个传统如何得到持续,或其实践者如何维系这个传统,并以此维系该群体。运用这个概念是尊重和拥护实践者选择自己的群体和生活方式的权利,而不是将某种"民族认同"强加于某个体

---

① 参见 Franz Boas. Race, Language and Culture. New York: The Macmillan Company, 1940. p.631.

或群体。

美国民俗学对民俗与认同的关系的研究始于1960年代,反映了那个时代的世界和美国所面临的具体社会问题,特别是美国在法律上废除了种族隔离后所面临的社会变化。民俗被视为具有一种共享认同的功能。当时影响最大的是巴斯的《族群与边界》。[①] 该书的副标题是"文化差异下的社会组织",说明这本文集的目的是服务于新的社会和政治制度,从而以社会组织来为不断变化的群体做出"族群"属性认定。显然,殖民主义在社会和法律层面的终结不意味着已经存在五个世纪的意识形态也随之消失。

对民俗学研究产生最直接影响的是巴斯的"文化特质"(Cultural stuff)和"族群/民族认同"思想。对这些概念的辩论成为当时的热门话题。但这些讨论的一个共同前提是假定一个民俗群体的民俗是稳定不变的,犹如锁在箱子里的宝贝,而且一个民俗群体是以同种族血缘为主的。这正是民俗认同概念所反对的。一个民俗群体的确存在局内与局外因素,但一个民俗群体总是不同世系血缘、宗教、地域等的混合体,是不断流动变化的。其存在是因为有认同某种生活方式的个体在不断跨越群体,寻求生活的意义,为此形成新的群体,同时也维系了不同群体的各自民俗传统。

在对族群与族群民俗等概念的辩论中,有着重大意义的一个观点是欧林的论述:"我们要始终牢记,我们对族群和民族性的界定都是临时的构建,对此,我们必须做好准备,在发现它们导致我们产生错觉和误解时要及时将其抛弃。"[②]

今天,对人类自身的新的科学发现和意识形态的理解迫使我们要以民俗认同概念取代这样的"族群/民族认同"概念。近些年在美国(也包括许多其他国家和地区)的"白人至上论"和"新纳粹主义"等种族主义思潮和行为的死灰复燃,足以为我们敲响这个警钟。

四、种族认同

英文中的race一词从16世纪开始,将其指动物"种属"的定义扩延到指人类不同身体特征的群体,特别是欧洲的"白人"与非洲的"黑人"之间的差异。这是因为此时的殖民主义思想开始成为新的世界观和价值观的一部分。对人类的分类从生物意义转向了社会和政治意义,以及哲学意义。正是这个转化,将人类以"种族"划分的思想,即种族主义(racism),成为此后五百年欧洲社会和政治制度的一个基础,并随着欧洲的殖民扩张而传播到世界各国。

虽然殖民主义及其殖民时代在20世纪末进入了所谓的"后殖民主义"阶段,但其影响依然体现在现有的社会制度之中,特别是在欧美。例如,1960年代美国废除了法律上的种族隔离,1990年代南非与西南非洲废除了社会制度上的种族隔离。针对这样的变化,对社会和人类群体的重新划分和界定也成为社会学等学科的关键问题。"族群"概念可以说是这个时期最有影响的概念之一,并对至今的社会政策产生影响。随着21世纪的到来,以及对种族和族群认同等概念的反思,在美国,"族群"愈发成为"种族"的委婉语,"族

---

① [挪威]费雷德里克·巴斯:《族群与边界》,李丽琴译,北京:商务印书馆,2014年版。
② Elliott Oring. Folk Groups and Folklore Genres. Utah State University Press, 1986. p. 33.

群认同"也取代了"种族认同",甚至被等同于"文化认同"。这些概念术语上的替换并没有揭示和解决基于意识形态层面的种族主义社会制度与法律制度,以及由此所引发的社会矛盾。在日常生活实践中,美国的每一个文化群体,无一不是在吸收多样文化的前期下持续并发展着,而不是固守其种族群体,这便是遵循着人类文化发展的内在逻辑。正是日常生活实践的规律与现存社会制度的差异的扩大化才导致了社会矛盾的激化。

上述思想在学术界依然很明显,即以"民族"(或少数"族群")为形容词,强化"他者"概念。对此,尤其重要的是要分析是什么人或组织在突出这些用法,为了什么现实目的。例如,许多大学同时设立"音乐学"与"民族音乐学"系;许多商场设立"民族食品"货架,甚至在一些植物名称上也要加上这样的限定词。显然,这里的"他者"意味着不同于"我者",而意味着野蛮、异域和低级。因为"民族(Ethnic)"的词根(Ethnicus;Ethnos 或 Ethnikos)表明,它首先意味着与"家庭或部落"有关的人,后来被用于"野蛮的"和"外国的"人,在基督教时期指"无宗教信仰者"和"异教徒"。20 世纪对该词的使用,如在"(少数)民族性"或"族裔性(Ethnicity)",抑或"民族群体/族群(Ethnic group)"中,也是以不同的种族、文化或少数族群的理念为基础的。

在传统社会中,相对稳定或封闭的群体,虽然常常以"家族或氏族"中的父系或母系(即血缘)作为维系其群体认同的标志或符号,但是,任何社会中的"亲属制度"其实都不是完全基于血缘的。亲属制度中的血亲和姻亲发挥着同样的作用,而姻亲常常是跨群体的,跨血缘的。例如,在中国民俗传统中,"掠夺婚"和"同姓不通婚"等习俗是基于血亲与姻亲关系结合的氏族观念的表现。所以,亲属关系是维系群体认同的感情纽带和辈分延续,而多群体共享的民俗(即生活方式)是维系群体的物质前提和条件,两者是交叉互动的。

现代社会是相对开放的群体,其群体的"血缘"纽带更复杂,同时,"血缘"也越来越失去纽带意义。现代社会中的群体愈发关注构成该群体所共享的传统,即民俗认同,而其成员的"血缘"关系常常不是"交朋友""结婚""生育"的前提条件。

虽然现代社会的各种群体都趋于从相对封闭状态转向相对开放的状态,社会互动趋于现实的共享需求,意义群体也从"面对面"交流的地域性群体转向以"电子通讯"为媒介的跨地域"想象群体"(如虚拟网络群体),但是,个体在日常生活中意义核心还是建立在可以"面对面"交流的群体。而使得这种面对面交流的群体成为可能的最重要的条件是共享的民俗活动,例如,对烹饪某种食物的爱好,对某个学术课题的研究,对某种信条的崇拜,对某种嗜好的投缘,等等。(当然,因互联网而形成的网络群体与传统的文化群体的关系,以及网络群体对个人认同的意义等问题都是民俗学亟待研究的。)由于现代社会的极大流动性,越来越明显的是现代生活中的群体认同不再是基于狭隘的"家族"或"宗族"等血缘基础,即现代人在日常生活中的群体认同,包括"家庭",越来越多地超越血亲、语言或方言、家乡、性别与年龄等传统观念,更多地以共同的"爱好"或"有意义"的民俗活动而建立起来的。可见,民俗认同的作用在现代社会愈发突出。

由于中国的特殊历史背景,在 20 世纪初,通过引进"民族"和"民族主义"以及"民俗"等概念,"中华民族"成为构建新的国家认同的一个认同符号。同时,中国历史上的诸多文化群体被界定为(对应于"汉文化"群体的)"少数民族"。于是,在"民族认同"的语义层面,便出现了对"中华民族"的民族认同以及对某个"少数民族"的民族认同的冲突。这与20世纪初的苏联以及20世纪中期的美国对"族群"概念的强调是出于类似的思想。关键问题是，当这个语义层面的问题被政治化，被以殖民主义的逻辑来阐释时，其结果是现有的文化群体之间的关系恶化了。人类文化发展的正常的互动被人为地以政策和制度束缚住。那么，如何对待和解决这个问题？继续这样下去？以美国的"族群"模式取替过去的模式？还是从问题的根本来寻找药方？民俗认同的概念便是从人类文化历史发展角度来重新按照其自身发展规律去理顺其关系，进而延续多元文化交流的和谐关系。

五、学科范式转换

学科的范式转换理论是托马斯·库恩（Thomas Kuhn）对科学学科的发展规律的归纳。他认为科学发展遵循了这一"范式"，并被"某一科学研究者群体"所共同遵行：从"前科学时期"发展出"范式"到使之成为"常规科学"，之后经过"危机"和"革命"，再发展出"新的常规科学"，接着导致"新的危机"，以此往复。这个理论模式也曾被用来审视民俗学科的发展。在此，可以从两个角度来看待民俗学的发展史：一个是方法论的，另一个是意识形态的。从方法论意义上看，民俗学的范式已经从界定基本概念的前科学阶段转换到具有一系列从搜集到分类再到分析方法的常规科学。

在此常规阶段，核心的关注是"文本"或"俗"。事实上，从19世纪中出现"民俗"一词后，"民"基本上是被视为形容词的，用来表述特定群体，以其"俗"限定某些群体的"认同"特征，由此划出"我者"与"他者"的边界。当"承启关系"（或"语境"）和"表演"等概念出现在民俗研究中，这个常规阶段便陷入了危机，此后的革命又导致了新常规的出现，也就是我们现在所处的阶段："族群""认同""族群认同""民族认同""民族性"成为主导概念。

然而，与这个方法论层面的范式相对应，但不完全同步的是意识形态范式。我们长期以来一直陷在基于种族主义和殖民主义的意识形态范式之中，而又不知不觉。无疑，这正是需要以新概念来推动反思和转换的时候。我们不应在21世纪继续19世纪的意识形态范式。现在，民俗学者不但要回答"什么是民俗"的问题，还要回答"民俗实践到底是为了什么"的问题，或者从本体论角度来说，界定"民俗"和"民俗学"存在的意义何在？

由此，"民俗认同"概念的提出，是结合最新科学发现和社会现实，寻求新的范式路径，以期超越种族主义和殖民主义的束缚，推动民俗学向新常规学科的范式转换。民俗学者有能力完成自身的意识形态取向的转换，反思所坚守的"民俗"的核心到底是什么。

第二节　民俗研究的核心

一、民俗学中的方法论范式

民俗学在其形成后的百年史中，始终是以"文本"为中心的。直到1960年代才发生方法论范式的转换。在美国民俗学成型期的1960年代末和1970年代初，丹·本-阿默思提出了至今仍被使用的"民俗是小群体内的艺术性交际"的定义,而此定义是以"承启关系"（或"语境"）为概念框架的。所以,他认为在民俗活动与研究中,承启关系应是民俗研究的核心关注。这一思想代表和推动了一次从危机向新常规的范式转换。此后,基于承启关系的表演理论成为民俗研究的"新观念"和主导思想。

当然,任何新概念都会遇到阻力。在经历了近三十年的文本与语境哪个更重要的辩论后,欧林通过梳理从德国早期浪漫民族主义到后来兴起的民俗学所使用的不同民俗概念,辨析学术派与公共民俗派的形成,最后指出,"认同概念始终是民俗研究的中心"。[①]

至此,我们可以看到民俗学在方法论范式上的演变历程。在这个层面,更多的是认识论角度的路径,还没有触及本体论层面的"民俗实践到底是关于什么"这个核心问题。而这正是我们需要回答的问题。换言之,在"民俗学"形成"前科学"之前民俗实践是为了什么？是什么促成了不断变化的民众群体？让个体在其群体中获得快乐和尊严的是什么？基于种族主义的认同概念是如何进入民俗研究中,并服务于"民族（国家）"和"民族主义"以及"种族主义"的？认同概念如何成为划分不同群体边界的工具？

正是针对这些问题,才有必要界定和使用"民俗认同"概念,视其为民俗学研究的核心。这个核心不仅是民俗学学科的,也应是整个人文研究的核心,由此可以帮助我们在日常似乎无意义的活动中寻求意义所在。

二、民俗学中的意识形态范式

基于种族/民族意识形态范式的民俗学研究所关注的是那些被享有话语权的阶层所划分出的少数群体的民俗,其研究结果又常常被用来进一步将所谓的"民族边界"合法化。可是,许多民俗学者所忽略的是,在研究"民族民俗"时,某个"族群"常常与其被划分或指定的群体特征没有必然一致的联系。

毕竟,自1960年代后多数民俗学者,如同许多其他学科的学者一样,受到巴斯的"边界论"思想的影响。在巴斯看来,"认同"概念是用来说明"族群/民族"概念的所指,似乎其少数"族群"或"民族"的特征就是其"基本认同"特质,同时,"少数族群"取代了"部落"概念。而部落是人类学界定非欧洲白人的"他者"的前提概念。依据19世纪的文明论和20世纪末的现代化论观点,非理性的少数族群的民族认同具有原始的心理情结,这些将因推进理性而被抹掉。

在界定"族群"的概念时,巴斯认为,"调查的主要中心就是定义群体的族群边界,而不是群体所附带的文化特质"(1969:15)。[②] 这个思想得到不少拥护者,主要关注的是所谓的"民族性"或"民族认同特征"。

如果依照巴斯所声称的,文化特质不重要,而在"社会边界"的互动/冲突对"族群"的认同才是至关重要的,那么,这样观念包含着一种危险的思想。其危险在于它暗示着一个

[①] 艾略特·欧林(Elliott Oring):《艺术、遗留物和身份技巧》,桑俊译,《长江大学学报》2006年第5期,第5—13页。

[②] 此处的中文翻译引自[挪威]弗雷德里克·巴斯:《族群与边界——文化差异下的社会组织》,2014年版,第7页。

人或一个群体的文化核心可以被外界力量所影响,因此,少数民族的"族群"的"文化特质"可以被主导者所取代。其危险还在于它误导我们去认为象征形式(即那些认同的随机符号)在跨文化互动中(即边界的互动)比文化内容(即认同的核心符号)更重要。尤其严重的是,这一思想所包含的殖民主义思想,即那些有原始心结的少数族群文化认同可以被理性的欧洲文明所抹掉。

历史证明,人类文化与群体不是基于后来所划分和强加的"民族特征"而持续的,而是通过不同群体之间的"文化特质"的交融而发展的。一个群体的形成与持续所依据的是其共享的信仰与价值观以及生活方式,即实践中的民俗,也就是民俗认同。事实上,对巴斯的"文化特质"的批评有些是相当严厉的,有学者认为正是"文化特质"(指语言、宗教、习俗和法规、传统、物质文化、饮食等)才具有重要性。

在民俗学界,对"民""俗""民俗"的界定始终不断,每个概念都出现了几十个定义。但近几十年来,民俗学者主要关注的是那些少数族群、弱势群体、被边缘化的群体,以期从中发现印证其认同特征或民族性的东西。由此,这样的研究起步于先验性地界定"民"的民族性,强化了基于种族主义的心理定势(即刻板印象)。

这些涉及民俗与认同的问题是民俗学研究首先要面对的问题,无论是在方法方面还是在意识形态方面。所以,民俗学者需要认真审视认同这个概念,谨慎使用任何有关的方法和材料。因为认同不只是民俗实践的问题,也是民俗学者的问题。如果我们接受这样的观点,我们就要进一步思考导致我们今天潜意识地依据的意识形态的核心问题是什么。

三、民俗认同研究中的重要概念及其意义的转换

"族群/民族"(Ethnic)一词有着拉丁文的词根,最早指与"家庭"或"部落"有关的人,后来指"野蛮"和"外来"的人。到了基督教时代,直至19世纪,它指"异教徒"。在进入16世纪的殖民时代后,这个概念也被用来划分"种族群体"。20世纪中期以后,随着殖民主义和种族主义在法律上的废除,这个词又取代了"种族"概念,成为学术和日常的委婉语。作为形容词,它仍然内涵着"他者""低劣"的意思。

以文明论为核心的19世纪欧洲中心论将此概念又进一步合法化为有关"种族的科学",即"民族学"——通过历史传统、语言和身体与伦理特征研究不同人类种族。当时的重要研究对象是非洲人,其指导思想是"只有白人的指导,或跨越种族,以殖民地方式,才能改善黑人",而且认为黑人从未有过文明。

在美国民俗学会1889年的第一次年会上,学会的目标被定为:将民俗学发展为民族学的一个分支,与历史和考古学联系在一起。今天,仍然有人提出以"民族学"或"民族志学"取代"民俗学",无疑表明了一种欧洲中心论的思想。

但是,早在1970年代,英国人类学家利奇(Edmund Leach)就曾尖锐地指出,所谓的"种族认同"实际上是"源于文化的",而"民族学作为粉饰过的伪科学……声称要解释当前由于移民而形成的种族分布问题,并自信地称可以通过对比现在的人类体质类型差异来

设想和重构早期人类的移民情况"。① 利奇明确反对民族学和人类学使用"民族认同"(或族群认同)概念,因为它暗示的是"原始部落"与"当代原始人"的概念。无疑,"民族志"一词是在表述"民族学"的意识形态,并对民俗学产生了重大影响。例如,当"民族志"一词在1834年出现时,它是等同于当时的"人类学"的。由此,在1960年代和1970年代的民俗学界,出现了分析土著美洲印第安人的"民族诗学"的民俗学家,并产生了持续的影响。至今,如美国民俗学的重镇印第安纳大学所使用的"民俗学与民族音乐学系",其"民族音乐学""专注的是西方之外的音乐传统"。

可见,民俗学所使用的"民族"概念反映了特定时代的学术界与公众界的认知。在1960年代前,美国民俗学界将该词限定指那些来自欧洲的新移民群体,暗示其社会和政治上的"他者"。而美国民俗学会在1888年成立时确立的四个研究目标也正是代表"他者"的四个群体,即在美国遗留的古代英国民俗;南部地区黑人民俗;土著印第安人民俗;法国裔加拿大和墨西哥等地的民俗。亚裔群体在这期间则一直被排除在外,甚至都不是社会学和民俗学意义上的"民族"或"边缘"群体。

1960年代后,对少数族群的"民族"民俗的关注成为热门课题。其核心是非西方人的文化表达,如"民族食品","民族(或传统;选择性)医药"或"民族草药"等,但最终是"民族民俗"。由此,"民族认同"和"文化认同"两个概念也常常混同使用。但是,德国民俗学家鲍辛格曾警告过,混同这两个概念是危险的,因为它们是两个不同的概念。②

的确,以民俗认同改变对"民族认同"的界定不是件容易事。但是,上述的词源学变迁证明,任何术语或概念都是在变化的。民俗学者可以通过自己与民众的直接互动推动学科和社会观念的改变。

四、现代科学进步与意识形态范式转换

基于种族主义的意识形态范式在学术界一直主导着有关"族群/民族"的研究,其中,民族主义成为民族/国家认同的研究的基础。现在,越来越多的自然科学和社会科学家们在不断指出,无论是基于可见的不同人群的生理差异,还是不可见的文化和思想差异,有关族群/民族的边界及其附加意义的界定都是纯粹的社会建构。最新的基因组研究也颠覆了已成惯习的、服务于政治制度的"种族"和少数"民族"的概念。依据最受尊重的"人类基因组研究项目"(Human genome project)对人类基因的研究:两个欧洲裔的人在基因上的差异可能大于他们与一个亚洲人的差异,种族是一种社会建构,不是生理属性,尽管更广泛的大众社会不相信这个结论。

这样的新科学发现使得意识形态范式转换更加迫切,并将我们带到理解人文本质的十字路口:是通过新的基因科学来证明"物竞天择说",即人类某些种族在基因方面优于其他种族,还是相信同一"种族"内部的生物学或者基因学差异可能和"种族"之间的差异一

---

① Leach, Edmund R. 1975. "Cultural Components in the Concept of Race." In Racial Variation in Man, edited by F. J. Ebling, 27–54. New York: John Wiley & Sons.

② Hermann Bausinger. 1997. Intercultural Demands and Cultural Identity. Europaea: Journal of the Europeanists 3(1): 3–14. p.7.

样大,因此,在社会和政治生活中使用"种族"的范畴去区分人类群体并非科学,而是一种与殖民主义相关的政治决策,并使社会与政治的不平等、不公正得以持续存在。

这样的辩论需要民俗学者深刻思考"实践中的民俗到底是为了什么"。这个问题不仅是针对实践者,也是针对那些想通过民俗达到某种目的的人。[①] 尽管越来越多的民俗学者开始认同文化的融合才是在根本上最值得关注的,但是,我们还必须要问自己:我们为什么对少数"民族民俗"如此感兴趣?我们在什么程度上不自觉地维系着种族的意识形态和刻板印象?毕竟,人类文化群体的发展都是经过"杂糅"的(Hybridization;Creolization),即使是亲属制度也从来都不是基于同血缘基础的。

事实上,美国民俗学的开拓者之一,博厄斯也许是最早的民俗学者,尽管不是最早的知识分子,在20世纪初就大胆批判了猖狂的种族主义,并指出,人类群体的差异完全是文化的,而不是本性的(或基于"天择论"的种族血统)。他还指出,当时的种族主义"无法用科学回答问题",并警告不应以"血缘关系"盖过"地域不同所造成的差异",也不应该"为了使大众高兴而纵用我们的奇思异想"。这样的结论无论是在当时还是百年后的今天都意义非凡,特别是考虑到博厄斯是在欧洲(德国)受的教育,清楚了解在19世纪文明论中的欧洲种族主义思想,如哲学家休姆(Hume,1711—1776)对黑人"在本性上低劣于白人"的设想,康德(Kant,1724—1804)所坚持认为的肤色的差异映像出心智能力的差异观点,以及黑格尔(Hegel,1770—1831)所宣称的非洲缺少历史,其居民生活在野蛮和原始状态,还没有融合文化成分等观点。

博厄斯曾勇敢地批判道,美国的人类学完全是在为压制美国黑人的政治制度服务。为此,他受到美国人类学会一致投票的谴责和限制,直到2005年才解除。另外一个在1940年代,同样坚决批判种族主义的学者阿什利·蒙塔古(Ashley Montagu)则被当时任职的大学开除。也许,历史上几乎没有人比博厄斯更坚定地以实地调查的文化材料反击种族主义偏见。博厄斯基于实地调查所获得的民俗知识和判断得到了后来的基因科学的印证,而且几乎与现代科学的说法完全一样。然而,在民俗学界,博厄斯反种族主义的思想并没有得到应有的认知和传承。

五、超越民俗学科的意识形态范式转换

本章首先讨论的是围绕界定"民俗学"与"民俗"的方法论范式,进而聚焦于"民俗实践到底是有关什么的"这个意识形态范式问题。显然,有必要先完成这个意识形态范式,然后才能继续讨论"民俗学到底是有关什么的",以及"日常生活到底是有关什么"的问题。尽管民俗学对日常生活的关注只是近二十多年的事,但也显示出一些在意识形态层面的

---

① 参见刘晓春:《民俗与民族主义——基于民俗学的考察》,《学术研究》2014年第8期,第136—144页。在梳理德国、芬兰和日本的民俗与民族主义的发展历史后,刘晓春归纳道:"民族主义通过以文字传播为主要手段的现代教育制度,培养了国家的公共文化,这种公共文化将原有松散的、由许多不同族群构成的地方共同体连接起来,形成了一个毫无个性特征的非个人社会,从而取代了以多样的民间文化为基础的地方共同体的社会结构……民族主义通常是以某种假定存在的民间文化的名义进行征服……通过复兴本土文化传统思想的'民族',以抵御外来高级文化的侵略,并在此基础上形成一种由本土知识分子创造的、通过文字传播的高级文化。"

进步,在一定程度上没有去强化少数族群的民族认同。

事实上,民俗学者可能具有最佳的资源来论证"全球化""多元文化论"绝非什么新现象,而是从人类形成初期的迁徙中就开始的文化交融活动,而且这样的跨文化互动正是人类多元文化兴盛的根基。正是通过共享的民俗实践,而不是共同的种族或世系,人们才在日常生活中获得生活的意义,构建起个人和群体认同感。

尽管民俗学家们常常忽略认同问题,但是对民俗与认同的本体论问题的研究始终有一根细线连接着。从认同身份的区分到通过民俗界定认同,从肯定认同是民俗研究的中心再到将种族、阶级和地方史认同联系在一起,一些民俗学者开始结合民俗群体形成的过程质问民俗实践的本质到底是什么。无疑,每个群体都是由共同的兴趣和目的组合而成的。无论是受过教育还是没受过教育,无论是乡下的还是城市的,每个群体都拥有可称为民俗的一系列传统。民俗学家布鲁范德曾强调,"界定一个民俗群体的第一个问题是其共享的民俗的存在"。① 欧林则警告道,"民俗学者需要仔细审视形成其学术实践的政治与经济利益问题"。② 然而,这些对民俗实践本质的理智的洞察有时被种族主义意识形态的利益和行为所遮蔽。无疑,类似的一系列危机预示着意识形态范式转换的必然到来。由此,我们的学科才可能与新时代的新社会现实同步。

显然,意识形态问题超越了学科建设问题,而是与民族/国家认同的构建有关,并波及世界各国的民俗互动。中国的历史与现实便例证了从民族或文化底下的自卑感走向文化自信的转变。20世纪初,当"民族""民族主义""民俗"等概念被引入后,中国民俗学者曾热烈地追求过这些思想,到了20世纪中又因为"少数民族"概念的影响,使中国出现了相互冲突的"中华民族""少数民族"等概念。由此,民俗认同概念无疑将有助于对这些问题的反思。

第三节 民俗认同与民俗生活

今天,民俗学者面对着前所未有的意识形态上的混乱现实,而意识形态又对公众的社会生活至关重要。归根结底,导致这个现实的隐含原因是种族主义、殖民主义和帝国主义的意识形态,表现出的形式是通过强化对少数族裔的"民族认同"或"民族民俗"的刻板印象,加深对人类多元文化群体的分化。尽管公众常用的"民间思想"(Folk idea)和"民间谬误"(Folk fallacy)常常被视为民族/国家特征或认同表达,但如果这些说法是源自种族思想背景时,它们不再是民间思想或民间谬误。③ 它们成为民俗学者必须聚焦和亟待解决

---

① 参见 Jan Brunvand. 1968. *The Study of American Folklore: An Introduction*. New York: W. W. Norton & Company. pp. 21-22. 另见中译本,[美]扬·哈罗德·布鲁范德:《新编美国民俗学概论》,李扬译,上海:上海文艺出版社,2011年版。

② 参见 Elliott Oring. 2012. *Just Folklore: Analysis, Interpretation, Critique*. Los Angeles: Cantilever Press. p. 284.

③ 邓迪斯的"Folk Ideas as Unites of Worldview"一文,转载于西蒙·布朗纳(Simon Bronner)编 *Meaning of Folklore: The Analytical Essays of Alan Dundes* (2007)。

的问题,并需要以民俗认同的视角来理解人类多元文化发展的本质,因为民俗认同,而不是种族认同或民族认同,是让民众在日常生活中获得生活意义的东西。现在是民俗学者抛弃过去的概念,寻求新的概念来阐释新的社会现实的时候了。

在过去的两个世纪里,民俗研究经历了从浪漫民族主义的幻觉和民族情结向基于共同文化传统而不是共同的种族血缘的新的民族主义的演变,以及从赫尔德和格林兄弟所用的作为民族国家认同的民俗向以阐释个人和群体认同为学科核心的转变。在这复杂的过程中,各国的民俗学者共同关注的是民俗实践对民众的日常生活的意义,以及如何在"和而不同"中共存。但是,种族主义近几年在美国尤其猖狂,在学术、政治和社会生活中都有一些疯狂的种族主义者利用话语权在摇旗呐喊。

那么,如何在我们未来的研究中运用民俗认同的概念呢?在行动上,这个概念可以贯穿一个项目的整个研究过程,特别是在进行基于实地调查研究时。首先,在开立研究题目阶段,一个核心问题应该是:要研究的是什么民俗或传统?而不是如何印证某族群或民族被认定的"民族特征"。在第二个阶段,即搜集资料或决定与什么人访谈时,回答的问题是:某个民俗或传统是如何被实践的,如何被所有参与实践的人在不同程度上所维系?第三个阶段的问题应该是:该民俗或传统是如何,并在什么程度上,对实践者的个人认同及其群体认同具有构建和维系的作用?再下一步的问题可以是:该民俗或传统是如何被其参与实践者所共享,并在跨文化跨时空的情况下传承下去,以及实践者如何由此获得认同感?基于这样的问题,最终便可以回答"何以如此"(So-what)的问题。这也需要在意识形态层面对"民"或"俗"何者优先的问题在观念与方法有新的认识。

近些年,中国在经济发展过程中,对外的国际化,对内的城镇化,其中尤其重要的是对传统文化的寻根与反思,这些都需要民俗学做出相应阐释。正是在对文化之根的反思中,中国人才在个人层面获得了应有的自尊和自信,社会和国家也由此走出民族低下感而获得愈发清醒的民族平等感以及国家认同感。其实,在中国历史上,正是那些大量吸收外来文化,同时也走出去进行文化交流的时代才是文化更加巩固和发展的时代。例如,五代十国的跨文化群体融合、唐代的跨国文化交流。如今,走在世界各国的诸多城市,人们可以看到,中国餐馆的本土化,走出去的华人与当地人的通婚,多代前有华人血统的后裔对中国文化的认同,在中国定居和通婚的外国人成为自己的同事或邻居,每天可选择的传统茶馆或饭馆与西方咖啡店或快餐店并肩林立,城市与乡村边界的日益变化,多民族地区(如云南广西)的跨族通婚以及户口登记中的民族自我认定,等等,这些无一不是以实践中的民俗为主线,体现的是以民俗认同为核心的生活实践。

进入21世纪,一个明显的事实是:学术和日常生活中的意识形态范式将是人类文化冲突的下一个阶段的核心。我们面对的挑战是要回答这些问题:具有不同文化的不同群体可以和平且平等地共处吗?是否有针对这个问题进行平等对话的平等机会?如何做到这些?毕竟,认同意味着"相同",而相同应该是所有共同体成员的"平等"的权力和机会,而不是相同的血缘或肤色。

我们不能只见树木不见森林。如果说民俗学曾经启蒙了民众去理解其"民族/国家"的起源,那么今天的民俗研究不也可以通过公众教育和公众媒体来纠正被扭曲的"种族"

"民族""族群"等概念吗？毕竟，我们今天共聚一堂不是因为我们是"同羽毛的鸟同飞"，而是因为我们是"同选择的人同欢乐"的群体。正是这样的民俗认同才维系了一个不断变化的群体，从而使其成员的个人生存与生活具有意义，使其日常生活具有尊严和认同感。在 21 世纪，那些曾经分裂人文本质的基于种族主义的意识形态范式迫使我们做出抉择：维系还是超越这个范式？这不该继续是一个问题，而应该是一种新行动。

思考题

1. 论述民俗认同与其他有关认同的概念的异同。
2. 论述民俗学中的方法论范式与意识形态范式的关系。
3. 如何在具体题目的研究中运用民俗认同概念？
4. 日常生活中有哪些实践活动可以用民俗认同概念来阐释？

推荐阅读文献

1. 阿兰·邓迪斯（Alan Dundes）：《民俗解析》，户晓辉译，桂林：广西师范大学出版社，2005 年版。
2. 艾略特·欧林（Elliott Oring）：《艺术、遗留物和身份技巧》，桑俊译，《长江大学学报》2006 年第 5 期。
3. 艾略特·欧林：《民与俗：二分法的代价》，张茜译，《温州大学学报》2013 年 3 期。
4. 丹·本-阿默思（Dan Ben-Amos）：《民俗学概念与方法》，张举文编译，北京：中国社会科学出版社，2018 年版。
5. 张举文：《民俗认同是日常生活与人文研究的核心》，《文化遗产》2021 年第 1 期。

第九章 民俗美学论

本章要点概述

审美是理解民俗文化的重要维度。但这个维度不仅为当代民俗学所忽视,也为当代美学所忽视。其实,中国民俗学恰恰是从关注民俗的审美领域——民间文艺开始的。早在晚清及民国时期,人们就开始搜集、整理民间文艺资源,阐发其中的平民审美精神。20世纪80年代末90年代初,随着审美文化研究的兴起,日常生活成为美学研究对象,几乎在同一时期,民俗学研究也开始转向日常生活,但遗憾的是,这两个学科之间一直缺乏深度交流。毫无疑问,民俗美学研究应该成为民俗学的一个重要研究方向。作为一个学科的研究方向,应该有其核心范畴与主要问题。事实上,民俗美学研究已经形成了生生之美、融入性审美、身体实践等核心范畴,以及民俗艺术的创新、民间表演艺术的喜剧性、"乡愁"等主要议题。

第一节 民俗美学研究的发生与发展

民俗本质上是民众对生命体验、生活意义的一种共享的表达体系,包含着形象、想象、情感等诸多审美元素,尤其是民间文艺、手工艺与传统节日,更为集中地表现了民众的审美理想。毫无疑问,民俗与审美之间并没有天然鸿沟,即使在有雅俗区分之后,所谓高雅艺术、自律的审美活动也没有脱离日常的民俗生活,如赏画、看戏的时候,并不排斥喝酒、品茶、用餐等日常行为。可以说,审美一直是民俗文化的重要维度。

中国民俗学恰恰是从关注民俗的审美领域——民间文艺开始的。早在20世纪初期的"新文化运动"时期,人们就已经意识到民间文艺的审美价值,开始搜集、整理民间文艺资源,编撰出版相关期刊与文集。其时比较有影响的期刊就有,由顾颉刚主编的《歌谣周刊》,此刊专载各省童谣、民谣、山歌、秧歌,以及关于歌谣研究的论文;原鲁迅主编《民众文艺周刊》,后改为荆有麟主编的《民众周刊》,此刊大部分刊载民间的歌谣、故事、谚语、歇后语、戏曲唱词,还有歌谣专号等;由周作人等主编,北大一院新潮社出版的《语丝》周刊,主要刊载了民俗学、民间文学的相关论文及中外民间文艺创作和发展情况,它也是了解世界民间文艺研究发展趋势的重要窗口;由北京大学猛进社刊发的《猛进》周刊,尽管它是一部以讨论政治及评论时局为主的刊物,其中也发表了不少民间文学作品;由王馥琴主编的

《儿童周刊》,每期专载从各省搜集来的儿歌和故事;作为上海《时事新报》附刊的《鉴赏周刊》,是一份兼具鉴赏与批评的文艺刊物,但每期皆载有从各地搜集来的民间文艺作品;由马清梦主编的文学刊物《岭东髻箂》,也载有不少岭东地区的民间歌谣与故事作品;比较重要的文集有,北大歌谣研究会出版的《看见她》,北新书局出版的《徐文长故事》和《吕洞宾故事一集》,顾颉刚先生辑《吴歌甲集》,山东一师出版部付印《山东歌谣集》等作品。①

对民间文艺资源的搜集、整理工作一直持续到当代。尤其是1949年之后,还组织了三次全国性的民间文艺搜集、整理工作,第一次是中华人民共和国成立初期对各民族民间文学的搜集、整理工作,第二次是新时期的民间文学"三套集成"的搜集、编纂工作,第三次是目前正在开展的"中国民间文学大系"搜集、整理、出版工程。

在搜集、整理的同时,民间文艺的理论研究也同步开展着。在1949年之前,人们主要关注民间文艺的性质与功能,较少讨论其审美问题。1934年,陈之佛出版了《表号图案》一书,该书倒是涉及了民间艺术的审美问题。该书对各种文化符号的象征性内涵进行了深入研究,尤其是"中国的表号图案及其意义"一章,详细研究了"八仙""八宝""八吉祥""八吉""三多""日与月的象征""月桂""苹果与平安""牡丹与狮子""有翼龙与有焰龙""龙之九子""青雀""白燕""蝉纹""双鱼""四神""四灵""金童玉女""如意"等传统民间艺术中常用的文化符号,不仅介绍了这些文化符号的形象与相关传说,还深入解读其象征寓意。如"狮子与牡丹"图案,他写道:"狮子与牡丹为兽王与花王,动物与植物,庄严美与艳美,又为阴与阳的合,审美的象征化的东西。"②从符号、象征角度分析民间艺术形象,这个研究思路产生了持续的学术影响,张道一的《麒麟送子考析》《吉祥文化论》等,基本上还沿袭了这样的研究思路。

20世纪80—90年代,随着民俗学转向当代之学,理论研究开始受到高度重视,还开展了民间文艺学的学科建设,产生了一大批高质量的学术成果,其中不乏民俗美学研究成果。如曲金良的《民俗美学发生论》一文,不仅论证了民俗与美学必然相关性,还明确提出了民俗美学可以成为一个独立学科,其核心研究任务有三:第一,充分认知民俗美的客体存在;第二,充分把握民俗美的审美主体的意识活动;第三,充分利用民俗美的发展规律,指导人们的民俗审美意识和审美活动,为人类文明的发展能动地形成自觉的调控,找到其自身的规律。③ 段宝林则明确提出,"趋美性"是民俗的基本特性,在民俗学界产生了较大影响。④ 许明进一步阐述了民俗与美学的内在联系,他认为,一方面,美学学科本土化需要研究民俗艺术,"华夏文明中丰富多彩的民俗文化及其源远流长的历史,是提炼具有本土文化圈特色的美学理论的真正来源。从这个意义上,民俗艺术研究界是当代中国美学发展的真正母体"。另一方面,他指出,"将民俗艺术研究在理论上提升到审美,这是由民俗艺术本身的特性决定的。神话、传说、史诗以及溶化在丰富的民俗中的艺术世界,均是

---

① 谷凤田:《介绍几种民间文艺周刊及其他》,《鉴赏周刊》1925年第18期。
② 陈之佛著,张抒编:《表号图案》,南京:南京师范大学出版社,2020年版,第86页。
③ 曲金良:《民俗美学发生论》,《文艺研究》1989年第2期。
④ 段宝林:《对民俗特性的思考》,《民俗研究》1990年第2期。

生活实践中人们对世界的一种审美把握或观照"。①赵德利从"美是一种自由的生命活动"命题出发,认为人们创造人生礼仪、节日、民间文艺等民俗文化形式,表现出了感性生命的自由创造意味,这不仅使得这些民俗文化形式成为审美对象,而且,人们创造民俗事象本身就是一种体现生命本质的审美活动。②

21世纪以来,在美学与民俗学领域,人们还在持续关注民俗的美学研究,如王旭晓、郑新胜讨论了民俗的审美价值,谷鹏飞从美学角度讨论了民俗的现代传承与重建等。③尤其在民间艺术的美学研究方面,产生了一批非常值得重视的专著,如靳之林的《生命之树与中国民间民俗艺术》《中国民间美术》,季中扬的《民间艺术的审美经验研究》等。

尤为值得关注的是,20世纪90年代以来,在美学研究领域,随着审美文化研究的兴起,日常生活成为美学研究对象,几乎在同一时期,民俗学研究也开始转向日常生活。但遗憾的是,目前还没有人从日常生活视角出发,深入研究民俗美学问题。其实,这是一个非常值得期待的学术生长点。

第二节 民俗美学研究的核心范畴

在民间文艺学的学术史上,出现了诸多稳定的概念、范畴。但民间文艺学只是民俗审美研究的一个方面,如果把整个民俗文化作为美学研究对象,把民俗审美研究(或者叫民俗美学)视为民俗学的一个重要研究方向,那么就有必要确立其核心范畴。相比较而言,生生美学、融入性审美、身体实践对于理解民俗美学是比较关键的。

一、生生美学

在中国哲学史上,《周易》建构了一个阴阳创生、相推生化的宇宙观,凝练出一个核心范畴——"生生"。在《周易》中,"生"乃天地之本性与自然法则。《周易·系辞下》说:"天地之大德曰生。"《周易·系辞上》又说:"日新之谓盛德。"合而言之,天地不仅化生万物,而且推动生命日日更新,绵延不息。以"生"为核心范畴,《周易》衍生出了"生生""大生""广生"等一系列子范畴。《周易·系辞上》说:"夫乾,其静也专,其动也直,是以大生焉。夫坤,其静也翕,其动也辟,是以广生焉。"又说"生生之谓易"。所谓"大生",是指天道静可抟聚元气,动可让万物正直而生,以至强大;所谓"广生",是指坤道深广,静可护育生命,动可包容万物;所谓"生生",一方面是指创造生命的动态过程,另一方面又指生命本身的绵延不息。总之,"生"与"生生"涵盖了创造生命、生生不息、强健生命、养护生命等基本内涵。

"生生"美学不仅建构了中国古典美学对宇宙万物、生命的基本认识,在审美精神以及

---

① 许明:《民俗艺术研究的美学视角》,《民间文学论坛》1990年第6期。
② 赵德利:《生命活动:民俗审美的基质》,《宝鸡文理学院学报(社会科学版)》1999年第2期。
③ 王旭晓:《民俗的审美价值探源及其当代意义》,《河南教育学院学报(哲学社会科学版)》2006年第2期;谷鹏飞:《从美学角度看民俗的现代传承与重建》,《河南教育学院学报(哲学社会科学版)》2006年第2期;郑新胜:《论民俗的审美价值》,《湖北民族学院学报(哲学社会科学版)》2015年第2期。

本体论、认识论层面塑造了中国古典美学的内核,间接地影响了中国古典文学与艺术的基本品质,而且直接地、充分地影响了民俗艺术。

首先,民俗艺术直接以大量的象征阴阳的图像生动地表现了"生生"观念。阴阳交合是万物化生的前提,《周易》中泰卦的卦象就表达了这个观念。汉代阴阳五行之说盛行,阴阳化生万物观念广为接受。如《淮南子·览冥训》说:阴阳"两者交接成和,而万物生焉"。《汉书·魏相丙吉传》说:"阴阳者,王事之本,群生之命。"在汉代墓室壁画、画像石、画像砖中,留存了诸多"阴阳"图像,如人首蛇身日月图、白虎三足乌图、蟾蜍满月图以及二龙交尾、二龙合璧、二虎相亲、双鹤交首等动物交合图。汉代之后,以动植物象征阴阳的图像,如蛇盘兔、抓髻娃娃、阴阳鱼、龙凤图、鱼莲图等,一直盛传于民俗艺术之中。在今天的陕西剪纸中,蛇盘兔与抓髻娃娃图像仍然很常见。蛇盘兔画面由一圈一圈的盘蛇与中间一小兔构成,蛇代表阳,兔代表阴,蛇与兔动静结合,刚柔相济。在抓髻娃娃图像中,娃娃一手举鸡,代表神鸟"金乌",象征着太阳与"阳",另一手举着兔子,象征着月亮与"阴",这两种图像中,阴阳互动的原始文化理念跃然眼前。在民俗艺术中,阴阳鱼、龙凤图、鱼莲图等图像更是极为常用,或在剪纸中,或在面塑中,或在砖雕中,有抽象的,也有具象的,有独立的,也有作为其他图像构成部分的。有研究者发现,民间表演艺术也是讲究阴阳的,如民间舞蹈的手诀,一般左为阴右为阳、覆为阴翻为阳、闭为阴开为阳、上为阴下为阳;甚至民间舞蹈的动作、场图也往往有着明显"阴阳"寓意,如《担经挑》走"剪子股"场图时,"舞者头披黑纱的尾部相互交缠,象征性地重现伏羲、女娲的交尾之象",再比如冀东的秧歌《拉花蹦蹦》,以八卦定位,以空场象征"无极",跑场时则循着"无极生太极""太极生两仪""两仪生四象""四象生八卦"阴阳化生万物的次序逐层展开。[①] 阴阳观念作为一种思维方式,包含了对立、统一、变化等看待宇宙万物的基本观念,对民间艺术的影响更是深刻。在民间造型艺术中,我们可以见到大量成双成对的艺术形象,如龙凤呈祥图案、双喜、双鱼、双蛙图案,以及寓意阴阳相对的双头虎、双头鸟、双头猪、双头驴造型等。这种广泛存在的偶数现象显然不是偶然现象,而是受到了阴阳对立统一思维的潜在影响。阴阳互动、生生不息观念一直流传在民间艺术之中。

其次,"生生"范畴所包含的礼赞、祝福生命观念是民俗艺术经久不变的主题。民俗艺术"在任何情况下,都祝愿生命繁荣,以生命繁荣为最高的美。它以千百种方式歌颂生命,表现生的欢乐"。[②] 具体而言,一是祝福、祝愿生命繁衍,直接体现"生生"美学之创生与生生不息之意。在民俗艺术中,祝福生命繁衍题材的作品最为丰富,如剪纸、年画作品中的老鼠嫁女、老鼠吃葡萄、兔儿吃白菜、鱼、葫芦等造型。老鼠、兔子、鱼等动物形象有一个共同特点,就是繁衍能力极强,葫芦也有多子的特征,因而,民间艺术中的这些动植物形象大都有祝福生命繁衍的意思。二是祝福、祝愿健康长寿,体现了"生生"美学之养生之意。在民俗艺术形象体系中,祈求儿童幸福成长、老人健康长寿的意象也是极其丰富的,如瓷器中的孩儿枕、惠山泥塑中的大阿福、年画与剪纸中胖娃娃抱鲤鱼形象、陕西剪纸中的抓髻

---

① 张华:《中国民间舞与农耕信仰》,长春:吉林教育出版社,1992年版,第43、47、200页。
② 安琪:《群体精神的美学体系——民间艺术的理想、功能与价值》,《文艺研究》1990年第1期。

娃娃图、老寿翁与松鹤组图等,又如民间纹样中的寿字、团花、富贵不断头、盘长等,这些审美意象无不直接表达了对健康与长生的美好祝福。三是赞颂生命饱满、健康、有力状态,崇拜能护佑生命的强者,体现了"生生"美学之强生之意。在民俗艺术中,凶猛的动物形象往往象征着吉祥。在西北地区的民间,长辈会给小孩子做虎头帽、虎头鞋以及五毒兜肚等。早在汉代,虎就被视为阳物,认为能护佑孩童健康成长。所谓"五毒",指蝎子、蛇、壁虎、蜈蚣、蟾蜍,这些毒物本来是孩童健康成长的妨碍者,但因其生命力强,反而体现强生之意。

再次,民俗艺术的审美形式、审美价值取向等,也往往体现"生生"美学。文人艺术重视"经营位置",讲虚实,欣赏留白。这种审美观念的背后是玄奥的老庄美学思想。民俗艺术很少受到老庄美学的影响,其审美心理往往直接来自生产生活实践。在日常生活中,劳动人民热爱茂盛的庄稼、饱满的谷穗、丰盈的果实、肥壮的牛羊等,这种朴素的情感积淀为审美心理,使得他们在艺术创作时热爱"满"与"实"。不管是剪纸,还是年画,民间艺术的构图大多极其饱满、丰富,有限的空间中填满了创作者所能想到的一切事物。如陕西王兰畔的剪纸《苹果园》,画面分两层,下层有两组图,左侧图为一人二牛在犁地,犁地者四周有老虎、凤鸟、猴子、马,牛的下方有昆虫、绵羊,右侧图为一人在给果树松土,树下有猫和鱼;上层也有两组图,左侧图为两人在摘苹果,一人挑着担子,一只小鸟立在果树枝头,右侧图为一人在摘苹果,树下有猫在追逐老鼠。如此构图,一般艺术理论是难以解释的。其实,民俗艺术以圆满、充实为美,这是对生机勃勃、生命力充盈状态的欣赏,正是"生生"美学精神的直接体现。

在色彩体系上,民俗艺术的审美取向也体现了"生生"美学观念。首先,民俗艺术极其崇尚红色,次之为绿色。在民间观念中,红色意味着吉祥,可辟邪。因为红色是血的颜色,是生命的象征。绿色是植物生命的颜色,也是生命的象征。故而绿色虽为冷色,但在民间画诀中却有"红配绿,看不足"一说,民间还流传着"红红绿绿,图个吉利"的谚语。除了丧事,民间很少使用白色,因为白色是雪的颜色,让人联想到冬之肃杀,是死亡的象征。民俗艺术对颜色的取舍,显然受到了"生生"美学观念的潜在影响。其次,与文人艺术讲究色调和谐不同,民俗艺术常用亮色,如红、黄、绿、黑等,而且着意突出强烈的对比。在民间画诀中有"红靠黄,亮晃晃""要喜气,红与绿;要求扬,一片黄"等说法。亮色与强烈的对比,可以产生一种热烈、喜庆的感觉。热烈与喜庆不仅意味着对"生"的祝贺与热爱,而且热烈、喜庆的气息本身就可以使人热血沸腾,直接体验到生命力的高涨感。

"生生"美学充分表现在民俗艺术的内容与形式之中,民俗艺术的"生生"之美是中国艺术精神的重要维度之一。徐复观说:"中国文化中的艺术精神,穷究到底,只有由孔子和庄子所显出的两个典型。"[①]徐复观对中国艺术精神的考察仅仅上溯到诸子百家时期,忽视了更为久远的原始文化。事实上,原始文化存续了数以万年,积淀了更为深厚的审美文化心理,不仅在艺术符号系统,而且在美学观念层面深深影响了中国艺术精神,甚至可以说,原始文化观念在一定程度上模塑了中国艺术精神的内核。靳之林曾提出,在以儒家、

---

① 徐复观:《中国艺术精神·自叙》,沈阳:春风文艺出版社,1987年版,第5页。

道家为代表的诸子百家之前,存在着诞生于原始社会的中国本原哲学,主要由生生观以及与之相关联的阴阳五行观构成。所谓"本原哲学",就是中国哲学的母体,其他哲学观念、美学观念都由其派生而出。当然,儒家思想、道家思想也是产生于这一母体之中。靳之林进而指出,诸子百家哲学是文人士大夫艺术的哲学基础,本原哲学是中国民间艺术的哲学基础。[①] 这也就是说,民俗艺术的哲学基础直接来自原始文化,它自成一体,足以与儒家美学、道家美学分庭抗礼。事实上,由上文之考察可见,民俗艺术所内含的"生生"美学观念确实非儒家美学、道家美学所能囊括,它主要反映起源、生存、繁衍、壮大等生命的最基本问题,既不甚重视儒家美学所关注的当前的社会关系,也不甚看重道家美学所关注的个体化的审美主体。如果说儒家美学精神是"为人生而艺术"的典型,道家美学精神是"为艺术而艺术"的典型,那么,民俗艺术的"生生"之美则可谓是"为生命而艺术"的典型,它祝福、祝愿生命繁衍不止、生生不息,肯定、赞美生命健康、强力的状态,偏爱热烈、喜庆、饱满、丰富等体现生命力高涨感的艺术形象。

中国传统艺术包括文人士大夫艺术与民俗艺术两种基本形态,文人士大夫艺术或体现儒家美学精神,或体现道家美学精神,民俗艺术则主要体现直接来自本原哲学的"生生"美学精神;"生生"美学精神与儒家美学精神、道家美学精神一道构成了中国艺术精神的三个基本维度。

二、融入性审美

现代美学建构了一种分离式的、审美主体外在于审美对象的静观性的审美模式。民俗审美则不同,往往是主体参与其中、沉浸其中的融入性审美。对此,我们可以从分析审美经验入手予以阐释。

审美经验就其本质而言是一种快感经验。西方美学家一直努力地对人类的快感经验进行区分,试图将审美经验从一般快感经验中区别出来。柏拉图将快感区分为审美快感与生理快感,并且认为审美快感高于生理快感。他说:"那些由于颜色、图形、大多数气味、声音而产生的快感是真的……我认为这样的事物是美的,但它们与其他大部分事物不一样,大部分事物的美是相对的,而这些事物的本质永远是美的,它们所承载的美是它们特有的,与瘙痒所产生的快乐完全不一样。"[②] 亚里士多德则进一步提出,纯净性是区分快感价值高低的核心尺度,他说:"视觉以其纯净而有别于触觉,听觉与嗅觉优于味觉。各种快乐同样以其纯净性相区别。"[③] 对于美感与普通快感之间的界线,康德进行了最为系统而深刻的区分。他认为审美鉴赏是关于表象的判断,与表象的实存没有任何关系,因而审美快感是一种纯粹的、无利害、自由的愉悦。他说:"关于美的判断只要混杂有丝毫的利害在内,就会是很有偏心的,而不是纯粹的鉴赏判断了。"[④] 这种无利害的愉悦和一般的快感是

[①] 靳之林:《论中国民间美术》,《美术研究》2003年第3期。
[②] [古希腊]柏拉图:《斐莱布篇》,见《柏拉图全集·第三卷》,王晓朝译,北京:人民出版社,2003年版,第239页。
[③] [古希腊]亚里士多德:《尼各马科伦理学》,见《亚里士多德全集·第八卷》,苗力田译,北京:中国人民大学出版社,1994年版,第223页。
[④] [德]康德:《判断力批判》,邓晓芒译,北京:人民出版社,2002年版,第39页。

不同的,一般的快感是"在感觉中使感官感到喜欢的东西",是由表象的实存所激发起的一种欲望,总是与利害结合着,是不自由的。康德对审美经验的界定奠定了现代审美主义的核心原则,即将审美从其他社会生活领域中剥离出来,成为自足、自律的范畴。这恰恰迎合了艺术的分化、自律的历史趋势。在康德美学之后,美学开始被等同于艺术哲学,因为人们发现,诗歌、音乐、绘画等来自灵感与天才的美的艺术能够超越种种利害关系,给予人们一种纯粹的高雅的乐趣,专业的艺术家所创造的艺术美是最理想的审美对象。随着审美主义理念被广泛接受,18世纪之后,西方社会中开始涌现出大量的音乐厅、画廊、艺术馆等特定的艺术活动场所,美的艺术开始从日常生活中被隔离出来,而民俗艺术则被贬为"制造和装饰自己工具的农民的家庭活动"[1]。

康德所界定的审美经验不仅要求审美主体非功利地超然于审美对象,而且其所预设的审美主体是一个能够与审美对象保持一定心理距离的理性化的主体。对此,不断有美学家提出异议。对于其非功利一说,杜威非常睿智地指出:"一个钓鱼者可以吃掉他的捕获物,却并不因此失去他在抛竿取乐时的审美满足。正是这种在制作或感知时所体验到的生活的完满程度,形成了是否是美的艺术的区分。是否此制品,如碗、地毯、长袍和武器等,被付诸实用,从内在的角度说,是没有什么关系的。"[2]而对于其理性化审美主体的预设,尼采不屑一顾,他在《悲剧的诞生》中描绘了一种更为深刻、更为原始的审美经验,即审美主体完全意志消融的酒神艺术的审美经验:"此刻,在世界大同的福音中,每个人感到自己同邻人团结、和解、款洽,甚至融为一体了……人轻歌曼舞,俨然是一更高共同体的成员,他陶然忘步忘言,飘飘然乘风飞飏。他的神态表明他着了魔。"[3]这是民俗活动中的审美经验,是一种无距离的、融入性的审美经验,尼采善意地称之为"民间病",以反讽缺乏体验或感官迟钝的理性化审美主体的所谓"健康"。彭锋认为,康德所谓的审美经验"强调审美主体对审美对象的外在静观",是一种分离式的审美经验,此外,还有一种"强调审美主体积极参与到审美对象之中"的介入式的审美经验。[4]那么,尼采所描绘的审美经验就是一种介入式的审美经验。这种审美经验尤其在音乐欣赏与自然环境的欣赏中享有优先地位。在音乐活动中,审美经验的发生往往伴随着主体性的消融,主客二分地、冷静地品鉴乐曲的节奏、旋律以及诸种技法,无疑不是真正的音乐欣赏。而在自然环境欣赏中,"我们处在我们欣赏的对象里面。如果我们环顾四周,就会发现自然无处不在,自然整个地将我们包围着。如果我们活动,我们只是在欣赏的对象里面活动,从而必然改变我们与对象之间的关系,最终使对象本身也发生变化"。[5]

主客分离、非功利性都并非界定审美经验的标尺。杜威认为,我们存在于一个"物的

---

[1] 黑格尔的说法。转引自[匈]阿诺德·豪泽尔的《艺术社会学》,居延安译,上海:学林出版社,1987年版,第218页。
[2] [美]杜威:《艺术即经验》,高建平译,北京:商务印书馆,2005年版,第27页。
[3] [德]尼采:《悲剧的诞生》,《悲剧的诞生:尼采美学文选》,周国平译,北京:生活·读书·新知三联书店,1986年版,第6页。
[4] 彭锋:《审美经验与审美对象》,《江西社会科学》2005年第4期。
[5] Allen Carlson. Aesthetics and the Environment: The Appreciation of Nature, Art and Architecture, London and New York: Routledge, 2000. xvii - xviii.

世界中",经验是我们"在一个物的世界中斗争与成就的实现",是生命的表征与确证;只要是一个完整的经验,不管是完成一件作品,还是玩一个游戏,吃一顿美餐,都具有审美的性质。经验的直接性与完整性是确定一个经验是否能称为审美经验的关键,审美主体是保持静观态度,还是介入对象之中,是无关紧要的。审美经验也并非仅仅是对审美对象形式的观照,其内容可以包含政治、伦理、宗教的内容,只要这些内容已经转化为情感体验,而不是仍然作为观念形态。因此,尽管民俗艺术尚未从日常生活中分化出来,包含着一些政治、伦理、宗教的内容,无法成为"纯粹"的审美对象,但是,这并不影响审美经验的发生;在民俗化活动中,即使审美主体并非静观性地鉴赏其对象,而是融入对象之中,其经验也可以称为审美经验,只要它是一个完整的经验。事实上,民俗活动的审美经验从来不是单纯的形式美感,也不限于感官经验,正如陶思炎先生所言:"在傩舞中的跳五猖、跳幡神,民间艺人的精彩说唱,扣人心弦的传说故事,欢愉的儿童歌谣等等,他们那身心合一的神态、激扬高亢的情感、张弛有度的动作,无不诉说着这种美感体验所带来的对人的心灵的强劲的冲击或浸润。这早已不是单纯的形式美,不仅仅是感官的愉悦,而是进入了心意相承的体悟世界。"[1]纵观人类审美经验的历史,保持静观态度的审美赏鉴只是特定文化群体的一种审美方式与审美趣味,这种分离式的审美经验并不具有普适性,用布迪厄的话来说,这只是现代社会"实现让社会差异合法化"的一种"发明"。相比较而言,民俗活动中那种融入性的审美经验更为历史悠久,更具有普适性,是一种日常化的审美经验。所谓日常化的审美经验并非说在日常生活中随时都会发生,事实上,融入性审美经验的发生往往需要一个"审美阈限",即某个特殊的社会文化心理时段,如举行传统节庆、婚礼、丧礼、庙会等期间,在这些民俗活动过程中,所有人都参与其中,沉浸其中,建构了一个神圣化的空间,人们特别容易进入审美的心理状态。

从审美经验角度来看,审美主体的情感投入以及审美认同感是审美价值判断的重要标尺。克莱夫·贝尔提出,"所有审美体系的出发点必须是对某一特定情感的亲身体验。我们把激发这种情感的对象称为艺术品。所有感觉灵敏的人都一致公认有一种由艺术品激发的情感。……每一件作品都产生不同的情感,不过,所有这类情感均被认为是同一种情感。……这种情感就叫做审美情感"。[2] 克莱夫·贝尔对这个观点非常自豪,认为是"迄今为止最好的观点"。诚然,艺术活动的特殊性就在于交流审美情感,而不是交流普通的生活情感,但是,所谓的"审美情感"也并非仅仅就是克莱夫·贝尔所言的对艺术形式的敏锐的感受,而是人们所熟悉的普通的生活情感的艺术再现。因此,审美情感可以涵盖一切普通的生活情感,生活有多广阔,审美情感就有多丰富。就艺术的情感交流功能而言,大众所共享的民俗艺术显然要远远优越于仅供少数人鉴赏的美的艺术。以中国民间艺术为例,其主题"都是祈求丰收、健康、多子、夫妻和谐、家庭和睦、儿童幸福成长、老人健康长寿,对死者也像对生者一样地祝愿他在另一个世界幸福安乐。在这一主题贯穿下,民艺

---

[1] 陶思炎、孙发成:《民俗艺术的审美阐释》,《西南民族大学学报(人文社会科学版)》,2010年第5期。
[2] [英]克莱夫·贝尔:《审美的假设》,《现代艺术和现代主义》,弗兰西斯·弗兰契娜、查尔斯·哈里森编,张坚、王晓文译,上海:上海人民美术出版社,1988年版,第102—103页。

积淀形成了一系列成语、意象、纹样程式，都与生命、欢喜、圆满、幸福、长寿的内蕴和外形有关。如长命锁，百家衣，双喜、福、寿等字形，团花、富贵不断头、如意、生生不息纹样等等"。① 很显然，这些主题与艺术形式可以引发最广泛的情感共鸣与审美认同。孟子曾问梁惠王："与少乐乐，与众乐乐，孰乐？"梁惠王回答说："不若与众。"② 毋庸置疑，群体性的审美共鸣与审美认同是最为强烈的审美体验。民俗艺术由于能够激发最广泛的群体认同，可以说是一种"大乐"，想一想节庆、民俗中那些热闹、欢腾的民俗艺术表演场面，难道不觉得在音乐厅中、在博物馆中欣赏艺术所产生的审美经验有些贫乏吗？国学大师焦循在《花部农谭》的序言中写道："梨园共尚吴音。花部者，其曲文俚质，共称为乱弹者也，乃余独好之。"以至于"每携老妇、幼孙，乘驾小舟，沿湖观阅"。③ 焦循不愿意在厅堂中欣赏昆曲，却带着一家老小去看民间广场表演，也许就是因为发现了与众同乐才是最能令人满足的一种审美愉悦。

三、身体实践

从美学视角来看，民俗不仅是视觉性的审美对象，更为重要的是其主体的身体实践。如果说传承是民俗学核心范畴之一，那么，身体实践就是支撑着传承的下位概念。没有身体实践，就不可能有真正的民俗传承。

民俗只能依存于具体的、活的生命体之中。也就是说，身体其实是民俗的最为直接的存在方式。在传统节庆、传统舞蹈、传统仪式中，唯有每一个具体身体的直接参与，民俗艺术才得以现实化；在传统口头文学、传统美术、传统技艺中，唯有通过口的讲述、手的劳作，才能产生民俗艺术"作品"。也就是说，民俗传承是情境性的，只有在特定情境之中，身体的每一次具体实践，即身体必须亲在，民俗才能得以"现身"，才能成就自我。

民俗传承是身体间的直接传承。刘铁梁曾提出过"交流的民俗志""感受民俗志"等概念，他认为"生活文化的整体性，其实是与作为生活实践主体的主观感受性联系在一起的，民俗作为交往的语言和手段最丰富和最充分地凝结了当地人心心相通的生活感受"，"文本资料中被改变了的民俗，文本资料并不能将人们运用民俗的许多实际经验和具体感受一同带上来"④。民俗文化凝聚着群体化的记忆、趣味、情感与气质等，所有这些丰富的意识内容都贯注至身体之中，由身体来外化并予以表达。归根结底，民俗是一种具身性知识，只能经由身体来直接传承，即通过身体间的直接交流来实现民俗文化的代际传承。所谓"具身的"，"也就是说它产生于身体与世界的互动。从这个角度来看，认知取决于身体的各种经验，这些经验来自具有特定感知和运动能力的身体，这些能力不可分离地联系在一起，共同形成了一个推理、记忆、情感、语言和生命的其他方面在其中的编织在一起的机

---

① 安琪：《群体精神的美学体系——民间艺术的理想、功能与价值》，《文艺研究》1990年第1期。
② 孟子：《中华经典藏书孟子》，万丽华、蓝旭译注，北京：中华书局，2016年版。
③ 《中国古典戏曲论著集成》（八），北京：中国戏剧出版社，1959年版，第225页。
④ 刘铁梁：《感受生活的民俗学》，《民俗研究》2011年第2期。

体"①。这种具身性的知识依赖于人的身体经验，充满着个体化的体验、志趣与品味，交织着微妙的技巧、秘诀、感受与心理，而且难以用言语清晰地表述出来，而这恰恰是非遗知识系统中最难以传承的部分，波兰尼将其称之为"隐性知识"（Tacit knowledge）。"隐性知识就是存在于个人头脑中的、存在于某个特定环境下的、难以正规化、难以沟通的知识，是知识创新的关键部分。隐性知识主要来源于个体对外部世界的判断和感知，源于经验。"②对此，余舜德曾指出，"身体感项目与感官经验之间的关系状似单纯但其实非常复杂。于个人的层面，每个人都在成长的过程中逐步建立五种感官之感受项目的分类及体系，从最基本的长短、高矮、明暗、干湿、咸淡、大小声、粗糙、细致、软硬、冷热、痛痒、香臭等开始，我们需要建立对内在与外在世界非常精细的感受分类与辨认这些分类的能力。这些项目并非单以抽象或概念的型式存在，而是当个人的身体与物或物质、社会环境有直接的对应关系时，他们方有经验性的内涵与意义"。③ 对于一个优秀的民间手艺人来说，在日积月累的技艺实践中所积累的丰富知识往往都是具身性的、隐性的，如何判断茶叶萎凋的程度、瓷器烧造的火候、陶泥的调制比例，乃至于使用工具的身体姿势、把握力度、控制角度，对距离、大小、粗细、长短的肉眼预判等等，无一不充满着身体实践的"感觉"与"习性"。这种对技艺的精熟掌握主要体现在身体"感觉"的体会与特殊经验的领悟。正如日本哲学家汤浅泰雄所言，真的知识，不能仅仅依靠理论化的思考获得，而只有通过"身体的体悟或领会"而获得。④ 同样，表演类民俗技艺的炉火纯青也表现在对"韵味"或"状态"的领会，充溢着"身心合一"的自然、自如、自由。这种达至审美状态的技艺实践即是充分运用身体的结果。博厄斯曾指出"很多人努力想要表现某种美学的冲动，但却不能实现这种理想。他们所追求的东西是一种设想的完美形式，而由于他们的肌肉缺乏训练，不能充分表达"。⑤ 技艺的"拙"与否，其实取决于身体的熟练性、灵敏性；存在于各类民间技艺"诀窍"，往往是特殊身体经验的总结。总而言之，民俗传承维系于身体经验或身体意识，是异质的生命体之间的情感、经验交流过程，其中涉及大量的身体模仿实践。

相比于学校教育，师徒制是更贴合于具身知识、隐性知识获得的一种传承方式。比如传统民居修建技术，师傅与学徒采用口耳相授的方式，以一对一、一对多的形式在实践过程中教授；"稳""正""平""斜"等技术精要，师傅以语言、动作表现出来，既没有事先规划设计好的样稿，也不存在图纸或文字说明；不仅是技艺在传者与受者之间的转手，而是要让技艺牢固地融合为学徒的身体经验方能出师。⑥ 彭牧发现，湖南茶陵农村做仪式时，徒弟必须在意识中清晰地模拟出师傅的身体经验，徒弟"要点上香、举过头顶、朝特定的方

---

① Thelen, E., Schöner, G., Scheier, C., & Smith, L. B., "*The dynamics of embodiment: A field theory of infant perseverative reaching*", Behavioral and Brain Sciences, No. 1, 2001, pp. 1—34.
② 黄荣怀、郑兰琴：《隐性知识论》，长沙：湖南师范大学出版社，2007年版，第34页。
③ 余舜德：《从日常生活的身体感到人类学文化的定义》，余舜德编《身体感的转向》，台北：台湾大学出版中心，2015年版，第115—116页。
④ Yasuo Yuasa, The Body: Toward an Eastern Mind—Body Theory(1987)，转引自[美]理查德·舒斯特曼《实用主义美学》，彭锋译，北京：商务印书馆，2002年版，第355页。
⑤ [美]弗朗兹·博厄斯：《原始艺术》，金辉译，贵阳：贵州人民出版社，2004年版，第2页。
⑥ 李菲：《身体与传承：非物质文化遗产研究的范式转型》，《思想战线》2014年第6期。

向……在慢慢地上香、弯腰、鞠躬拜的过程中,徒弟要在头脑中'拟'出师傅的形象。也就是在头脑中仔细回想当初师傅传授他(她)仪式诀窍的具体场景"①。很显然,这种通过拟师来请师的仪式只能来自师徒制的耳提面命,而不可能通过书籍来间接学习。可见,人类知识的传承依靠的不仅仅是文字这一类与身体脱离的媒介,更为多样与基本的人类文化经验是通过身心融合的长期实践而获得的凝聚于身体之中的技术,是不断更新与发展的人本身。②对此,莫斯肯定了"身体技术"的优先性与重要性,"身体是人首要的与最自然的工具。或者,更准确地说,不用说工具,人首要的与最自然的技术对象与技术手段就是他的身体。……在作为工具的技术之前,已经有了一整套身体技术"③。

第三节 民俗美学研究的前沿议题

在民间文艺学研究领域,诸如民间文艺的特性、价值、起源、类型等基本理论问题都已得到了较为深入的讨论,其中不乏在美学层面展开的研究。在此之外,还有如下一些新的议题值得关注。

一、民俗艺术创新

民俗艺术能否创新,这并非一个新话题,但是,由于当前民俗学者对非遗生产性保护与原真性问题的关注,使得这个问题有了老话新说的必要。一方面,有学者提出,民俗文化在历史上就处于不断变化之中,并不存在原生态、本真性的"非遗",因而,"非遗"当然可以创新,创新的成果也当然属于"非遗"。④另一方面,也有学者认为,"非遗"创新与保护在一定程度上是"互斥"的,"非遗"虽然可以创新,但创新后的成果只能说是将来的"非遗",因而,"非遗"创新不属于"非遗"保护范畴,而是群众文化活动、专业艺术生产和文化市场开拓的工作目标。⑤后来以苑利为代表的部分学者甚至抛出了"'非遗'的最大价值就是其历史认识价值,'非遗'不能创新、改变"等论断,⑥这被学界广为讨论,并形成了"非遗"可否创新的一系列延伸思索。⑦

就民俗艺术而言,是否可以创新并非值得讨论的问题,事实上,民俗艺术虽然重视传承,看起来似乎亘古不变,其实一直处于变化之中,不同时期、不同地域的民俗艺术差异显著。明代宋应星在论述陶器的历史流变时就不无感慨地说,"岂终固哉!"⑧但是,在人们

---

① 彭牧:《模仿、身体与感觉:民间手艺的传承与实践》,《中国科技史杂志》2011年增刊第32卷。
② 彭牧:《身体与民俗》,《民间文化论坛》2018年第5期。
③ [法]马塞尔·莫斯:《社会学与人类学》,佘碧平译,上海:上海译文出版社,2003年版,第306页。
④ 康保成:《关于非物质文化遗产的改革、创新及其他》,《湖南社会科学》2013年第5期。
⑤ 黄大同:《非物质文化遗产能否创新?》,《艺术百家》2011年第2期。
⑥ 苑利:《救命的"脐带血"千万要保住——从非遗传承人培训说开去》,《光明日报》2016年1月22日第005版。
⑦ 齐易:《非物质文化遗产:"尊重、保护"与"提升、改造"孰是孰非?》,《文化遗产》2016年第5期;张毅:《非遗保护与传承的历史使命是推动其可持续发展》,《文化遗产》2016年第5期。
⑧ [明]宋应星:《天工开物·陶埏第十一》,潘吉星译注,上海:上海古籍出版社,2008年版,第186页。

印象中,为何觉得民俗艺术缺乏创新精神呢?对于这个问题,首先应该反思一下所谓"创新"这个话语究竟意味着什么。

在现代社会,"创新"已然成为不可置疑的价值取向。其实,"创新"精神不过是在现代社会才被广为尊崇。不管是东方,还是西方,在古代社会中,人们都更为尊崇传统,而不是创新。追根溯源,标举"创新"其实是西方近代浪漫主义文化精神的产物。尤其是所谓"积极浪漫主义",以"天才""创新"等观念向传统开战,为个性解放开辟道路。由于"创新"这个话语其实是与肯定人的个性这种现代价值取向联系在一起的,能够别开生面地创新,意味着这个人与众不同,具有一种不言自明的价值,因而,在浪漫主义"艺术世界"①中,不是艺术作品,而是具有创新精神的艺术家更为受人关注。20世纪之后,随着现代主义兴起,人们对"个性""创新"的关注逐渐由艺术家转向了艺术品。不管是在浪漫主义文化精神中,还是现代主义文化精神中,其"创新"都建立在追求个性、反叛传统的基础之上。这种"创新"精神,可以称之为"背叛性创新"。民俗艺术显然不具备这种创新精神,历史地看,也不具备滋生这种创新精神的文化传统。

与"背叛性创新"不同,民俗艺术坚守"在传承中创新"。"在传承中创新"包含三个方面,其一,不离不弃本源,不为创新而远离日常生活需要。民俗艺术与"纯艺术"不同,它的本源是日常生活需要,而非"艺术世界"中的"自律"原则。民俗艺术原本就是日用之物,因而,无论如何创新,都不应丢弃其生活器物之本性,成为"纯艺术",否则,就会终将丧失其独特性以及存在的合法性。以苏绣为例,宋代就出现了艺术水准很高的"画绣",但是,服务于美化服饰之日用需要一直是苏绣之主流,恰恰是日用需要,推动了明清时期苏绣技艺的发展,而到了当代,技艺超群的苏绣艺人几乎都在从事"画绣"制作,由于远离了日常生活需要,苏绣传承出现了危机。其二,在技艺上不断革新,不断超越,但旨在精益求精,而非为了表现个性刻意求新、求异。就拿紫砂壶制作来说,顾景舟之所以能将紫砂壶的影响力提升到前所未有的高度,主要得益于其超越前人的精湛技艺。据说,他仿制清代陈鸣远款的龙凤把嘴壶和竹笋小盂,曾被故宫博物院与南京博物院误作陈鸣远传世真品收藏②,可见其"传承"之功力,而几十年后,他之所以能帮博物院鉴定出这些仿作是出于己手,主要根据就是仿古壶的技术含量超越了陈鸣远。纵观顾景舟从艺生涯,虽然作品无数,但绝少新异之作,这并非是其创新精神不足,而是因为他秉承着一种古老的文化理念,即技艺上精益求精,臻于至善至美,也是一种创新。与技艺革新相应的是,在审美观念上要不断推陈出新。所谓"陈",是指不合乎时代精神的审美观念及其艺术形式,而"推"并非仅仅是推开、抛弃的意思,而是"推动",即推动其依靠内在逻辑发生转化,不断调适以适应外部变化。顾景舟年轻时以制作仿古壶成名,向来重视对传统器型的传承,但从不拘泥于古代形制,而是以现代审美意识去改进器型,如"子冶石瓢"壶早已成为经典器型,他却能潜心研究,推出"景舟石瓢",通过身筒、壶嘴、壶把衔接等处的改进,使得"壶中君子"石瓢壶"稳重

---

① 所谓"艺术世界"是指"艺术品赖以存在的庞大的社会制度"。[美]J.迪基:《何为艺术?》,《当代美学》,[美]李普曼(Lipman, M.)编;邓鹏译,北京:光明日报出版社,1986年版,第107—108页。
② 吴群祥:《紫砂壶艺泰斗——顾景舟》,《艺术市场》2012年第15期。

中见端庄、圆润中见骨架",更为"精、气、神十足"①。再如南京云锦,本是宫廷用品,追求富丽堂皇、繁复之美,这种审美品位显然已经难以为现代人所接受,云锦制作技艺国家级传承人金文并不完全抛弃传统,而是不断改变一些传统图案,制作出一批简洁、素雅的云锦制品,据说市场认可度颇高。其三,不因创新而远离本民族固有之审美心理。通过艺术的吉祥寓意来祝福生活,这是中华民族固有之审美心理。考诸传统手工艺品的形制、图案、色彩,无不暗含着一种吉祥的寓意,此间包含着一种文化理念,即手工艺品的审美并非无目的的、非功利的,而首先是为了满足人们祝愿日常生活美满的精神需要,手工艺创新不宜违背这民族固有之审美心理。秦淮灯彩制作技艺传承人曹真荣说,"做灯是讲究寓意的,要讨喜,比如狗灯,卡通狗造型就喜庆,笑眯眯的,像是趴着给人拜年,寓意是恭喜发财……我创作过飞机灯,但不会制作枪炮子弹灯,这些寓意不吉祥"。② 金文曾创作过一幅云锦作品,画面是三朵牡丹,两只蝴蝶,空间切分恰到好处,整体色调和谐,合乎现代审美趣味。对于这幅作品,金文阐释说,牡丹寓意富贵,蝴蝶寓意"耄耋"、高寿,合起来就是富贵到老,三朵牡丹之所以不设计成对称的品字形,而是斜着排成一线,寓意是"一路发"。耐人寻味的是,在手工艺人看来,结构、色彩等艺术形式的创新居然也要立足于民族固有的审美心理。

二、民间表演艺术的喜剧性

蒋孔阳认为,喜剧有不同的喜剧性,"有的是因为生活美满,歌颂生活的幸福愉快,这是生活的喜剧;有的则因为生活的虚假做作,加以揭露和鞭笞,这是讽刺性的喜剧;还有的是以轻松的微笑,消除生活中的误会或令人不够愉快的事,这是滑稽和幽默"。他还指出,西方的喜剧大抵以讽刺性喜剧为主,而中国喜剧"却以生活喜剧和滑稽幽默为主"。③ 蒋先生主要是以米南德、莎士比亚、莫里哀、果戈理、马克·吐温等人的经典文本为考察对象的,似乎忽略了"非文本"④的民间表演艺术的喜剧性。事实上,民间表演艺术的喜剧性是一个关涉深度理解中国民众社会文化心理的重要问题,值得深入讨论。

就形成文本形态的民间戏曲而言,讽刺性的喜剧不仅数量较多,而且艺术质量也比较高,如广泛流传于各种地方戏中的《打面缸》《张三借靴》等。讽刺性喜剧基于一定的理性批判能力,不管是表演者还是接受者,都必须能够理解其中不合情理的乖谬,才会予以否定性的嘲笑。

本真的民间喜剧精神突出地表现于节庆、庙会时的各种民间表演活动中,其典型的审美经验是由诙谐、滑稽引发的哈哈大笑。在节庆、庙会等喜庆的、神圣化的时空阈限中,人们仿佛忘记了日常的辛劳与困苦,只是一味地开心地笑闹。此间所谓的表演大多是即兴的,既没有演出脚本,演出前一般也不做彩排,其演出效果一方面得益于节庆、庙会本身固

---

① 吴亚平:《我的师傅顾景舟》,《东方收藏》2011年第10期。
② 被访谈人:曹真荣,秦淮灯彩制作技艺传承人;访谈人:赵天羽,南京农业大学民俗学专业2016级研究生;访谈时间:2017年11月17日下午;访谈地点:南京东艺灯彩厂。
③ 蒋孔阳:《谈谈喜剧性》,《文艺理论研究》1990年第4期。
④ 高小康:《非文本诗学:文学的文化生态视野》,《文学评论》2008年第6期。

有的狂欢化气息,另一方面则主要来自丑角的搞笑。这种无舞台的、开放性的民间表演是全民参与的,开心地笑闹暂时变成了生活本身,其喜剧性的审美经验不是来自分离式的审美鉴赏,而是融入式的瞬间体验;这是一种共享性的审美经验,不管是表演者还是观众都体验到了同一种欢乐;这种欢乐具有弥散性,使得整个时空中都充满了喜庆的气息。

民间之所以最爱看丑,就是因为他们的表演缺乏深度内涵,是完全表面化的,比较"低俗",仅仅是为了逗乐而已。这种"低俗"的、无深度的诙谐造成了全民性的欢笑,不管身份高低,不管是否有文化教养,只要身临其境,就会本能地感到心理优越而产生"突然荣耀感"[①]。很显然,民间诙谐所引发的欢笑不同于有着深度思想内涵的讽刺性的笑,也不同于意识已经达到了自我反讽高度的幽默的笑,它是一种缺乏任何指向与内涵的单纯的节庆的欢乐,我们姑且称之为"同笑"[②]。

同笑是缺乏任何指向的。它会拿帝王、官吏、和尚、阎王打趣,但这不是将他们高大形象予以"降格",也不是有意识的僭越,而是以民间的想象对远离他们日常生活的人物进行生活化的处理,如四川灯戏《皇帝打烂仗》中,正德皇帝踩着"龙摆尾"锣鼓节奏,翻着筋斗上场,没有一点帝王的威仪,完全像村里的一位小青年。民间表演有时会取笑人的生理、智力缺陷,但绝不是冷嘲热讽,其实,笑与被笑者之间有着一种善意的相互理解。总而言之,同笑完全没有针对性,仅仅是为了搞笑而已。在某种程度上我们可以说同笑是无内容的笑,它还处于人类意识发展的低级阶段,仿佛是人类集体无意识的自我表演,尚在"善恶的彼岸",但是,它在民间生活中有着极其重要的意义。

同笑是全民性的欢笑。不管是观众,还是表演者自身,都处于欢乐之中。同笑是共享性的欢乐,是单纯的欢乐,是最自由的笑。王国维说:"夫能笑人者,必其势力强于被笑者也,故笑者实吾人一种势力之发表。然人于实际之生活中,虽遇可笑之事然非其人为我所素狎者,或其位置远在吾人之下者,则不敢笑。"[③]但在节庆、庙会等特定时空中,人们的笑是无所顾忌的。不管是缙绅、商贾、土财主,还是贫民、乞丐;不管是男人、女人,还是小孩,在这特定的时空阈限中,在虚拟的象征性的情境里,都可以开心地大笑。尊卑贵贱暂时性调和了,人们不以为乞丐扮演帝王为僭越,也不追究滑稽表演中有何言外之意,任何人都可以是取笑的对象,被取笑者也不以为忤,人们以同欢共乐的喜庆精神缔结了密约。

国内有学者认为,中国传统节庆、庙会中的这种诙谐的同笑是全民性的、共享性的,是自由的欢笑,具有反规范性,几近于巴赫金所谓的狂欢式的笑。[④] 其实,二者之间文化精神是截然不同的。首先,中国传统节庆、庙会时的反规范性只是一种群众聚集效应,是非理性的、无意识的,由诙谐引发的同笑仅仅是单纯的欢笑,没有明确对抗上层的指向,不具有确定的文化政治意义;而巴赫金所谓的狂欢节"针对上层的性质"是明确的。[⑤] 具体到

---

① 这是霍布士在《巨鲸》中对喜剧心理的一种解释。转引自朱光潜:《西方美学史》,北京:人民文学出版社,1979年版,第204页。
② "同笑"这个概念来自罗伯特·耀斯。见汉斯·罗伯特·耀斯:《审美经验与文学解释学》,顾建光、顾静宇、张乐天译,上海:上海译文出版社,1997年版,第288页。
③ 王国维:《人间嗜好之研究》,《王国维文集》第三卷,北京:中国文史出版社,1997年版,第29页。
④ 赵世瑜:《中国传统庙会中的狂欢精神》,《中国社会科学》1996年第1期。
⑤ 巴赫金:《拉伯雷研究》,李兆林、夏忠宪等译,石家庄:河北教育出版社,1998年版,第15页。

民间表演艺术中的丑角来看，西方狂欢节中小丑的加冕、脱冕等戏仿性表演及其亵渎性的语言总是直指占统治地位的真理和现存的等级关系、特权、规范和禁令，正如巴赫金所言，狂欢节中的笑是具有二重性的，"既是欢乐的、兴奋的，同时也是讥笑的、冷嘲热讽的"①。中国民间表演艺术中的丑角则大多不是貌似糊涂，实则清醒地装疯卖傻，更不会在嬉笑怒骂中旁敲侧击地对统治者予以嘲讽，他们是切切实实地享受着节庆的欢乐，其喜剧表演是缺乏深度内涵的，是完全表面化的，人们不需要思索，就能突然地开怀大笑。其次，巴赫金认为，狂欢节中小丑的诙谐"也针对取笑者本身"，暗含着一种世界观性质，而中国民间表演艺术中小丑的自我意识似乎并未发展到能够进行自我反讽阶段，其诙谐是由内在天性生发出来的，取笑观众只是出于一种油然的欢乐精神。

民间只喜欢肤浅的逗乐，并不欣赏深度意涵，而这看似肤浅的逗乐背后却有着深刻的世界观。就文化精神而言，中国民间表演艺术极其崇尚热闹、喜庆，其喜剧精神不是一种具有反思性、批判性的否定性精神，而是一种自得、自满的肯定性精神，是一种充满善意的乐天精神。李泽厚提出，以农业为基础的中国新石器时代大概延续极长，"古老的氏族传统的遗风余俗、观念习惯长期地保存、积累下来，成为一种极为强固的文化结构和心理力量"。② 对于这种潜在的文化结构和心理力量，李泽厚没有进一步分析。在笔者看来最重要的一点就是农民的乐土精神，即对土地、家园有一种近乎宗教情感的热爱，由这种热爱生发出农民特有的谦和与善意。用心体会一下"鸡栖于埘""牛羊下来"这样朴素的诗句所蕴含的温情，就会深深感受到这一群生民内心是多么和善。儒家学说之所以能够成为中国传统社会的主导思想，就是因为儒家讲"仁爱""中庸"契合了这种农民的文化心理。农民骨子里的谦和与善意影响了中国民间表演艺术的文化精神取向，在中国民间表演艺术中，几乎没有不可调和的矛盾冲突与尖锐的讽刺，喜剧中的帝王、贪官不过有点狼狈、好笑而已。

梁漱溟指出，"'几乎没有宗教的人生'为中国文化一大特征"③，而传统节庆在中国民间则有着类似宗教的功能，不仅因为在节庆期间要祭祀祖先，讲究诸多禁忌，而且节庆大都安排在季节的转折点上，与生命的转化、更新之间有一种同构关系。因此，传统节庆期间所举行的各种喜剧性表演无疑也意味着对生命的肯定与祝福，可以让人们一再体验到生命的原初意义，领悟人类生命的整体性，促进人与人之间的和谐与族群认同。也就是说，中国传统节庆期间的民间喜剧表演与古希腊的悲剧一样，其实是朴素的民间宗教信仰的秘仪，有着极其重要的文化功能。

三、乡愁

在西方文化中，"乡愁"指向回家、还乡，意味着现代病的"痊愈"，在此意义上，"乡愁"一直是一个比较重要的美学范畴。在中国文化传统中，"乡愁"链接着土地、家园、亲人，是一种

---

① 巴赫金：《拉伯雷研究》，李兆林、夏忠宪等译，石家庄：河北教育出版社，1998年版，第14页。
② 李泽厚：《中国思想史论》（上），合肥：安徽文艺出版社，1999年版，第303页。
③ 梁漱溟：《中国文化要义》，上海：上海人民出版社，2005年版，第91页。

早已被审美化了的情感。在当代社会,城市化进程使得"乡愁"已经成为一代人的情感结构,融入当下的民俗表达之中。由此可见,"乡愁"应该成为民俗美学研究的一个重要议题。

对于民俗学而言,现存的大量古代风俗志中,许多都是作者离开故土之后所写的回忆录,这种记录本身即是作者浓重乡愁的一种体现。他们往往根据自己当年的切身经历与体验,将家乡的风土人情予以呈现,以寄托深厚故园之思。在中国未引进"民俗学"学科之前,就已经存在对以家乡为基点的"乡愁"的关注。事实上,在早期民俗学的发展过程中就弥漫着"乡愁",充满着对乡土的浪漫主义想象。如刘晓春所说"自民俗学形成之初,浪漫主义就已经深刻烙印在民俗学的学术传统之中。民俗学往往以怀旧的心态看待民俗,将民俗看作是自然的、真实的,试图追寻民俗的本原,在空间和时间上远离现代文明的人们是传统民俗的主体,地方性的民俗文化往往成为民族文化的象征"[①]。浪漫主义催生出德国民俗学,知识分子对日益流失的民俗文化传统所秉持的想象、向往与情怀使得民俗学成为发现失落的精神,弥补过去与传统裂缝的方式。赫尔德等人所推动的浪漫的民族主义运动关注民间诗歌、民间遗产,农民被认为是共同文化情感与民族精神的提供者,过着与现代生活相异的田园生活。这就使得"乡愁"与浪漫主义影响下的民俗学被赋予一种"向后看和独特的'反'现代化的视野",由于"神话、史诗、歌谣、古代礼仪等等背后蕴含了一个民族的真实的历史"[②],所以要向历史传统背后找寻民俗事象的本真传统,探求过去之物与过去之事来构建民族认同的根基。

一般来说,民俗作为一种文化事象,总是具体的,或表现为礼仪、仪式,或呈现为物的文化。而乡愁本质上是一种情感,如何用民俗学的范畴理解它?对于现代民俗学来说,真正的问题在于如何将其从一种缥缈的诗意情感变成民俗学的研究对象,以"乡愁"为镜像来把握城乡中国背景下的民俗现状。为此,可考虑从以下几个方面来展开乡愁的民俗研究。

(一)乡愁的主体研究

对"乡愁"的关注还是要落到对"人"的关注上,乡愁的民俗主体研究即是在聚焦变迁社会中的"民"。具体来说,也即研究怀有乡愁之民。乡愁具有空间性与时间性,从乡愁的发生机制来看,往往以"乡"的空间或时间的间隔为基本条件。怀有乡愁之民,通常而言多是离土离乡之人,长期居住在城市的人。乡愁的主体是多元化的,既可以是眷恋着故乡与乡村,充满着生活记忆的中老年群体,也可以是对乡村文化怀有想象的艺术家、年轻群体等。从职业、年龄、地域、兴趣等多方面来看,乡愁的承载者并非均质的群体,并不属于传统意义上的同一文化圈,不过却因乡愁而具有了汇聚、重合的机会。传统民俗基本上是一种群体性的交流艺术,是一种小圈子里的共同乡愁,城乡中国的语境使其突破了固有的范围,具有主体重构的可能性。

因此,在对象上,现代民俗学的乡愁研究可探讨怀有乡愁之民在观念与行为上的乡土文化烙印,以及对乡村生活的记忆与想象等。随着"乡愁热"的兴起,热衷于购买手工艺消

---

① 刘晓春:《从维柯、卢梭到赫尔德:民俗学浪漫主义的根源》,《民俗研究》2007年第3期。
② 同上。

费品,到乡下买房子聚居,开展"艺术乡建"的各类现象层出不穷,这些主体的外在行为与内在观念理应成为乡愁研究的重要内容。例如,艺术家渠岩在谈论许村艺术乡建时表示,"是久已失落的家园和故乡"[①];福建屏南县龙潭村远近闻名,不少来自上海、北京等大城市的人因受其乡村生活吸引而到此定居,不到2年时间就有50余人成为新居民,[②]这些人并不是纯粹出于旅游好奇,而是将自身的乡愁情绪投射于龙潭村,以在乡村开启的新生活重塑了村落的主体性。类似的案例还有很多,现代民俗学如何关注乡愁情境下的主体,探究并解释城乡互动中乡愁的外在表现与内在机制,某种程度上,这一方面可以打通传统乡村研究没法挪用到城里人的问题,另一方面也有助于实现从民俗事象到民俗之民的研究脉络转变。

（二）乡愁的迁移研究

尽管"丧失性叙事"的广泛传播使得"消亡"成为一个中心词汇,但从乡村涌入城市的各色人等也一定程度上携带、保留了部分乡村习俗惯制,尤其是在城乡互融的环境下民俗的杂生性较为突出。无论是外出带在身上的一捧家乡泥土,还是老家的特色饮食(例如腊肉、煎饼、酸菜、凉茶等),或是不改乡音的方言等等,这些"乡愁"的符号以顽强的记忆与内在的无意识来"抵抗"现代都市对人的改造。根植于故土的精神、语言、习俗等在城市空间的落地越来越普遍,随着入城或就地城镇化的人群一起扎根下来的还有"乡愁"。这种都市空间的"乡土性"或者说乡土民俗的都市化现象,反映出真实的日常杂生状态。城市生活模式影响着乡村生活,乡土文化也渗透至城市空间,这种丰富的命题乃是城乡互动或一体化背景下形成的。特别是在城乡沟通日益紧密的情况下,乡愁的迁移现象会更突出,对其展开研究能够透视在城乡中国语境下的人们的真实生活状态,进一步开拓现代民俗学的日常生活研究。

（三）乡愁的生产研究

对乡愁的追寻伴随着"怀旧",而现代社会的商业逻辑就是将一切的需求都转化为一种卖点。兜售传统、贩卖怀旧成为表达乡愁的内容,乡愁的"生产"成为一种突出的现象。无数的电影、文学、短视频、工艺品等都在生产"乡愁",以"乡愁"意象为核心进行多种形式的商业化制造。作为对象化审美的乡愁的"生产"应当是现代民俗学关注、反思的内容。以李子柒的乡村田园短视频为例,她将耕耘、织造、酿造、建造、烹饪、手工制作都呈现在诗意镜头中,渲染出优美、宁静的田园自然风光,生机勃勃的农作物生长过程,充满着浓浓祖孙情,精妙再现了中国人传统的农耕生活状态。流动的、自然的、接近土地与生命的"古风田园"生活无疑是加上了现代滤镜,但这并没有影响现代都市人对田园幻象的追捧,唤起渐趋陌生的乡土记忆与情感共鸣。作为一种典型的"乡愁"影像生产与现代凝视,李子柒

---

① 渠岩:《艺术乡建 许村家园重塑记》,《新美术》2014年第11期。
② 季中扬、康泽楠:《主体重塑:艺术介入乡村建设的重要路径——以福建屏南县熙岭乡龙潭村为例》,《民族艺术研究》2019年第2期。

的短视频的成功在于真正触及大众共同的情感结构,以及对山水田园的梦想。

就本质而言,这确实是一种现代消费主义下的民俗生产,类似的新媒介与乡愁怀旧文化的"合谋"现象在短视频平台等更是层出不穷。在统一的乡愁叙事模板下,诸如木雕、石雕、泥塑、银器打造、刺绣、扎染等传统手工艺以迎合大众的乡土怀旧心理,从一种技艺日常变成一种鉴赏、审美的对象。此外,还有各式各样的怀旧氛围的商店、民俗风情街区、大同小异的古镇等,乡愁以怀旧之风刮在大街小巷,似乎每个人都患上了"思乡病"。这种"不真实"的乡愁才是当代社会"真实"的民俗图景,被商业化逻辑重构的、带有"塑料味"的乡愁已经成为现代乡愁的一种形式。故而现代民俗学应该将乡愁的民俗生产作为研究的重要方面,审视乡愁、怀旧进入当代生活的路径,丰富"民俗主义"的探究。

(四)乡愁的功能研究

根据新型城镇化建设的要求,是要以城乡互补、协调发展、产业互动、生态宜居为特征的城镇化,是要以推进城乡一体化为目标,在保留既有文脉的基础上形成城市与乡村的特色发展,"人的城镇化"成为新型城镇化建设的战略指向。民俗学具有重要的社会功能,在城镇化时代,乡愁的功能应受到重视。"乡愁"不仅仅是一种情感体验,更是一种情感认同。要充分认识到"乡愁"的民俗认同功能,弥补现代文明难以聚拢人心的缺失,以"乡愁"为契机来重新将人与人聚集起来,充分发挥乡愁重塑社会共同体的作用,增加村落文化资本,"创造一种能够实现村落社会邻里之间'有情''有义''有责'的社会共同体,这种共同体不论是变成城镇、城市,还是保留原来的乡村,都能够'留住乡愁'"[①]。同时,以"乡愁"为纽带来连接城市与乡村,促进城乡之间人员、物资、技术的流动,释放"乡愁"对建设家园的号召力与吸引力,不断推进城乡一体化。作为一种外部研究,对乡愁的社会功能展开研究,发掘其所具有的认同、联结与保护等作用,有助于发挥现代民俗学介入社会现实,解决社会问题的作用,增强学科话语权。

综上,民俗美学的"乡愁"研究,涉及城乡中国变迁下的情感体验、怀旧心理、民俗的审美生产等诸多问题,是一个富有学术生长性的新话题。

思考题

1. 如何理解民俗美学?民俗审美研究的核心范畴是什么?
2. 民俗艺术活动与现代美学经验中的审美模式有何不同?
3. 民间审美研究的前沿议题有哪些?如何展开相应的民俗研究?

[①] 张帅:《"乡愁中国"的问题意识与文化自觉——"乡愁中国与新型城镇化建设论坛"述评》,《民俗研究》2014年第2期。

推荐阅读文献

1. 施爱东:《倡立一门新学科:中国现代民俗学的鼓吹、经营与中落》,北京:中国社会科学出版社,2011年版。

2. 毛巧晖:《20世纪下半叶中国民间文艺学思想史论》,上海:上海文化出版社,2010年版。

3. 季中扬:《民间艺术的审美经验研究》,北京:中国社会科学出版社,2016年版。

第十章 交流的民俗志

本章要点概述

在中国古代的风俗论述和风俗志写作中,关于民俗地域性特征的描述和解释一直都是重心所在。现代以来,中国民俗学者在放眼世界和加深认识中华文明主体性的过程中,重新理解和发展了这种地理民俗观及其书写传统。1998年以来,刘铁梁提出了"民俗志是民俗学研究的基本方式"的观点,进而又推出和主持了"标志性文化统领式民俗志"的调查、书写的实验。这种关于民俗志的理论探索与实践行动,不仅与中国学术自身历史传统相关,而且与同一时期其他一些深入地方生活的研究一起,共同促进了当代中国民俗学面向生活变革的学术转型。其中,关于作为研究方式的民俗志与作为交流方式的民俗志这二者之间的关系,就成为一个重要问题被提上日程。

"个人叙事"概念及其研究方法论的建立,在国内外学者之间有许多相通之处,都是出于对人们在日常生活中如何记忆、感受和理解自身经验,如何运用交流方式来参与公共生活与社会文化建构等问题的关注,也是出于对自身田野作业特别是访谈性质的重新思考。作为日常交流的基本话语类型,个人叙事也必然被运用于民俗志的访谈、书写和传播的全过程,亦即学者、受访者、读者之间互动、交流的全过程。这就自然而然地突显了民俗志的交流性本质。这种交流的民俗志,在人们生活方式与文化交流方式都发生巨大变革的今天,可望产生广泛的学术影响和社会影响。

第一节 标志性文化民俗志

地方民俗的调查与书写,对于中国民俗学来说意义重大,事关继承和发扬中国古代"风俗"观与"采风问俗"传统,借鉴和转化国外民俗学及相关学科理论发展与话语建构的成果,自觉与广大民众结成密切交流的关系,在参与现实生活和文明进程的过程中发挥出民俗学特有的学术作用。

地方民俗志所说的"地方",是指中国境内在一定自然环境、历史条件下形成、延续和发展的各个地方社会,往往与古今沿革的各级政治区划相重合。对各个地方民俗特性的观察和认知,应该是地方民俗志调查和书写的一个重要指标,但是很多年以来,我们很少看到能够彰显地方文化特性的民俗志,一个重要原因就是编写者站在所谓客观研究的立场上,习惯于按照传统志书的体例或者文化分类学的纲目来编排民俗资料。为了改变这种状态,我们自2004年以来尝试进行新式地方民俗志的调查与书写,尤其注意在与民众的交流中发现那些地方特色鲜明,能够体现当地社会历史进程和民众集体性格的民俗文化事象,并且将它们作为"标志性文化"而写进民俗志当中。由于这些标志性文化事象与地方社会中许多其他的民俗事象存在着种种生活过程与意义之间的关联,因此就可以用这些文化事象来统领对整体地方生活和众多风土人情的比较全面的描述。我们将这种民俗志调查和书写模式称为"标志性文化统领式民俗志"或"标志性文化民俗志"。

一、从"风俗"到"民俗"

古往今来的民俗志都体现出一定时代的民俗观。大体上说,进入20世纪以后,随着西方文化的迅速进入,中国学术界渐以具有现代民主和科学意识的"民俗"一词取代原有体现"天下"观的"风俗"一词,是地方民俗志写作思想发生重大变化的一个标识。

(一) 古代的地域风俗观与采风问俗传统

在中国汉代以前的一些文献中,对于民俗文化的记述和认识,大都具有统治阶层"观风知政"的目的性。先秦时代就形成了对各个地域进行采风问俗的制度,其中周代《诗经》中的十五国风,就是对各个地域中民歌的搜集和编辑。东汉班固在《汉书·地理志》中指出:"凡民函五常之性,而其刚柔缓急,音声不同,系水土之风气,故谓之风。好恶取舍,动静亡常,随君上之情欲,故谓之俗。"[①]他认为自然环境的差别和统治者的教化这两种作用都表现在风俗之上,这种见解是"构成我国地理民俗观的代表性言论"[②]。班固在书中还按天下十六郡,具体论述了各地域风俗的特殊表现如何受到地理条件和统治者历史作为的影响。

东汉应劭在《风俗通义》中也说:"风者,天气有寒暖,地形有险易,水泉有美恶,草木有刚柔也。俗者,含血之类,象之而生,故言语歌讴异声,鼓舞动作殊形,或直或邪,或善或淫也。"[③]他认为"风"的自然性特征规定和生成了"俗"的人文性特征。这种表达又代表了中国古代"天人合一"理念下的地理民俗观。

在中国古代国家,出于大一统政治的需要,高度重视考察各个地域风俗的纯正与否。《荀子·王制》中说:"论礼乐,正身行,广教化,美风俗,兼覆而调一之,辟公之事也。"[④]就是说,制礼作乐,端正行为,推广教化,美化风俗,全面照顾百姓而协调一致,这是各方诸侯的职责。同样,董仲舒在《举贤良对策》中说:"尔好谊,则民乡仁而俗善;尔好利,则民好邪而俗败。由是观之,天子大夫者,下民之所视效,远方之所四面而内望也。近者视而放(仿)之,远者望而效之,岂可以居贤人之位而为庶人行哉!"[⑤]

[①] 班固:《汉书》,北京:中华书局,1999年版,第1310页。
[②] 张紫晨:《中国民俗学史》,长春:吉林文史出版社,1993年版,第100页。
[③] 应劭:《风俗通义》,上海:上海古籍出版社,1990年版,第3页。
[④] 张觉:《荀子译注》,上海:上海古籍出版社,1995年版,第166页。
[⑤] 董仲舒:《举贤良对策》,郭丹主编:《先秦两汉文论全编》,上海:上海远东出版社,2012年版,第470页。

班固在《汉书·艺文志》中指出："古有采诗之官,王者所以观风俗,知得失,自考正也。"①这种采风问俗、观风知政的传统是中国古代国家文明的一大特色,并且为这一文明的后续发展提供了一种以民为本的文化观念与制度基础。历代都出现一些记述地域风俗或者收集歌谣俚曲、故事传说的重要著作,既反映出地方民间丰富的文化创造及其传统,也印证了一些文人与一定地方老百姓的日常生活有着密切接触。例如汉代应劭《风俗通义》,晋代周处《风土记》、干宝《搜神记》,梁代宗懔《荆楚岁时记》、任昉《述异记》,唐代段成式《酉阳杂俎》,宋代孟元老《东京梦华录》、耐得翁《都城纪胜》、周密《武林旧事》,元代熊梦祥《析津志》,明代杨慎《古今风谣》、冯梦龙《山歌》和《挂枝儿》,清代纪昀《阅微草堂笔记》等。此外,至迟出现于隋唐,成型于宋代,兴盛于明清的全国各地的"方志"著述中,也大多包含风俗篇。所有这些都共同构成了中国古代地域风俗志书写的传统,为各个地域社会内外的文化交流产生跨越时空的影响作用。

值得注意的是,在魏晋以后,一些文人记录风俗的目的不再像汉代那样为了"辨风正俗",而是为了写下自己的家乡记忆,因此多带有身临其境、感同身受的风格。例如将东汉应劭《风俗通义》与梁代宗懔《荆楚岁时记》进行比较,就可以看到这种转变。钟敬文认为后者"从主观上讲,它们表达了作者的文人情愫;从客观上讲,它们又传达了在社会历史急剧变动的时期,人们对安定的民俗生活的回忆和眷恋,以及通过叙述民俗社会所抒发的对理想社会模式的想象"。②

总的来说,中国古代风俗志写作的传统,一方面,大多贯穿着正统观念,如:重视在风俗上所体现的人与自然环境和谐共生的地域文化特色;肯定风俗是体现地方社会民众教化程度的表现;强调在大一统国家政治运行中,各级为政者负有建设良风美俗的责任等。③另一方面,这一传统中的许多作品,又显示出一些文人怀有冲破正统观念束缚的自由精神,他们渴望通过采录民间作品,去发现乃至彰显一个阔大而深邃的世界和一种率性生活的理想。

(二)现代学者的民俗观与地方民俗志

在现代中国,"民俗"一词,作为来自西方的学术名词(Folklore),渐渐取代"风俗"一词而得到学界和社会的普遍使用,这种情况也反映出中国文人阶层从古代风俗观向现代民俗观转变的过程。

现代民俗学的学者们在研究目的上,与古代统治阶层采风问俗的目的明显不同,即不再是为了教化民众,而是为了认识民众,发掘民众文化和民众文艺的价值,形成新时代学术和文艺。从本质上说,这是在中西文明交汇背景下,知识分子为再造中华传统文化而将

---

① 班固:《汉书》,北京:中华书局,1999年版,第1355页。
② 钟敬文:《建立中国民俗学派》,哈尔滨:黑龙江教育出版社,1999年版,第16页。本书关于中国古代写作风俗目的所发生转变的看法,参考了鞠熙、萧放2020年所著未刊稿《风俗:一个新概念的产生(草稿)》。
③ 张勃:《风俗与善治:中国古代的移风易俗思想》,《广西民族大学学报》2015年第5期。作者认为:中国古代移风易俗思想及行动,深刻地影响着中国民俗学从发生之时起,就有着鲜明的实践属性,并长期保持着这种实践属性。也指出这种思想及行动考虑的是社会整体,而没有给予个体的个性和自由发展以空间,不能不说是个缺憾。

目光投向民间的新思潮。《歌谣》周刊《发刊词》中说,"歌谣是民俗学上的一种重要的资料,我们把他辑录起来,以备专门的研究";"这种工作不仅是在表彰现在隐藏着的光辉,还在引起当来的民族的诗的发展"。① 历史学家和民俗学家顾颉刚在《民俗》周刊《发刊词》中号召:"我们要站在民众的立场上来认识民众!我们要探检各种民众的生活,民众的欲求,来认识整个的社会!我们自己就是民众,应该各各体验自己的生活!我们要把几千年埋没着的民众艺术,民众信仰,民众习惯,一层一层地发掘出来!我们要打破以圣贤为中心的历史,建设全民众的历史!"② 这些号召,都指出了民俗研究所具有的重大研究目的、意义和方法等。这些关于民俗研究的思想和主张,成为当时学术界所兴起的科学与民主思想潮流的一种重要表现。

但是,在这一时期,学者们在"民俗"与"风俗"这两个用语的使用和理解上曾存在着一定的分歧,反映出他们从古代风俗观向现代民俗观过渡中的复杂心态。关于这一过渡的论述见王晓葵的《"风俗"概念的近代嬗变》③。这篇论文重点比较了清末、民国时期三位学者风俗观所发生时代性变化的情况,指出了他们的风俗学之所以未能成为现代学术主流的原因。该论文所考察的第一位学者是《中国风俗史》(1902年出版)的张亮采,引钟敬文对这部书的评论:"是从旧风俗观到新风俗观的一只渡船,或者说是一曲前奏",认为他的风俗观已经开始偏离政教的观点而接近科学的观点。④ 该论文评价张亮采的贡献是"张氏饱读经书,怀有士大夫经世济民的抱负,同时接受西方的新观念的影响。以民族国家的架构,用风俗为脉络,将中国历史贯穿一线,可以说是前无古人"。该论文考察的第二位学者是编写《中华全国风俗志》的胡朴安,指出他放弃了关注"士风"即文人精神时尚的风俗观,提出了只有"周知全国风俗"才能"为多数人谋幸福"的观点;认为"知风俗"的主体不应该限于为政者和知识分子,而应该包括每一个"国民"。该论文说,《中华全国风俗志》"无疑是给读者构筑了一个有具体形象的国家图景。而这里的读者,已经不再是过去承担'移风易俗'的圣人贤人,而是每一个'国民'的预备生"。该论文考察的第三位学者是陈锡襄,评论他在1929年撰写《风俗学初探》⑤所提出建立风俗学的主张。该论文认为,他是"希望通过风俗学的研究,能够对当今社会的各种现象做出解释,并且提出改造的方法。而西方传来的Folklore是无法解决现实问题的";但是在设想风俗学的研究体系时,却无论如何也解决不好用西方科学体系来建构中国"风俗学"的问题。王晓葵关于民国期间一些学者风俗—民俗观所发生时代性变化的考察,对于我们批判继承中国古代风俗观,避免完全照抄西方科学主义民俗学观念具有参考意义。

20世纪80至90年代,在中国民俗学的恢复过程中,学者们的民俗研究大多是建立在民间生活文化研究的认识基础上,崇尚实证科学的方法。将田野调查得来的民间文学和民俗描述资料带回到书案,进行文本的整理、比较、分析,得出结论。所以,很少见到有

---

① 《歌谣》第一号,北大歌谣研究会出版,1922年版,第1—2页。
② 《民俗》第一期,国立中山大学语言历史学研究所编印,1928年版,第2页。
③ 王晓葵:《"风俗"概念的近代嬗变》,《文化遗产》2010年第3期。
④ 钟敬文:《民俗文化学:梗概与兴起》,北京:中华书局,1996年版,第125页。
⑤ 陈锡襄:《风俗学初探》,《民俗》周刊第57、58、59期合刊。

民俗学家参与地方民俗志的书写,也较少见到他们运用民俗志描述的方法来研究地方传统的情况。这说明,当时的民俗学者大都还是站在外来研究者的立场上,把受访者作为资料的提供者,没有跟他们建立起平等的交流关系,也没有将民俗志看作一种进入当地人生活,感受与理解当地人生活方式的重要学术工具。

与专业的民俗学者不同,地方的民俗学者往往以书写本地民俗志为己任。他们熟悉家乡的风情民俗,能够比较完整地呈现出当地民众往昔生活的风貌,尤其以叙述生产技能、衣食住行、交往礼仪、表达方式、方言语汇等一些细节知识见长。但是他们也受到主流的科学主义、实证主义研究方法的影响,运用文化分类学的方法来书写民俗事象,以为这样就可以全面和均衡地记录下地方传统生活文化的知识。所以这些民俗志著作一般都没有解决好如何彰显当地民俗特色的问题,尤其是没有将体现地方历史和文化特征的民俗事象凸显出来;描述的手段也非常有限,比较缺乏对这类民俗内部与外部的各种关系结构及其历史变化的具体考察;没有对当下日常生活变革和人们在这一变革中的切身感受进行应有的记述。

20世纪90年代以来,中国民俗学家开始意识到民俗志的书写方式已落后于时代要求,这是因为受到了当时国内外人类学民族志所进行学术反思的影响,更重要的是因为受到了现实生活变革和社会大众生活感受与文化观念变化的影响。比如在民俗志调查的访谈现场,民俗学者发现,几乎所有受访者都愿意结合个人经历来讲述和解释民俗,这不免使他们发出疑问:民俗与人们的生活记忆和家乡情感之间到底是怎样的一种关系?现有民俗志的写作是否忽略了地方民众关于民俗的讲述和谈论?于是,如何从日常生活和文化交流实践的角度来重新理解民俗志写作的性质,创新民俗志写作的范式等问题就被提上了日程。

二、作为民俗学研究方式的民俗志

在中国民俗学的当代发展过程中,关于民俗志性质、地位、作用等问题的理论反思与民俗志调查和书写的创新实践,被提到日程上来,并且取得了一些进展,越来越显示出在学科发展全局中的重要意义。

(一)钟敬文对民俗志的认识

自20世纪80年代民俗学恢复至21世纪初,学界很少有人专门讨论关于民俗志的理论问题,只有钟敬文在关于民俗学学术体系的几次论述中都谈到了关于民俗志的性质、作用等问题。1983年,他在中国民俗学会成立大会的学术报告中提出民俗学"专题调查报告"的重要性,指出"普遍的调查可以由各地去作,但是某些现在尚存的风俗,我们觉得它意义比较大的,就可以重点调查"。报告中并没有出现"民俗志"一词。[①] 但是到1986年,他在中国民俗学会第二次学术年会上作讲演,第一次将"民俗志"或"民俗志学"作为民俗

[①] 钟敬文:《民俗学的历史、问题和今后的工作——在中国民俗学会成立期间的讲话》,杨哲编:《钟敬文生平·思想及著作》,石家庄:河北教育出版社,1991年版,第553页。

学体系的六大组成部分之一,做出了完整的论述,包括:1. 定义民俗志"是一种对全国、全民族或某一地区的民俗事象进行科学记述的作品";2. 指出"民俗志是民俗学的基础,民俗学必须建立在这个基础之上。没有大量的、坚实的民俗志资料的提供,民俗学研究是不能有大作为的";3. 指出"民俗志的主要特点是记叙的,或者说是描述的。它在时间上,以现代客观存在的资料为主,也不排除对过去时代资料的整理和记述";4. 说明民俗志的价值"是民族文化史料不可缺少的组成部分";5. 倡导民俗学者"最好本人从事这项工作,它既能丰富个人的实践,也能普及民俗文化"。[①]

1991年,钟敬文在关于建立"民俗文化学"的讲座中提出了"民俗文化志学"的概念:"描述民俗文化学——也可以称为民俗文化志学。它指理论性的民俗文化内容以外的、记述民俗文化事象的部分。这种描述性著作,有概括全民族的众多民俗事项的,也有限于一地区的事项的,乃至于以单一事项为对象的。"[②]1996年,他在《对当前中国民俗学一些问题的意见》中明确说到,在民俗学者应具备的知识结构中"需要民俗学方面的民俗志知识。民俗志是关于民俗事象的记录,在民间文学方面就是各种作品集,有诸多种类如神话、故事、歌谣、谚语等,这些都是研究这种学问本身的材料"。[③] 1998年,他在研究生课堂上讲"建立中国民俗学派刍议"专题,并在此基础上写成《建立中国民俗学派》一书。书中关于民俗志的论述延续了以往的观点,但提出民俗志是"记录的民俗学"这一命题,还说明"就是记录资料,也要用理论的思维去安排和叙述,是民俗志的写作达到再现民众文化的目标"。[④]

钟敬文晚年看过一些地方学者,如山曼、刘兆元[⑤]等当地学者写出的地方民俗志著作,引起他对民俗志学术价值的进一步思考。2001年他在《民俗学:眼睛向下看的学问——在田传江同志与北师大研究生座谈会上的致辞》中,引日本民俗学家柳田国男关于民俗研究有"游客的学问""寓公之学""土著之学"三个层次的说法,对山东省民俗学者田传江著述的《红山峪村民俗志》[⑥]做出评价:"最好的层次是土著之学,比如像田传江同志所写的他自己生活的村里的民俗,这种土著之学的著作,不但能够把表面可以看得见的东西写出来,而且可以把平常不易看见的东西也写出来。"[⑦]

纵观前后,可以看出钟敬文主要是在民俗学学科体系建构的视野中,对民俗志的学术性质和价值做出定位和说明,同时也站在研究民族传统文化和建设中国民俗学派的高度,根据民俗志写作的最新发展,对民俗志写作的未来前景给予了热情的期待。

---

① 钟敬文:《关于民俗学结构体系的设想》,《北京师范大学学报(社会科学版)》1991年第2期。
② 钟敬文:《民俗文化学发凡》,《北京师范大学学报(社会科学版)》1993年第5期;《民俗文化学:梗概与兴起》,北京:中华书局,1996年版,第20页。
③ 钟敬文:《对当前中国民俗学一些问题的意见》,《中国民间文学讲演集》,北京:北京师范大学出版社,1999年版,第135页。
④ 钟敬文:《建立中国民俗学派》,哈尔滨:黑龙江教育出版社,1999年版,第45页,第48页。
⑤ 参见山曼:《山东民俗》(第一作者),济南:山东友谊出版社,1988年。刘兆元:《海州民俗志》,南京:江苏人民出版社,1991年版。
⑥ 参见田传江:《红山峪村民俗志》,沈阳:辽宁文化艺术音像出版社,2014年版。
⑦ 钟敬文:《民俗学:眼睛向下看的学问——在田传江同志与北师大研究生座谈会上的致辞》,《民俗研究》2001年第4期。

需要指出，钟敬文虽然认为民俗志是"记录的民俗学"，但是也强调"要用理论的思维来安排和叙述"，以"再现民众文化"，这实际上是指出了民俗志不仅具有记录民俗的资料性质，而且具有一定认识民俗的研究性质，尽管他还没有将这两方面的性质进行一定的综合以对民俗志作出一个完整的定义。

当时，一些注意开展田野作业，进行民俗志调查和写作的学者，已经意识到书写民俗志绝不是像记录歌谣、传说等口头作品那样简单，而是一个全面考验研究者的学术能力，特别是与老百姓打交道能力的过程。他们逐渐意识到，如果说在现代学术和学科体系中，各个学科都有自己相对特别的研究方式的话，那么民俗志的调查、研究与书写是否就是民俗学特有的研究方式呢？如果是的话，那么应该如何通过提升民俗志研究水平以整体地提升民俗学研究水平呢？显然，这都是需要民俗学者及时回答和自觉探讨的问题。

（二）民俗志研究方式与问题意识

刘铁梁在1998年发表了《民俗志研究方式与问题意识》[①]一文，根据当时民俗学界已经取得的田野作业和写作报告性论文的最新经验，提出了关于民俗志性质的新观点："民俗志，一般是指记录、描述，说明和解释民俗现象的一类研究成果形式，而撰写民俗志可以说是民俗学家比较独特的研究方式。"这个观点突破了以往关于民俗志的认识。以往一些学者在实证科学理念下，认为民俗志是记录和积累民俗资料的一种方式，还不是研究的最终成果。而这篇论文却指出，"所谓民俗志不单是为别人的研究提供资料，它自身还是一种复杂研究过程和认识表达方式。由于它是直接面对自己的研究对象——现实中的民俗——进行实地研究的结果。所以从这个意义来说，正是民俗志的研究和撰写首先代表了民俗学学科的根本特征，甚至是关系着学理能否向前发展的基本的研究方式"。

论者认为，现有的"分门别类叙述民俗的框架模式尽管能较好地体现出著者对一地方民俗的全观性，也能在某些细部上表达出民众自身的解释方式和话语，然而它给人以将本来有机联系的生活整体造成分裂肢解的感觉"，所以就有必要鼓励新的民俗志叙事模式的实验。文章特别举出北师大等高校一些民俗学专业博士、硕士研究生毕业论文的例证，指出它们虽然不同于面面俱到的文化类分式地方民俗志，都是选取一个地方特别的民俗文化，如农事信仰仪式、村落家族文化、城乡庙会等作为研究对象和书写，但是实际上都是以民俗志作为课题研究和表述方式，在一定程度上达到了认识地方社会历史与文化传统的目的。这些例证也预示了民俗志在研究社会生活与文化传统方面，具有巨大的理论创新与书写实验的空间。

因而论者又提出另一个观点，即民俗志研究必须进一步增强问题意识。所谓问题意识，就是指"民俗志研究者越来越自觉地运用自己的研究方式从两个方面为本学科的前进作贡献，一是对原有理论概念系统和个别推论进行实地检验，发现可能存在的问题，进而给予重新判断与纠正；二是在实地发现新的现象和新问题，填补原有研究中的空白和补充原有的不足，同时通过这种拓展的努力使学科的理论方法更臻完善，对其他人文社会学科

[①] 刘铁梁：《民俗志研究方式与问题意识》，《北京师范大学学报（社会科学版）》，1998年第6期。

也给予积极影响"。

发表于1998年的这篇论文,还没有讨论到如何改进和创新地方民俗志的问题。究其原因,主要是地方民俗志的写作向来都是由当地的文化机构和文化学者承担的任务,而很少有民俗学专业的人员参与,所以也就一直没有成为学术圈子要讨论和实践的议题。这也反映出民俗学的学院派学者与地方学者以及地方文化工作之间缺乏应有的联系。

三、标志性文化民俗志的理论与实践

地方民俗志的创新性实验,是从2004年标志性文化统领式民俗志的提出和实践开始的,其示范性成果就是《中国民俗文化志·北京·门头沟区卷》等北京各区卷。标志性文化统领式民俗志可以简称标志性文化民俗志,在调查与书写的理念、体例和选材特点等重要方面都做出了新的尝试。这种民俗志,一方面自觉继承古代的风俗志和现当代的以文化分类为纲目的地方民俗志所体现出来的高度重视华夏文化整体中地域性特征的思想,另一方面又注意吸收国内外多学科关于文化交流性、实践性的新思想以及书写文化的新实验和新经验。提出和进行标志性文化统领式民俗志的调查与书写,也是为了适应当前中国经济、社会、文化进入全面转型发展的新时代,促使中国民俗学确立文明进程视野下的民俗观,推进面向生活变革的学术转型。

(一)标志性文化的定义及其学理

《中国民俗文化志》的编者在《总序》中明确提出要以"标志性文化统领式"为书写模式,并做出了说明,指出,"所谓标志性文化,是对于一个地方或群体文化的具象概括,也就是从生活文化中筛选出来的体现一个地方文化特征、包含丰富与深刻意义的事象本身。它一般是不同程度地符合以下三个条件:一、能够反映这个地方特殊的历史进程,代表这里的民众对于自己民族、国家乃至人类文化所做出的特殊贡献;二、能够体现一个地方民众的集体性格、共同气质,具有薪尽火传的内在生命力;三、这一文化事象的内涵比较丰富,深刻地联系着一个地方社会中广大民众的生活方式,所以对于它的理解往往也需要联系当地其他诸多的文化现象"。

这篇《总序》从学理建构上提出对于标志性文化的理解:可以是有形的建筑、器物,包括作为一方水土的自然与人文景观,也可以是无形的创作、仪式、表演、技艺。这些文化事象都从某一方面符合标志性文化的条件,而且是一地域社会或群体所认同的重要文化现象。

此外,标志性文化在一个地方也不是只有一个,凡能够比较集中反映地方社会关系、秩序和具有丰富内涵的事象或符号,都从不同侧面或在不同层次上具有标志性文化的性质。标志性文化并不等于都是宏大的事象,某些事象看似细小却由于折射出地方历史,承载着多重特殊的意涵与浓厚的乡情,也可能成为标志性文化现象。总之,我们理解的标志性文化,是体现在历史上被一再建构的地方性象征体系的若干重要文化事象。

《总序》还特别说明了标志性文化与地方生活文化整体性的关系:"标志性文化的概念,首先是在当前各地文化建设的实践中提出的,但对于我们写作地方民俗志却具有非常

现实的工具性意义。现在所看到的民俗志,多数是按照物质民俗、社会民俗、精神民俗、语言民俗等划分法来记述民俗,可以称为文化类别与事象结合的书写模式。这种模式比较重视对于民俗事象的分项记述和时空传播变化的认识,但也比较忽略各种民俗事象之间实际存在的联系,让人感觉是将民俗事象从具体生活中抽离出来,影响了对于民俗意义的具体解读。相比而言,采用标志性文化统领式,是力图抓住重要的民俗事象,并且带起与之相关的其他民俗事象,进行综合记述。尽管可能做不到事无巨细、面面俱到,却能够突显地方民俗特色、揭示地方文化特征、理解地方民众的表达习惯。"①

论者还就标志性文化确认的主体性问题提出了最初的看法,认为"一个重要的前提,就是要了解当地人是怎样认识他们的生活和创造的,什么才是他们认为最重要的东西。这需要我们与当地人深入地相互沟通。不仅限于访谈或谈话,还要观察他们的实际生活"。"就是我们必须要从地方或群体文化'自身的表述'当中去发现问题。""标志性文化不是由学者武断确定的,而是原本存在于民众的生活世界中,也是发生在民众与他者互动交往的过程之中。我们需要对特定时空中展演的民俗事象给予细致敏锐地观察,需要历时的考察和共时的比较,特别是我们确定的标志性文化要得到地方民众的认同。换言之,标志性文化一直存在于特定地域民众的日常生活中,它既是主位的,也是客位的,是该群体自观和他者均共同认可的。"②

(二)标志性文化民俗志的实践与经验

"标志性文化统领式"民俗志的文体特点至少表现在以下三个方面:首先是民俗志的章节标题就是地方的标志性文化,包括它的一级标题和它下面的几级标题;其次在描述中,体现出民俗文化的整体性、内在联系和象征意义;最后大量使用鲜活的民俗语汇,并且有对具体民俗个案进行的"深描"。③

近年来,北京师范大学和山东大学民俗学专业的师生在北京市各区进行了"标志性文化统领式"民俗志的调查和编写实践,出版了《中国民俗文化志》北京各区卷的大部分。随着与地方民众进行接触和访谈的深入,这些民俗文化志越来越突出地呈现出以下几方面的特点:

第一,关注和记录当下的民俗文化事象。传统的民俗志大多是面向过去的,民众当下的生活境遇和民俗创造很少被重视。在当前城市化进程迅速推进,民众生活发生前所未有巨变的背景下,这种面向过去的记录和书写方式显然已经不合时宜。"我们只有全面地叙述这些现实生活中的民俗,才能深入观察现实生活变化的深度和广度,理解民俗存在的意义"④近年来,在北京市各区民俗志调查中就发现并书写了许多当地民众新创造的民俗文化事象。例如,《中国民俗文化志·北京·平谷区卷》中《市民住农家》一章就描写了雕

---

① 刘铁梁:《总序》,刘铁梁主编,岳永逸副主编:《中国民俗文化志·北京·门头沟区卷》,北京:中央编译出版社,2006年版,第9页。
② 刘铁梁:《"标志性文化统领式"民俗志的理论与实践》,《北京师范大学学报(社会科学版)》,2005年第6期。
③ 同上。
④ 刘铁梁:《中国民俗文化志·北京·大兴区卷》,北京:北京出版社,2016年版,第3页。

窝村、玻璃台村的民众积极利用生态环境优势发展民俗旅游接待的新劳作模式,以及他们如何与城里的顾客打交道的故事。①《中国民俗文化志·北京·大兴区卷》中《大兴西瓜节》《沁水营乡情村史陈列馆》《林校路社区邻里节》以及《中国民俗文化志·北京·海淀区卷》中的《海淀新居民》《紫竹书画社》等章节都是对当地民众新创造的民俗文化事象的书写和记录。

第二,关注个人叙事,注重对日常生活中普通人生活光彩的记录和描述。传统的民俗志大多是只写文化,不关注日常生活中普通乡民的角色与作为。但这些普通乡民是地方民俗文化的创造者和主体,研究者在书写地方社会中的标志性文化时,理应关注这些普通人的角色和担当。《中国民俗文化志·北京·顺义区卷》中就描写了戏迷梁宝文、聂兰英,村干部史庆芬,搜集民歌的陈树林,手艺人谢兰香等多位普通的民众,通过他们的个人叙事展现了他们的风采和文化担当。大兴区的张玉国、刘成贵、巴纪兰,海淀区的杨福生、魏长海,丰台区的张霖、孙德才、郭德卿、王利平等都是我们在民俗志书写过程中重点描述的个人。

第三,注重调查者与当地人之间的平等交流和对话过程。与地方社会中的民众建立平等互信的交流关系是写好民俗志的前提。近年来,北京市各区县的民俗志调查不仅坚持了这一原则,而且把调查者与当地人的交流过程也进行了适度的记录和书写。例如已经出版的《中国民俗文化志·北京·海淀区卷》中,《西山的旅游》一章中就描写了作者与香山的游客、车耳营村民俗接待户之间交流的过程;书中还描述了作者与农科院霓裳老年模特队队员们打交道的过程。

有评论者认为,较之以往条块分割、按图索骥式的民俗志,"标志性文化统领式"民俗志的突破意义至少体现在以下几个方面:"第一,它试图在一区域社会的内外生活时空中,对体现各城乡之间交往关系的民俗文化给予一个整体的描述;第二,通过选用标志性文化精髓来'统领'林林总总的民俗文化生活,突出了地方性和民族性;第三,这一新式民俗志显示了与民族志式民俗志做法的不同,充分突出民俗学的民俗志特点,给民俗志这一学术概念赋予了新的涵义和生命;第四,标志性文化的提出,使得调查者和当地人对话的关系被凸显出来,让长期以来民俗集体性特征蒙蔽下的民俗文化内部个体差异、学者们在田野调查和书写民俗志过程中如何看待自己与拥有其生活感受的民众的关系等问题得到彰显,具有方法论上的意义。"②

（三）关于"标志性文化统领式"民俗志的反思与讨论

如西村真志叶所说,"任何学术观点的提出都要经受学术共同体成员的审查,甚至可以说,任何一种学术观点的意义和价值最终都取决于学术共同体成员的积极反应"。③

---

① 刘铁梁:《中国民俗文化志·北京·平谷区卷》,北京:北京出版社,2015年版,第161—191页。
② 覃琮:《从"一般民俗志"到"作为研究方式的民俗志"——兼论刘铁梁"标志性文化统领式民俗志"的当下意义》,《学术论坛》2009年第10期。
③ 西村真志叶:《学科范式转变中的"民俗志"——以〈中国民俗文化志〉的"标志性文化统领式"民俗志为例》,《西北民族研究》2008年第4期。

"标志性文化统领式"民俗志这一概念提出之后,引起了学界的热烈讨论。

西村真志叶认为,"标志性文化"这一概念是中国民俗学者在后现代学术的反思性思潮中提出的充满学术自信的创新概念,蕴含着很多的可能性,具有较大的学术潜力。但是,在她看来,刘铁梁提出"标志性"文化这一概念时,仍然受到了实证主义和结构主义的影响,"《中国民俗文化志》在'主体间对话'上的立场还不够彻底"[①]。西村真志叶提出了是谁的"标志性文化"的问题。她认为,在确定"标志性文化"的过程中可能随时会存在研究者的"他观"和当地人的"自观"之间的分歧问题。当这样的分歧出现之后,究竟该选择哪一方?这一问题还没有得到根本解决。要解决这一问题,"'标志性文化'与'标志性文化统领式'民俗志的发掘和写作必须在反思传统的田野作业范式的过程中自觉地面对主体间的对话问题,并把问题的焦点从'文化标志'转移到'生活形式'上面"[②]。同时,"必须坚持彻底'走近他者'的原则,将某种文化事象作为'标志性文化'的意义和价值彻底放置于与该地方社会或群体间的关系之中,而不是放在与各种自诩的代表人之间"[③]。

黄龙光认为,"比起记录的民俗学、方志式的民俗描述以及分割条块、按图索骥式民俗志的范式来,'标志性文化统领式民俗志'进行了大胆突破,不拘常规,无疑具有较先进的理论价值和实践意义"[④]。同时,他也提出了"标志性文化"如何确定的疑问:在标志性文化的界定问题上,官方、学界与民间的意见如何兼顾协调?"关于如何获得一个合理的界定标志的标准,官方有其主流甚至带有意识形态的一套标准,民间则有下里巴人的朴素看法,而学者则可能带有纯学术的观点。标志性到底由谁说了算?"[⑤]

针对西村真志叶、黄龙光等学者提出的"标志性文化"如何确认、由谁说了算的问题,蔡磊作为标志性文化民俗志研究项目中的一名成员给予了积极的回应。她认为,作为一种学术概念,标志性文化当然应当由学者来确定,当然这个确认过程本身就很复杂,包含着对官方、民众看法等的认知和反复商讨。她指出"也许应对标志性文化何以存在,是否存在一个客观的标志性文化的确认标准,某一个已经确认的标志性文化是否深刻地体现了地方文化内在的结构和关联等问题作反思和批评,而不仅仅是质疑标志性文化究竟由官方、学者还是民众来确定"[⑥]。蔡磊还认为,标志性文化统领式民俗志已经暗含了"感受之学"的学术追求,是一种建立在深描和互释基础上的、朝向民众主体的民俗志,具有理解、感受民众之感受的解释力。

覃琮认为,可以把民俗志划分为"一般民俗志"和"作为研究方式的民俗志"两大层次和类型,"标志性文化统领式民俗志"属于"作为研究方式的民俗志"。在覃琮看来,"刘铁梁提出的'标志性文化统领式民俗志'的理论与实践,企图超越传统体例民俗志的范式,又不使民俗志变成民族志,体现了一个民俗学者的'文化自觉',从而使民俗志概念的学术内

[①] 西村真志业:《学科范式转变中的"民俗志"——以〈中国民俗文化志〉的"标志性文化统领式"民俗志为例》,《西北民族研究》2008年第4期。

[②] 同上。

[③] 同上。

[④] 黄龙光:《民俗志范式的反思》,《西北第二民族学院学报(哲学社会科学版)》2007年第5期。

[⑤] 同上。

[⑥] 蔡磊:《民俗志的学术定位和书写》,《西北民族研究》2009年第1期。

涵和生命得到了新的阐扬,因而更具有学理价值和意义"。①

王静梅的硕士学位论文《赵各庄民俗志——对"标志性文化统领式民俗志"的实践与反思》,以河北省唐山市古冶区赵各庄村为例,对"标志性文化统领式民俗志"理论给予了检验,发现这一理论具有较强的可操作性,但是也还指出其存在一些在经验总结上不够完善之处,例如,第一,"在民俗志的书写过程中可能涉及到比较专业的民俗术语,所以不能保证民俗志的标题都以鲜活的民俗话语进行命名";第二,"该理论对怎样呈现民俗事象的整体性和民俗事象之间的联系性缺乏明确的指导";第三,"该理论对于民俗记述的详尽程度没有给出明确的标准,对于记述这种详尽的民俗志所需要的时间和精力等等因素没有给出明确的指导"。②

张礼敏的博士学位论文《社会转型与文化积淀——以天津皇会为例》采用了"标志性文化"的理论视角,并根据自己的研究提出,只有像天津皇会一样经历了社会转型和文化积淀的民俗事象才可以称为"标志性统领式"民俗文化事象。③

程安霞在《关于民俗志书写的几点思考》一文中指出,当前民俗志书写过程中存在诸多问题与不足。具体表现在:书写样式的"八股化"、作为主体的"人"的缺位、缺乏情境的呈现、弃用生动的"民俗话语"、缺乏"地方感"等。她认为,深度描述和深度阐释是民俗志书写的两大基础,一篇成功的民俗志应当"让读者能够身临其境地体验到研究者文本表达中所描述的场景和各种身份人的经验,能够呈现出民俗生活的'立体感'"。④

王霄冰、陈科锦于2022年发表的《民俗志的历史发展与文体特征》对中国民俗志发展史的研究具有建立起体系性理论框架的意义。作者指出:"古代的民俗记录大体上可分为史志类和笔记类两大体例。前者以方志民俗志为代表,其特点是范式化的写作和作者的隐身;后者则以文人笔记为主,其中'我'的在场、深刻的主观感受性和平民视角,都与现代民俗志的理念不谋而合。随着20世纪民俗学学科的发展,又形成了史志民俗志、科学民俗志和传播民俗志三种类型。民俗学界对民俗志书写范式的反思与新型民俗志的写作实践,不仅是对当前民俗学学术理念的回应,还显示出了回归中国本土民俗志诗学传统的迹象。"

这篇论文指出,刘铁梁在1998年发表的《民俗志研究方式与问题意识》中提出民俗志具有民俗学研究方法性质,之后又结合其主编的《中国民俗文化志》编纂实践,最早提出了"标志性文化统领式民俗志"的概念,即通过着重调查和书写那些具有代表性且能反映文化中诸多关系的文化事象,建立起"民俗现象之间的关联性和互释性",以体现地方民俗的整体特征。作者将《中国民俗文化志》这套志书归类为民俗志三种类型中的"传播类民俗志",认为这套志书"舍弃了按门类划分和填充资料的做法,借鉴了调查报告的文体,在内

---

① 覃琮:《从"一般民俗志"到"作为研究方式的民俗志"——兼论刘铁梁"标志性文化统领式民俗志"的当下意义》,《学术论坛》2009年第10期。
② 王静梅:《赵各庄民俗志——对"标志性文化统领式民俗志"的实践与反思》,青海师范大学硕士学位论文,2012年。
③ 张礼敏:《社会转型与文化积淀——以天津皇会为例》,天津大学博士学位论文,2014年。
④ 程安霞:《关于民俗志书写的几点思考》,《中央民族大学学报(哲学社会科学版)》,2011年第2期。

容取舍与布局行文方面给予作者充分的自由。书中所记述的内容不再局限于传统民俗事象,也注重当地的民俗旅游产业、社区中的各类趣缘组织与公益团体等;不但关注民俗精英和民间文化爱好者,还为'北漂族'和工人、航天员等职业群体'立传'。在写法上,不再是单纯的民俗事象描述,而是突出当地人的个人叙事,讲述一个个有名有姓的普通人在当代社会变革洪流中的劳作生存、文化创造与日常经验,读来犹如新闻纪实或报告文学,具有强烈的时代感和当下性"。

这篇论文的"结语"指出:"民俗志既是民俗学的一种研究方法,也是民俗学的成果形式和作品,更是民俗学者服务于国家和社会的重要方式。学会写作民俗志是民俗学者必备的技能之一。"又指出:"如何通过对地方民俗的书写,引起读者尤其是地方百姓的情感共鸣和认同,而不仅仅只是追随人类学'科学民族志'的范式和仰赖现代学术体系的评价,是我们仍需努力的方向。"这些旗帜鲜明的认识,与近二十年来进行"标志性文化民俗志"调查、书写实践的师生们所亲身获得的经验和不断增强的问题意识都十分吻合。也与刘铁梁在 2019 年发表的《个人叙事与交流的民俗志》中关于"注重研究者与民众之间的交流与对话"的"交流的民俗志"的思考形成了呼应。至此,关于标志性文化民俗志中的标志性文化到底是由谁来发现和确定的问题,就在实践民俗学的理论系统中得到了比以往更好的回答。

第二节 个人叙事研究

从 20 世纪 60 年代以来,国际的语言学、社会学和民俗学界关于"个人叙事"(Personal narrative)或"叙述自我"(Narrative self)概念及其对应的话语现象持续开展论述和研究,取得不断进展。其中,美国一些民俗学者在这一方面所作出的探索,与同一时期"表演理论"的提出相一致,拓展了口头传统研究的视域,为推动民俗学研究从以文本为中心向以日常交流实践为中心的转型作出了重要的理论创新。

近十多年来,一些中国民俗学者在进行地方民俗志调查研究的过程中,也提出和运用了"个人叙事"的概念。他们所理解的个人叙事,是在各种日常交谈的现场,也不排除民俗学者进入一地方对当地人进行访谈的现场,由个人讲述自己所亲历或见闻的一些事件始末的话语类型,包括所讲述的话语文本与互动方式等。他们认为只有经由接受这些个人叙事,才能认知和理解地方社会日常生活与文化实践的过程,特别是个体参与公共生活和文化建构的过程。个人叙事材料的获得和运用,使得在民俗志的调查、研究、书写和传播过程中,调查者、受访者和社会大众都更好地结成了一个交流的整体。

在人们的日常话语交流实践中,叙事是最经常运用的体裁(Genre)和话语互动方式。但是这样的叙事,不只有那些被当地民众所共享的"民间文学",包括神话、传说、故事等,更多的是以单数第一人称来讲述的人生经历或发生在自己周围的"大事小情"等。我们可以将这两种叙事分别称为"集体叙事"和"个人叙事"。在地方社会的日常交流中,集体叙事与个人叙事并行发生、彼此交织和相互作用。在特定的一些交流实践过程中,这两种叙事共同构成不同交流主体之间的话语权利关系。所以即便是要理解当地流传的民间文学文本及其讲述活动的意义,也需要在访谈和在日常交流中获得足够的相关个人叙事资料。

一、个人叙事的概念及其运用

(一)国外民俗学者的个人叙事研究

美国民俗学界较早提出并且不断推进了"个人叙事"研究。20世纪60年代,美国社会语言学家威廉·拉波夫(William Labov)和约书亚·沃雷茨基(Joshua Waletzky)就已经开始研究关于个人经历的叙事。他们认为,"叙事,是一种总结和重述经历、经验的技巧,尤其是重构与自己的经历、时间相匹配的叙事单元的技巧"。[①] 拉波夫和沃雷茨基辨别了个人叙事的功能、特性,为后来者探究这种口头叙事话语建构了一套方法论和理论观点。

拉波夫建构了一套叙事结构分析框架,他认为一个完整的个人叙事应该包括点题(Abstract)、指向(Orientation)、进展(Complicating action)、评价(Evaluation)、结局(Result 或 Resolution)、回应(Coda)等六个部分。作为社会语言学家,拉波夫和沃雷茨基非常重视语言与社会的关系,主张把语言放到社会中进行研究。拉波夫的叙事研究,最初的目的是弄清楚讲述者的社会处境与话语特征之间的关联以及他们的叙事结构。他和沃雷茨基认为,只有那些特殊的、意想不到的事件才可能成为个人叙事;日常的、熟悉的事情如购物、看电视等将不会被作为事件来叙述。拉波夫的个人经历叙事研究产生了深远的影响:第一,他的研究让美国的民俗学者开始思考,在民俗学研究中可以增加一种或几种潜在的文类;第二,让学者们开始思考叙事与经历、经验之间的关系,尤其是谁决定谁的问题。

桑德拉·斯塔尔(Sandra K. D. Stahl[②])是美国民俗学个人叙事研究的拓荒者和奠基人之一。1977年,桑德拉发表了题为《作为民俗的个人叙事》的文章。在这篇文章中,她明确指出个人叙事是一种重要的民俗现象和文类,是口头交流现象中的一个基本类型。桑德拉对个人叙事进行了明确的定义:个人叙事是一种通常用第一人称讲述的,与个人经历有关的散文体叙事,其内容是非传统的。[③] 1989年,她又在《文学民俗学与个人叙事》中对个人叙事的定义进行了修正和补充,指出个人叙事可以用三种特征综合定义:第一,个人叙事具有戏剧性的叙事结构;第二,人们在讲述个人叙事时一般会暗示或声明叙事内容的真实性;第三,故事讲述者与故事主人公具有身份上的一致性。[④] 桑德拉·斯塔尔还论述了个人叙事的"大脑文本"(Mental text)随讲述现场变化的动态特征;证明了个人叙事

---

① Donald Braid,"Personal Narrative and Experiential Meaning",*The Journal of American Folklore*,1996(109),p.5.
② 桑德拉·斯塔尔(Sandra K. D. Stahl)曾用名有 Sandra Dolby Stahl,Sandra Dolby-Stahl 等。
③ Sandra Dolby Stahl,"The Oral Personal Narrative in Its Generic Context",*Fabula*,1977(18),p.20.
④ Sandra Dolby Stahl,*Literary Folkloristics and the Personal Narrative*. Bloomington,Indiana:Trickster Press,2008,p.18.

具有的口头传统文类的特征;划分了个人叙事在文学目的上的各种类型;揭示了个人叙事的社会交往功能。①

桑德拉·斯塔尔的叙事学思想和理论来源是多元的。首先是同时代的欧洲的文学批评理论。沃尔夫冈·伊瑟尔(Wolfgang Iser)和汉斯·罗伯特·姚斯(Hans Robert Jauss)强调读者在文学接受过程中的重要作用,从传统的以"作者"为中心,转向了对"读者"的关注。后来,大卫·布莱奇(David Bleich)与斯坦利·费什(Stanley Fish)等文学理论家进一步发展了这种理论,提出"有知识的读者"(Informed reader)的概念。他们认为,读者对文学文本的理解受他们个人文化背景的影响,正是这一点决定了一个文学文本真正被接受的意义是什么。这些理论促使美国民俗学者更加关注听众在叙事文本意义生成过程中的作用。

米尔曼·帕里和阿尔伯特·洛德师徒提出的口头程式理论对美国民俗学界的个人叙事研究也产生了影响。通过在南斯拉夫地区长期的田野调查,阿尔伯特·洛德在《故事的歌手》一书中指出,那些杰出的口头诗人可以通过"程式"来创作史诗。帕里和洛德很好地解释了那些杰出的口头诗人何以能够演述成千上万的诗行,何以具有流畅的现场创作能力的问题。他们的理论让美国民俗学者意识到,每个人都可以是创作者,而且创作的过程可以被认真地记录下来和研究。②

以理查德·鲍曼为代表的表演理论研究与民俗学个人叙事研究有内在逻辑的关联。理查德·鲍曼和唐纳德·布雷德共同撰写的《口头传统研究中的表演民俗志》一文指出:"被我们惯性地视为口头传统素材的文本,仅仅只是对深度情境(Deeply situated)人类行为单薄的、部分的记录而已。以表演为中心的方法,力图超越将口头传统作为去情境化的(Disembodied)文本性事象的观点,并从语境和民族志的角度去研究这些传统,以期发现那些为这些传统赋予作为既有经验之一部分的形态和意义的个人、社会与文化因素。"③这篇论文的作者之一唐纳德·布雷德同时也是个人叙事研究的倡导者,论文中举出"表演民俗志"的两个研究案例都涉及个人的表演或个人的叙事。案例都分析到讲述者在具体的口头艺术交流事件即特定的"叙述事件"中,如何讲述"被叙述事件"的过程,从中发现有哪些语境化因素给故事(被叙述事件)赋予了意义。

桑德拉·斯塔尔关于运用"文学民俗学"的视角来研究个人叙事的主张,与上述这些相关叙事的理论有密切关联。

艾米·舒曼是当前美国个人叙事研究的一位重要民俗学家。她在向中国访学人员介绍自己的学术经历时说道,之所以研究个人叙事,最初是由于关心年轻人群体如何在他们自己的世界中开展叙事。之后,她的研究兴趣转向了故事所有权(讲故事的权利 Story ownership),也就是说这个故事谈论到了谁,谁有权利讲述这个故事,谁没有权利讲述这个故事。再后来,她的兴趣点转向了故事是如何产生意义的,尤其是在那些不可预知的、

---

① 毛晓帅:《桑德拉·多尔比个人叙事研究述评》,《民族文学研究》2021年第4期。
② 同上。
③ 理查德·鲍曼、唐纳德·布雷德:《口头传统研究中的表演民族志》,载理查德·鲍曼:《作为表演的口头艺术》,杨利慧、安德明译,桂林:广西师范大学出版社,2008年版,第103页。

悲惨的、让人惊讶的，或者疯狂的事情发生时，故事是怎么在人们身上来产生意义的。这就需要提到一个概念——"移情"（Empathy），它的意义是当我把我的故事告诉给你时，你能不能更好地理解我及我的故事，你的情况是能或者不完全能，所以她称之为有限移情（Limited empathy）。目前她的研究兴趣点是民俗与人权的关系，包括两项课题，一个是研究政治避难所里的人们是如何叙述他们故事的，另一个是研究残疾人的叙事。[①]

艾米·舒曼认为语言社会学和文学的两种个人叙事研究的鸿沟正在被跨越，提出用"互动式叙事"（Interaction narrative）概念来研究个人叙事构成的现场中讲述者、听众和其他在场者之间的关系，进而理解个人叙事与一定社会文化建构的关系。她强调："基于叙事生产意义的有限性与个人的、经验的和日常生活的观念的复杂性，我特别提出了'资格'和'移情'两个叙事研究的关键词。无论是'资格'还是'移情'，都倾向于将个体叙事理解成是超越个人而存在的。"[②]她认为这与"可得性叙事"（Available narratives）的概念密切相关，"可得性叙事"是指在特定语境下能够被讲述的关于特定主题的故事，不只涉及叙事的内容，而且更强调什么该被讲述、什么不该被讲述的协商过程。[③]因此，她发现："'资格'好比是拥有了故事讲述的'许可证'（License），虽然这个'许可证'多数情况下是用来禁止他人讲述该故事的。'移情'是对于'资格'主张的反诉，其坚持认为讲述他人的故事可以促进更好地理解。另一方面，挖掘他人故事的意义可以产生某种情感，在这种情感中，不同的感情反应成为更好理解他人的方式。"[④]

近年来，日本民俗学者也开始关注到个人叙事的重要性。2014年，门田岳久对长期以来民俗学研究忽视个体主观经验的做法进行了反思，并提出要关注民众"叙述自我"的行为。门田岳久认为，"人们在日常生活中通过对自我的叙述产生出'自我'本身。而自我叙述也是现代社会人们普遍拥有的一种自发行为。我们有必要了解访谈对象的生活经历全貌，包括他们的主观解释"。[⑤]

与对于日常交流中个人叙事重要性的认识相关，叙事作为民俗学所研究的主要话语现象，开始在一些日本学者那里得到不同以往的研究，所关注的是一些叙事如何受制于现实，又如何影响现实的过程。岩本通弥通过关注报纸、电视等传播媒体上报道的个人经历、家庭故事来探讨日本城市化过程中的"家庭崩溃"问题。[⑥]在他看来，"民俗学是一门思考人们赋予外界对象某些意义的行为或认识，以及把这种行为或认识的历史变化与现实（历史事实）相结合的学问"。[⑦]

---

① ［美］艾米·舒曼、李向振、赵洪娟：《"污名化"与残疾人及残疾人叙事研究——美国民俗学家艾米·舒曼教授访谈录》，《民俗研究》2016年第1期。
② 艾米·舒曼：《个体叙事中的"资格"与"移情"》，赵洪娟译，李向振校，《民俗研究》2016年第1期。
③ 同上。
④ ［美］艾米·舒曼：《个体叙事中的"资格"与"移情"》，赵洪娟译，李向振校，《民俗研究》2016年第1期。
⑤ ［日］门田岳久：《叙述自我——关于民俗学的"自反性"》，中村贵、程亮译，《文化遗产》2017年第5期。
⑥ ［日］岩本通弥：《城市化过程中家庭的变化》，施尧译，《民俗研究》2016年第5期。
⑦ 同上。

(二)中国民俗学者的个人叙事研究

近年来,随着这些社会语言学、语言人类学、叙事学等跨学科的国外理论的译介和中国民俗学学科自身的发展,许多中国学者已经开始注意到日常交流实践中个人性的口头叙事的重要性,关于个人叙事的研究和讨论也逐渐增多。然而,中国民俗学界关于"个人叙事"概念的提出背景与西方民俗学界不甚相同。中国的"个人叙事"主要是在民俗志调查与书写的研究过程中被提出并不断丰富起来的一个概念,体现了民俗学研究关注民众日常交流实践的一个研究方向。

刘铁梁较早提出个人叙事的概念,在《身体民俗学视角下的个人叙事——以中国春节为例》一文中,他注意到新闻媒体上报道的关于春节的个人经历叙事,他把这些由记者呈现出来的个人经历故事看作重要的民俗学研究材料,认为,新闻报道中的关于春节的个人叙事反映了中国社会的变革过程。他指出"作为身体经验和身体记忆的个人叙事,对于人们体会民俗传统的意义和价值具有特别重要的作用,因此需要在民俗研究中给予充分的重视并加以采用"。[①] 他后来在《个人叙事与交流式民俗志:关于实践民俗学的一些思考》一文中,论述了个人叙事对民俗志写作等多种公共文化建设的行动意义,认为当代民俗志的"生产"及其阶段性成果都是写作者与受访者交流的过程,指出了个人叙事研究需要有世界的眼光,也需要有认识中国独特历史、传统的自觉性。[②]

通过对即墨田横祭海节的考察,张成福认为:"传统是一个过程,个人叙事在传统不断被建构的过程中发挥着重建、发扬、新建并不断强化的作用。"[③]林晓平、雷天来《个人叙事与当代风水师身份建构——以赣南地区为例》通过对一定语境下风水师的个人叙事的分析,探讨了赣南地区风水师群体的生存之道。[④] 刁统菊强调关注受访者的个体叙事,她认为,让受访者按照自己的表达习惯讲述个人故事是有温度的民俗学田野作业的重要表现。[⑤] 刘先福以新宾地区的努尔哈赤传说讲述活动为个案,探讨了传说讲述者的个人叙事与地方传统之间如何互相影响的问题,他认为讲述者的个人叙事始终是与地方传统相融合的。[⑥] 穆昭阳的相关论述,基本上是把个人叙事与口述史等同,认为这种口述史文本也是地方传统建构的一种叙事方式。[⑦] 毛晓帅指出了个人叙事具有的流动性、策略性等话语特征,探讨了个人叙事在公共文化实践中的作用。[⑧] 他认为所谓个人叙事,"大抵是指以个人亲身经历的生活为内容的口头叙事,它与民间文学研究所长期关注的集体性口

[①] 刘铁梁:《身体民俗学视角下的个人叙事——以中国春节为例》,《民俗研究》2015年第2期。
[②] 刘铁梁:《个人叙事与交流式民俗志:关于实践民俗学的一些思考》,《民俗研究》2019年第1期。
[③] 张成福:《个人叙事与传统建构——以即墨田横祭海节为例》,《青岛农业大学学报(社会科学版)》2011年第1期。
[④] 林晓平,雷天来:《个人叙事与当代风水师身份建构——以赣南地区为例》,《民俗研究》2014年第6期。
[⑤] 刁统菊:《感受、入户与个体故事:对民俗学田野伦理的思考》,《民俗研究》2020年第2期。
[⑥] 参见刘先福:《个人叙事与地方传统:努尔哈赤传说的文本研究》,北京:中国社会科学出版社,2019年版。
[⑦] 穆昭阳:《个人实践、记忆与民俗传统的传承》,《太原师范学院学报(社会科学版)》2014年第2期。
[⑧] 毛晓帅:《民俗学视野中的个人叙事与公共文化实践》,《民族文学研究》2019年第3期。

头叙事一样,都是人们在日常交流实践中所运用的话语,彼此之间构成一定的互文性关系"。①

(三) 个人叙事的研究价值

1. 感受生活变革与身份认同的现实资料

20世纪80年代以来,随着改革开放政策的推行,我国的市场经济飞速发展,城市化建设进程也不断加快。在市场经济和城市化建设浪潮的双重裹挟中,城乡居民的日常生活正在经历前所未有的巨变。有学者称这种局面为"生活革命",主要是考察当代在居民饮食起居等日常行为模式方面的改变。② 但是还应该看到,日常生活的最大改变是随着城乡一体化经济的发展而发生的居民劳作模式与各种社会交往关系与交往模式的改变。比如,在新建的住宅小区中,居民可能来自全国各地,邻里之间互不相识。在这种陌生的居住空间中,居民之间的社会交往就更多建立在社区公共文化活动的关系上,走家串户式的密切交流方式已不合时宜。就广大农村而言,由于村庄的劳作模式正发生根本变化,尤其是土地的集体流转,越来越多的村民到城市里工作,原来的农业生产知识、亲属之间礼尚往来的习俗都也逐渐远去。村民们熟悉的乡土社会已经不存在了,他们原有的文化认同和社会认同也必将随之解构。归属感不强、身份认同模糊,是大多数漂泊涌入城市的外来人口所面临的共同难题。

城市化不仅是人们从农村到城市的位移,也不只是从"农民"到"市民"的身份转变,而是原农村人向城市人的生活靠拢、融入的过程。"社会融入在个体层面体现出个人的社会身份认同感和归属感,在宏观层面体现出社会各群体的融合程度。因此,真正意义的社会融入必然是建立在外来人口对迁入地高度的心理认同之上的。"③"只有实现了心理层面的社会认同,外来人口的'本地化'过程才能得以实现,从而使社会融合和社会参与成为可能。"④如果出现了身份认同的危机,将有可能导致迁入城市的农民群体与市民群体之间的社会隔离、社会矛盾。

所有这些刻骨铭心的经历,都需要由个人叙事来表达。我们近几年在北京市各区县的民俗文化普查中,发现了大量的与此相关的个人叙事材料,对于理解人们所处社会和生活环境的变化,理解他们行动的角色意义和身份再认同过程至关重要。

2. 集体记忆与个性记忆相互渗透的话语形式

个人叙事具有社会记忆的集体性与个人性互相包含与渗透的表现,因此具有多重认识价值。个人叙事与集体叙事相比较还具有更多个体身心经历及其丰富感受的信息特色,对于深入的民俗学调查来说具有感同身受的作用力。例如,作为村落共同的集体记忆,北京市海淀区六郎庄村曾经大量种植水稻、莲藕和荸荠等水生作物,是著名的北国江南。在六郎庄村,有大片的莲藕和荸荠田。为了大家能够在春天吃到新鲜的莲藕和荸荠,

---

① 毛晓帅:《民俗学视野中的个人叙事与公共文化实践》,《民族文学研究》2019年第3期。
② 周星:《"生活革命"与中国民俗学的方向》,《民俗研究》2017年第1期。
③ 崔岩:《流动人口心理层面的社会融入和身份认同问题研究》,《社会学研究》2012年第5期。
④ 同上。

村民不会在秋天把所有的莲藕和荸荠都刨出来,而是留下一部分在水田里,让它们越冬。为了让这些莲藕和荸荠能够顺利越冬,不被冻坏,村民从收割完稻子之后就要开始"围堰"了。"围堰"之后,到了冬天孩子们就在水田里溜冰。说起当年围堰溜冰的事儿,访谈对象杨福生激动不已:

"我们小时候经常到水田里溜冰。水田里怎么溜冰?你不知道,一到冬天我们就会围堰。收完稻子以后,我们就从稻田里挖土,把莲藕田和荸荠田的田埂堆起来,让它比水面高,这就叫围堰。围堰之后,再往水田里放水,水面就比原来高了很多。到了冬天,水田就开始结冰了。水田里的冰就像是一个保温层,能保证水下的莲藕和荸荠不被冻坏。三九天儿,冰冻得结结实实的,孩子们就去那儿溜冰。新中国成立之前,只有燕京大学、清华大学的少数大学生能够穿着专业的溜冰鞋来到结了冰的水田里溜冰。每当他们来六郎庄这里溜冰的时候,我和小伙伴儿们都羡慕不已。那时候村里的孩子们都买不起专业的溜冰鞋,即使是我们家这样的种藕大户家里也买不起。为了滑冰,孩子们就自己动手制作冰鞋——脚溜子。"[1]

杨福生这种包含具有鲜明个人经历和感受内容的叙事,又是很多同龄村民都有的集体记忆。反之,这些集体记忆又需要通过当地人的个人故事呈现出来,以至于不会过分笼统和抽象。

另外,民俗文化的新变和发展离不开作为民俗文化主体的个人的创造性。为关注和考察这种个人的文化创造或话语影响的表现,就需要获得并分析一些个人叙事的资料。这也是我们观察民俗文化变异过程的重要途径。例如,陈泳超在《背过身去的大娘娘》一书中,重点描写了罗兴振、吴克勇等乡村社会中民俗精英和话语权威人物的有关作为,也是通过提供这几个人讲述的个人经历故事,进而分析了他们如何影响传说的新变过程。[2]

3. 对传承人口述史研究的超越

提出个人叙事概念,也是出于对当前非物质文化遗产传承人口述史研究方式的一种反思。传承人,指的是传承某种文化事象的具体代表和个人。"非遗"传承人,就是某项非物质文化遗产项目的代表性传承者。我们对传承人的关注,更多的是从民间文化传承的意义上来关注个人。因此,在这种传承人概念下的研究,一方面容易忽略掉当事人在日常生活实践中的其他角色,另一方面也漠视了所谓传承人之外大多数人在地方社会生活中的角色作用和民俗文化传承者的作用。

我们需要更多地去关注大多数人讲述的个人叙事,理解他们的生存处境、行动意义和人生价值观。我们要了解一个社会或者说一个地方生活共同体,就必须了解当地民众的日常交流实践,关心发生于其中的许许多多的个人叙事。在民俗学访谈过程中所发生的

---

[1] 访谈对象:杨福生;访谈时间:2016 年 7 月 14 日;访谈地点:中坞新村。
[2] 陈泳超:《背过身去的大娘娘:地方民间传说生息的动力学研究》,北京:北京大学出版社,2015 年版。

个人叙事,在很大程度上也是日常交流中个人叙事的内容,因为与外来人的交谈也是日常交流实践的组成部分,都会在日常交流中具有创造生活与传承文化的多种可能的作用,包括访谈与民俗志书写中的文化交流与文化传播的作用。

二、个人叙事与公共生活秩序的建构

讲述与个人经历有关的个人叙事是每个社会成员必须具备的一种能力和技巧。个人叙事是民众以个人身份进入社会文化再生产过程的一种不可或缺的话语形式,是民众参与公共生活秩序建构的重要手段。"个人叙事作为话语交流的手段,与作为地方或集体共享知识的集体叙事手段一样,都在公共领域的活动中不可或缺,而且是互相依托和交错地被运用。"①具体说来,绝大多数局内人在日常交流实践中讲述的个人叙事大多与村落历史记忆、价值观念表达和生活秩序建构有关。不仅如此,每位乡民在村落共同体中都担当着特定的民俗角色,他们的作为与角色担当意义大多是通过个人叙事来传达的。

(一)个人叙事与村落历史记忆建构

在民众的日常交流实践中,有些个人叙事却是为了巩固和重新建构集体共享的历史记忆。这类个人叙事文本大多是一个社区或村落中你知我知的、被大家所牢记的信息,具有公共知识的性质。

2005年西村真志叶在京西燕家台村进行民俗调查时,石淑丽就为她讲述了这样一段个人叙事:

> "日本撤的那一天啊,赵永成、李正全、李忠清,他们在后山上爬着喽。赶到日本走了,他们就是,咱们燕家台不是个台哇?他们就是从这个台下来的。我都见来着。我们不是在官上住着哇?他们升得,举得高高的,走得慢慢的,乐得下来的。就说:
> '鬼子走了!解放了!'他们就是这么下来的。"②

在这段个人叙事材料中,石淑丽讲述的是1944年2月日本炸毁炮楼后从燕家台村撤退时的个人经历。但这段个人叙事材料却是为了再现、建构一代燕家台人关于日本撤退、村子解放的集体记忆。

2015年笔者在大兴区黄村西里社区进行民俗志调查时,甘秀荣就为笔者讲述了一段关于黄村火神庙的故事:

> "火神庙是明朝时候建的,民国的时候变成小学了。'七七'事变爆发以后,

---

① 刘铁梁:《个人叙事与交流式民俗志:关于实践民俗学的一些思考》,《民俗研究》2019年第1期。
② 西村真志叶:《日常叙事的体裁研究:以京西燕家台村的拉家为个案》,北京:中国社会科学出版社,2011年版,第83—84页。

这里又成了黄村镇办公的地方。到了解放,1949年以后这里就又成了小学校了。我就是在火神庙上的小学。我记得那时候火神庙南大殿的东西两侧各有三间房,西侧是二年级和四年级,东侧是一年级和三年级。当时我们学校教师紧缺,为了能照顾所有的学生,小学实行二部制。二部制,就是说一个教室里有两个年级,学生背对背坐着,老师给二年级布置好作业,转身到四年级这边讲课。虽然条件艰苦,但是学生都认真学习。要是人们从火神庙经过,都能听见学生朗朗的读书声。"①

在这段个人叙事材料中,甘秀荣讲述的是自己上小学时的个人经历,但这段个人叙事材料却是为了再现、建构一代老黄村人关于火神庙的集体记忆。

这一类型的个人叙事材料中无疑包含着当地人对自身所在社会的认识、理解和评价,体现着当地民众的历史感和地方感,为建构、保存地方社会的集体记忆发挥着巨大的作用。

(二) 个人叙事与村落话语权的争夺

无论是在村落还是在城市社区中,有些叙事文本、内部知识是大家共享的。然而,不同的个体往往会结合自身的个人经历,给予这些共享的知识和文本以个人的理解和解读。此时,在公共话语、共享知识的建构过程中,对于话语权、解释权的争夺就在所难免。

2009年5月陈泳超在洪洞县进行"接姑姑迎娘娘"活动的民俗调查时,吴克勇就为他讲述了这样一段个人叙事。

"我跟罗兴振抬杠,他说娥皇生于伊村,女英生于这。我说不是,两个姑姑都生于这里。咱没证据也不行,我把吴万虎叫上,到伊村走访去。我们传说都说不叫伊村,叫伊杜村,过去人家说杜村是杜村,伊村是伊村,〔问:现在是两个村子?〕对对对,两个村子,杜村在偏东,北边的东边。去后走访了好几个老头,只有这个王志贵他说尧生于他那,但他们村里没有一户姓伊的,因为尧姓伊,他村没有了,以王姓为主了。最后我问他那尧的两个女儿生于哪里,他说他父亲给他传说的,究竟生于哪里他就不知道了。这就证明就是生于我们这里。"②

罗兴振是洪洞县历山人,吴克勇是洪洞县羊獬村人,二人同在娥皇、女英信仰圈,都是当地的民俗精英,且彼此之间非常熟悉。但在娥皇、女英的出生地问题上,二人出现了分歧。"罗兴振一贯主张娥皇出生在临汾市伊村(又名伊杜村),因为尧王出生在那里,而女英才是尧王来视察羊獬时夫人恰巧生产的。吴克勇等羊獬的民俗精英们不同意,认为应

---

① 访谈对象:甘秀荣;访谈人:刘铁梁、毛晓帅、张凯歌、刘萌萌;访谈时间:2015年7月14日;访谈地点:大兴区黄村镇黄村西里社区居委会。
② 陈泳超:《背过身去的大娘娘:地方民间传说生息的动力学研究》,北京:北京大学出版社,2015年版,第166—167页。

该是两个姑姑都出生在羊獬。"①从上述吴克勇的个人叙事材料中可以看出,他结合自己到伊村走访的经历对区域社会中集体共享的内部知识进行了历史的陈述。显然,吴克勇讲述这段个人叙事是为了在公共话语建构过程中争夺娥皇、女英传说的话语权和解释权。可以说,这种事关话语权争夺的个人叙事在某种程度上是村落传统活化和村落历史延续的重要动力。在话语权、解释权的博弈和争夺过程中,村民之间达成了共识和认同,村落传统重新焕发出了活力。

(三)个人叙事与村落价值观念的建构

在村落社会中,人们一般会结合个人经历来表达自己对孰是孰非的评判,而村民全体所共同拥有的道德观念就是在经常进行的个人叙事中被表达、支持和巩固起来的。

例如,我们近年来对乡村社会被称作"管事的"的"礼俗掌控人"的角色进行研究,发现他们在村庄中的威信和声誉不仅是由于主持和协调婚丧嫁娶事务的成功,还由于他们平日里注意与村民们打交道并且表现出为人处世的公正态度。我们在豫北大河村听到如下的一次交谈,时间是在2017年4月12日,一位"管事的"与村民奥恩在背后批评起村民叶申的懒惰:

> 奥恩:"叶申太懒了,整天在街上闲逛,不出去挣钱。他在我们家饭店打工的时候就特别爱偷懒,他在我家只干了三天就不干了。你说,他两个儿子以后怎么办?没人替他盖房子、娶媳妇。"
>
> 管事的:"没人替他盖房子。原来我跟他一起在焦作打工的时候,别人都不舍得休息,想多挣点钱。他干一天就得歇两天,总想偷懒。你不干活人家能给你发工资吗?他就那种懒人。"②

奥恩和管事的都批评了叶申爱偷懒的毛病,表达了"人应该勤劳,不能懒惰"的价值观念。结合个人经历来对他人进行评价是村落日常生活中的常态,在相互评价的过程中,村民逐渐形成了集体认同的是非标准和价值观念。

(四)个人叙事与村落伦理秩序的维护

影响舆论、参与道德评价的个人叙事,是我们在熟人社会的田野调查中遇到的最多的一类个人叙事。这类个人叙事大多是讲述者结合自身的所见所闻,对自己所在的熟人社会中某个成员的作风和道德做出的评价。这种个人叙事大多是为了通过道德评价形成舆论压力,成为规范社会成员言行、维护村落秩序的一种力量。一般情况下,讲述者不会在公共的平台或场合进行讲述,讲述环境一般是较为私密的空间,讲述者与听众之间彼此较为熟悉和了解。

---

① 陈泳超:《背过身去的大娘娘:地方民间传说生息的动力学研究》,北京:北京大学出版社,2015年版,第166页。

2017年3月笔者在家乡进行田野调查时,邻居郭大娘就对笔者讲述了这样一段故事:

"都说老潘爱占小便宜,那一回我是看见了。有一个卖菜的在街里吆喝卖辣椒,好多人都过去看。老潘也在那,她在那挑三拣四,最后拣了一个最大个儿的青辣椒,用手一瓣两半儿,瓣开的这两边一边咬了一口,然后说真辣,真不好吃。人家那个卖菜的一看就明白了,她是想白拿人家一个辣椒。你一边咬上一口,人家还咋卖?那个卖菜的说,你拿走吧,那个辣椒俺不要了。当时大家都看不上。有的本来不想买的,最后也买了几个。"①

郭大娘的这段个人叙事就是结合她自己的所见所闻,对村中的一个成员老潘的行为做出了道德的评价。在村落社会中,村民最看重的就是其他村民对自己的道德评价。不被别人说闲话,尤其是作风和道德品行上不被人指责是大多数村民最基本的价值追求。像这样一些事关家风、道德评价的个人叙事,在村子里几乎每天都有人在讲述。如果村落社会中没有这种个人叙事的评价,村落就会失去应有的凝聚力和向心力。

(五)个人叙事与民俗角色意义的表达

每个人在特定的社会共同体中都会扮演特定的民俗角色。乌丙安最早提出"民俗角色"这一概念,他认为"在民俗养成的各项活动中,在习俗化过程中,始终活跃着许许多多承载民俗的人,他们以各种各样的身份交流民俗,传习民俗,操作民俗,积累民俗,甚至编制或创造民俗。这些人其实并不是少数人,而是俗民群体中的所有的人,他们在民俗活动中都有自己恰当的民俗角色……事实上在成人的日常生活中,每个民俗的参与者确实都在担当着一定的民俗角色。由于民俗事象与活动的复杂多样,民俗角色也呈现出多样性、多重性特点"。② 每个民俗角色都有自己的价值、担当和作为。这些民俗角色的价值和意义不仅表现在日常的社会行动中,也通过个人叙事来传达。

张锏月的硕士学位论文《作为民俗服务者的乡村草医——以晋南西村"半褂子医生"刘凤为个案》就通过刘凤的个人叙事描述了"半褂子医生"刘凤的角色担当和角色意义。作为"半褂子医生",刘凤能够为村民看邪病,具有"安置仙家"的本领。谈到自己的这一角色意义时,刘凤就讲述了这样一段个人叙事:

"前年(2016年),我去我女儿家婆家,碰到她婆家一个外甥,是下村的。'我怎么看着你脸黄的。'我就摸了下他的手,对他说:是你家仙家闹吧。这么一说他就说开了。他觉得心脏不好的,去医院输液,一输就好,但停十来天就又犯了,就又得去医院,来来回回去医院好几次了。他家院子有个大槐树,上面有仙家。他

---

① 访谈对象:郭阿姨;访谈人:毛晓帅;访谈时间:2017年3月4日;访谈地点:郭阿姨家中。
② 乌丙安:《民俗学原理》,长春:长春出版社,2014年版,第106页。

家盖新房子的时候把槐树给挖了,盖好房子后没把仙家请回去。我就给他说,弄个(面)桃献的,再给仙家弄个衣服,在院子里烧个香,磕个头,把仙家请回来。他按我说的做了在院子里献了献。就好了。没几天拿的东西来我家了。我说:你可幸得东西干啥。他说:奶奶,你不知道我在医院打针吃药输液受得那个罪啊,都几个月了。你可是一下就给我看好了。"①

"半褂子医生"是晋南西村一个特殊的民俗服务者角色,她既为村民看病,也帮助村民说媒、调解家庭矛盾,在丧礼上帮村民穿寿衣等。她为村民服务的这些行动意义主要由她的个人叙事来传达。

三、个人叙事在交流民俗志中的运用

在中国民俗学发生面向当下的学术转型,特别是主动参与地方文化发展实践的调查和民俗志书写过程中,民俗学者与当地民众结成了文化交流与合作的关系,所写出的民俗志自然就具有交流式民俗志的性质与风格。这种民俗志的一个鲜明特征,就是注重将大量个人叙事资料加以组织并呈现在书中,特别形成了围绕标志性文化事象的厚重描述文字,使得人与物、人与人,行动与感受等构成的生活整体进程得到真切和生动的呈现。

(一)个人叙事与民俗志中的主体呈现

民众,作为一地方民俗文化的主体,即表现于共同进行生产、生活的过程,也表现于共同参与日常交流的过程。也就是说,由于都是共同生活体当中的一员,所以他们才结成"口耳相传"和其他手段的日常相互交流关系。民俗的主体性,意味着生活创造的主体与日常交流的主体是同一主体。我们常说民俗文化是"口耳相传"的,这只是从与语言交流的现象上来观察民俗文化传承的特点,注意到了口头语言与书本语言作为交流手段的不同。其实,民俗文化的交流与传承过程,一般还要动用语言之外的其他一切行为,包括生产和礼仪交往等手段。更重要的是,民俗文化的交流与传承,绝不像技艺的传习或表演那样简单,一般都离不开共同生活的社会关系和在各种关系中表达个人意见的权力。

以往,我们的民俗学研究常常关注民俗事象本身的形式和结构,而对作为日常生活实践创造主体的"人"关注不够,"他们的喜怒哀乐,他们的生活故事,顶多是作为理解民俗事象的背景资料,而不是作为民俗志的主体性话语来看待"②。我们对个人叙事的关注,"就是要改变忽略生活实践者言说自身文化权力的倾向,将被访谈人视为有资格叙述历史的独立个体,每个人都有权讲出自己心中和身上的历史记忆"。③ 因此,在田野调查过程中,我们与访谈对象之间也应当是主客之间平等的交流关系。

---

① 张锎月:《作为民俗服务者的乡村草医——以晋南西村"半褂子医生"刘凤为个案》,山东大学硕士学位论文,2020年。
② 刘铁梁:《个人叙事与交流式民俗志:关于实践民俗学的一些思考》,《民俗研究》2019年第1期。
③ 同上。

（二）对话与交流的民俗志

民俗志本质上是研究者与当地人之间平等交流的产物和结果。从调查之初，我们就需要充分尊重受访者的主体性，努力与受访者建立一种平等互信的对话关系。在调查的过程中，我们要与受访者始终保持一种相互理解的交流状态。在民俗志的写作阶段，我们也处在与当地人的对话状态，我们在研究当地人，当地人也在理解我们。我们与受访者之间不单单是一种询问与回答的审问式关系，也不是单纯的记录与搜集整理关系，本质上研究者与受访者之间是一种平等交流的关系。"只有抱着真诚交流的态度，才能听到访谈对象更多的个人叙事，也就是有关他们生活经历和真情实感的故事。而只有听到这些故事，才可以说田野访谈工作算是进入正常状态。"①强调交流关系，是对于受访者的真正尊重。

正因为我们与受访者之间是一种平等的交流关系，"交流式民俗志"就成为民俗志书写应有的追求。交流式民俗志，把受访者看作参与民俗志调查与书写过程的合作者，是与研究者一起参与公共文化实践的行动者和主体。交流式民俗志把当地人的日常交流实践过程作为描述的对象，"重视当地居民在现实生活中做出了哪些行动，比如生产、交换等经济领域的行动，交往、结社等政治领域的行动等，我们认为这些行动都关乎社会秩序和社会关系的建构。除了这些行动，各地居民都要进行文化表演或者文化书写的行动，这是他们争取或者是拥有地方和个人文化话语权的表现，也为经济、政治领域的行动提供文化的和价值观的支撑。所有这些，都是我们要书写的地方生活史的内容，也就是要写出作为生活实践主体的人的行动"。②

我们的民俗学研究，不能停留在对民俗事象的记录和描述上，我们要通过民俗事象本身去了解背后的人，作为日常实践创造者和交流主体的人，看他们是如何通过民俗来组织起自己的日常生活的，怎么建构生活秩序的，怎么赋予日常生活以意义。对话与交流式的民俗志，很大程度上就是要把这一过程呈现出来。在这一过程中，"个人叙事作为呈现这些过程的最为寻常而有力的日常话语形式，就显得异常重要了"。③

思考题

1. 在文明和地域关系上，古代的风俗观与当代的民俗观有怎样的联系与区别？
2. 什么是标志性文化？书写标志性文化统领式民俗志的基本学理是什么？
3. 什么是个人叙事？个人叙事在日常交流与交流的民俗志中都具有怎样的话语形态和功能？

---

① 刘铁梁：《个人叙事与交流式民俗志：关于实践民俗学的一些思考》，《民俗研究》2019年第1期。
② 同上。
③ 同上。

推荐阅读文献

1. 钟敬文:《民俗文化学:梗概与兴起》,北京:中华书局,1996年版。
2. 钟敬文:《建立中国民俗学派》,哈尔滨:黑龙江教育出版社,1999年版。
3. 费孝通:《乡土中国 生育制度》,北京:北京大学出版社,1998年版。
4. [德]赫尔曼·鲍辛格:《技术世界中的民间文化》,桂林:广西师范大学出版社,2014年版。
5. [美]段义孚:《恋地情结》,北京:商务印书馆,2019年版。

第十一章 礼俗互动论

本章要点概述

邓子琴在其1947年所著《中国礼俗学纲要》一书的自序中曾鲜明地指出:"谈礼俗者,非仅注重空洞理论,而实应从事于周旋进退之节目。六礼者,中国礼俗之源泉也。"她甚至把周代"六礼"视为中国礼俗研究的重要发端,并对古代冠礼、婚礼、丧礼、祭礼、乡饮酒礼及相见礼进行了比较系统的梳理研究。近些年来,民俗学界有关"礼""俗""礼俗互动"的相关研究逐渐增多。本章重点介绍国内外民俗学者有关礼俗话语探讨的具体研究进程,如礼俗互动的逻辑、方式及其对现代城乡社会发展的价值意义。民俗学者刘铁梁则强调,除了关注礼俗互动这一核心议题,还应注意对礼俗文化系统视角下的城市与乡村、礼俗社会视野中的乡民艺术、礼俗互动中的民俗事象研究等问题进行深入探究,此举有助于构建更为清晰的礼俗理论研究框架和逻辑体系。

第一节 何谓"礼""俗"

中国很早以来就已形成所谓的"礼俗社会",呈现出国家政治与民间自治之间联合运作的社会发展形态。传统中国乡土社会秩序的维持与现代社会有所不同,费孝通曾把乡村社会的运作形态视为一种"礼治"的社会。[①] 首先,作为一种社会事实,"礼"与国家政治结合成为一种文化制度,是有着一个逐渐联结的过程的,"俗"则在地方生活的运作中呈现出民间"微政治"的多种社会样态。马克斯·韦伯曾指出,受过传统教育的人,按照等级制的习俗和"礼"——儒教的中心概念——的规定,温文尔雅地调整他的行为,包括身体的一举一动。……在任何社会处境中,不论居庙堂之高,还是处江湖之远,都要符合礼,不失其尊严。[②] 以此为基础,在中国社会悠久历史进程中的"礼俗互动",起到了维系"国家大一统"与地方社会发展之间的平衡作用。其次,在话语建构层面,礼与俗逐渐成为中国传统社会中勾连官方、文人精英与普通民众的重要话语工具,并在不同社会阶层中间发挥着不同的功用。实如张紫晨所言,中国民俗学史,自从建立史观以来,在巫史结合,史俗并载的

---

① 费孝通:《乡土中国》,北京:北京出版社,2004年版,第70页。
② [德]马克斯·韦伯:《儒教与道教》,王容芬译,北京:商务印书馆,1999年版,第206页。

情况下,即开始了它的源头。此后,以俗为礼,将民俗礼制化,即成为中国早期民俗运用中的一个重要表现。① 再者,中华民族是众多族群的集合,中华传统文化是在对多元地方文化的融汇、提炼中形成的,而与礼俗相关的话语形式与社会实践,涉及中华民族自古至今持续的思想构成与社会运作,因而成为理解这一过程的重要路径。

聚焦礼俗是理解、阐释中华文明和中国乡村社会何以历史绵长且传承不息的重要窗口之一,因而礼俗问题深得历史学、社会学及民俗学等学科所倚重。首先应该弄清楚礼与俗的内在意涵,然后才能进一步梳理出礼与俗二者之间的关系及其互动逻辑等问题。通常情况下,"礼"被视为典章制度,礼字本身,按照仪式做的意思,礼字本是从豊从示,豊是一种祭器,示是指一种仪式。②《辞海》中解释了礼的三层含义,一是指由一定社会的道德观念和风俗习惯形成的为大家共同遵守的仪式,如典仪等,主要起到庆祝或纪念作用;二是指表示尊敬的言语或动作,如注目礼;三是代表礼物,如送礼等。③ 而根据《不列颠百科全书》一书所记:etiquette 代指礼节,是指规定社会行为和职业行为的准则和习俗的体系。任何社会单位,都有由法律维持和实施的公认的行为准则;也都有为习惯和社团压力所强迫实行的行为规范。违反礼节的人,不会因其行为而面临审讯或判决,但要受群体中其他成员的责难。不论社会的物质文化水平如何,任何一个有高度层次划分的社会,都有它的礼节。根据这种礼节,每个人都知道自己应该怎样对待别人,也知道别人应该怎样对待自己。宫廷是礼节的发源地,它以君王为中心,把各种行为的细节逐步向各个阶层传播。④ 伏尔泰在《风俗论》一书中也曾提出,中国人的无休止的各种礼节妨碍了社交来往,只有深交的人才可以在室内免除这些繁文缛节。然而这些礼节可以在整个民族树立克制和正直的品行,使民风既庄重又文雅。这些优秀品德也普及到老百姓。⑤ 也有学者指出,礼与仪是两个不同的概念。"礼"是制度、规则和一种社会意识概念。"仪"则是"礼"的具体表现形式。它是依据"礼"的规定和内容,所形成的一套系统而完整的程序。不同的礼,有不同的形式。"礼"是"仪"的标准、内涵,"仪"则将"礼"具体化、形象化。⑥ 费孝通认为礼是社会公认合式的行为规范。如果单从行为规范一点说,本和法律无异,法律也是一种行为规范。礼和法不相同的地方是维持规范的力量。法律是靠国家的权力来推行的。维持礼这种规范的是传统。传统是社会所积累的经验。……文化本来就是传统,不论哪一个社会,绝不会没有传统的。⑦ 也就是说,礼与法的本质区别是维持力量的区分,礼代表着传统,法代表着国家权力,但是传统与国家权力似乎并不是对等的关系。一个是法律条文,一个是人情规矩,其实也是民俗力量的制约,那么这种人情规矩的背后,更多的是靠文化和习俗的力量在发挥作用。"俗"一般被视为一种风俗习惯。《辞海》中描述了俗的四层含义:

---

① 张紫晨:《中国民俗学史》,长春:吉林文史出版社,1993年版,第1—2页。
② 费孝通:《乡土中国 生育制度》,北京:北京大学出版社,1998年版,第51页。
③ 盛平主编:《学生辞海》,北京:北京电子出版物出版中心,2001年版,第1831页。
④ 中国大百科全书出版社编辑部主编:《不列颠百科全书》(国际中文版卷6),北京:中国大百科全书出版社,1999年版,第142页。
⑤ [法]伏尔泰:《风俗论》(上册),梁守锵译,北京:商务印书馆,2000年版,第250页。
⑥ 葛晨虹:《中华文明礼仪》,北京:京华出版社,1994年版,第3—4页
⑦ 费孝通:《乡土中国 生育制度》,北京:北京大学出版社,1998年版,第50页。

一是代指风俗;二是指大众化的,通行于社会之中;三是指庸俗的,不高雅的;四是指非僧侣的普通人。① 比如古代社会中曾经流传着各种取材于民间生活故事的音乐形式,即俗乐,它往往与雅乐相对应,俗不伤雅。一个人在与他人交往的过程中,通常待人要讲文明,懂礼貌,讲究礼尚往来,也就是崇尚有来有往的交往关系。如《礼记·曲礼》所载:"礼尚往来。往而不来,非礼也;来而不往,亦非礼也。"但如果一个人频繁的或者过度使用某些习俗中的礼节,往往又容易让人感到落入"俗套"。如若为人处世过分庸俗,亦会让人难以忍受,心生俗不可耐之感。由上可知,作为一种礼仪形式的"礼"在某种程度上被视为一种民间的"准法律",俗则代表着一种百姓普遍接纳和遵循的行为及习俗,二者的作用在于更好地调节人际关系与社会关系。

作为一种语汇现象,"礼""俗"在先秦时期即多见于文献,并延至后世。二者既可分开单用,也可合为一词。分开单用时,"礼"是指制度化的国家礼仪,"俗"是指民众自然生成的生活习惯;合为一词,"礼俗"特指中国传统社会中礼俗相交、以礼节俗的一种社会状态或文化特质。不少学者曾对礼俗的概念进行过深入讨论。如《诗经·邶风·相鼠》中记载:"相鼠有体,人而无礼。人而无礼,不死何为。"指出人们在日常生活中应当懂得礼节,错乱的人际关系会直接影响到人们的生活稳定。《左传·隐公十一年》曾记载:"礼,经国家,定社稷,序民人,利后嗣者也。"孔子曰:"安上治民,莫善于礼;移风易俗,莫善于乐",点明了礼、俗、乐三者之间的关系。《礼记曲礼》中亦曾有载,"礼从宜,使从俗","君子行礼,不求变俗"。"道德仁义,非礼不成;教训正俗,非礼不备;分争辨讼,非礼不决";《荀子·大略》篇云:"人无礼不生,事无礼不成,国家无礼不宁。"这表明,礼、俗在道德教化,端风正俗、矛盾纠纷等方面起到了一种标准判断和规范制约作用。荀子认为"礼者养也"。郑玄则认为"礼俗本为一名"。礼的内容非常丰富,从最早的祭祀活动,到宗族制度中的行为规则,又延展为区分尊卑贵贱亲疏等级的严格的礼法,并进一步由宗教内部扩展到政治体制、日常生活之中,形成了尊尊卑卑的一套严密礼制,成为确立维护统治秩序的有力工具。② 清代名儒孙诒让所著《周礼正义》一书,将礼俗进行二分,认为礼、俗均需对接民众社会生活,发挥经世致用之功能。邓子琴认为"夫礼不外敬让两端",凡必成为习惯,始能永存。她把礼分成三种形式,一是"礼体说",认为礼是一切事物之体;二是"礼履说",认为礼本身是我们的日常生活,需要践履实行的;三是"礼理说",认为礼要合乎一定的道理。③中国古代礼仪一般划分为吉礼、凶礼、军礼、宾礼、嘉礼五种。其中吉礼主要是指对天地鬼神、土谷社稷、先祖宗庙的祭祀之礼,凶礼主要是指与丧葬有关的礼仪,军礼主要是指与出征、校阅有关的军事活动典礼,宾礼主要是指古代社会诸侯对天子的朝觐以及各诸侯国之间的聘问和会盟时的相关礼仪,嘉礼主要是指与日常生活相关的加冠、婚姻、宴请等礼仪形式。自周秦以来,特别是宋代以后,以启蒙教育少年童幼知礼、守礼为目的的蒙学教科书就相当普遍。如《三字经》《弟子规》《小学》《童子礼》《蒙养礼》《礼仪蒙求》等,都属于蒙

---

① 盛平:《学生辞海》,北京:北京电子出版物出版中心,2001年版,第2935页。
② 葛晨虹:《中华文明礼仪》,北京:京华出版社,1994年版,第3页。
③ 邓子琴:《中国礼俗学纲要》,南京:中华文化社,1947年版。

学读物。《仪礼》《礼记》《周礼》等"三礼"的出现标志着礼仪发展的成熟阶段。宋代时,礼仪中的道德说教成分越来越重,礼仪与封建伦理道德说教互相融合,即礼仪与礼教相杂,成为实施礼教的最得力工具之一。行礼为劝德服务,繁文缛节极尽其能。① 讲究仪容,对待朋友、亲人、父母,注重礼仪规范,有助于建立良好的道德修养。溯其源流,礼本是先秦时期上层社会的建构,俗则是各地民众长期形成的生活习惯,但在中国社会语境中,二者之间的联系似乎从未割断,而一直是互动互补的关系。

俗主要代表风俗习惯,邓子琴将俗分为"地方的""常怀的""感情的"等三种形式。郑玄认为"俗谓土地所生习也"。《礼记·学记》曾记载,"君子如欲化民成俗,其必由学乎"。《管子·八观》中有记:"教训习俗者众,则民化变而不自知也。"也就是说乡风民俗会发生一种潜移默化的变动。应劭《风俗通》中对风俗一词有论:"风者,天气有寒暖,地形有险易,水泉有美恶,草木有刚柔也。俗者,含血之类,象之而生,故言语歌谣异生,鼓舞动作殊形,或直或邪,或善或淫也。"王安石在《明州慈溪县学记》中曾提及,"夫教化可以美风俗,虽然,必久而后至于善"。张亮采在《中国风俗史》一书中也提及:至有人类,则渐有群,而其群之多数人之性情、嗜好、言语、习惯常以累月经年,不知不觉,相演相嬗,成为一种之风俗。而入其风俗者,遂不免为所熏染,而难超出其界限之外。……前人观察风俗,其眼光所注射,不外奢俭朴、劳逸、贞淫、忠孝、廉节、信实、仁让等方面,而尤以去奢崇俭,教忠教孝,为改良风俗之先著。在张亮采看来,"一切风俗制度,即当文明之世,亦必略最存初之制,以示不忘古"。② 张亮采整理的中国古代社会的风俗现象,文中大量涉及丧葬、婚娶、祭祀等礼仪变化情况,皆因礼俗影响,有废有兴,在不同时代呈现出差异化的面貌。可见,与礼俗相比较,风俗之范围显然更为宽泛一些,风俗实际上与民情是连接在一起的,教育在民俗养成的过程中起到重要的教化作用。当然,无论是礼还是俗,二者在日常生活领域都是可以重复实践的。因为对于乡土文化传统的传承,一个重要的要素就在于可重复性,就此意义上看,礼与俗都是作为一种话语规范或者约束性力量而存在的。

在中国传统社会,"礼俗"话语作为一种文化表征,也引起了诸多学者的持续关注。海外学者中,美国传教士明恩傅早在《中国乡村生活》一书中就曾描绘过中国乡村社会的婚丧、节日和信仰等"礼俗"生活。例如他在描述中国人的春节礼俗中的"拜年"习俗时曾提及:对中国人来说,这些拜会不仅是新年的一个重要组成部分,而且在实际意义上就是新年本身。每一次拜会都包括"丰盛的饭菜"和中国人认为的尽情的娱乐。遗漏了这些社交活动,不仅会使人们失去许多乐趣,而且还会因严重失礼造成社会过失。③ 由上不难发现,对于生活在乡村社区中的个体成员而言,遵循礼俗规范是乡村社会日常交往的基本准则之一。尽管在现实生活中这些所谓的"礼俗"并不会对所有的乡民形成一种强制遵循的制度化约束,道德规范以及个体自律在乡村社区变得十分重要,而且由于失礼造成的损失和恶果只能自我承担。德国社会学家马克斯·韦伯曾对中国乡村社会的家族、宗教等"礼

---

① 徐寒:《中国历史百科全书·民风民俗》,长春:吉林大学出版社,2004年版,第451页。
② 张亮采:《中国风俗史》,北京:中国书籍出版社,2020年版,第2页,第24页。
③ [美]明恩溥:《中国乡村生活》,午晴、唐军译,北京:时事出版社,1998年版,第202页。

俗"生活关系进行探讨,并阐明了中国社会"礼"的概念;1925年,美国社会学家葛学溥考察了广东凤凰村的婚姻、宗教和社交等"礼俗"生活景观。这些"他者"眼光虽显粗略,却是近现代中国乡村社会"礼俗"话语研究的重要发端。日本学者菅丰提出公益是一种"礼",共益是一种"俗",被看成是自古以来传承下来的民间的"社会性"传统(俗),其实受到了日本近代由国家导入的"社会性"概念(礼)的很大影响,①观点深中肯綮。

国内学者中,王国维、钱穆、柳诒徵等人曾对"礼俗"话语予以辨析,并把"礼"视为认识中国社会性质的核心概念。20世纪30—40年代,以梁漱溟为代表的乡村建设学派,主要从"内"观视角反思"礼俗"话语,将其视为中国乡村"重建"的核心。梁漱溟认为中国过去社会秩序的维持多靠礼俗,不但过去如此,将来仍要如此,可谓见解深刻。费孝通则从社会秩序维持的角度提出"礼俗社会"概念,剖析了乡村社会的"礼治"特征,这一论断在学界产生了持久的影响。在此阶段,卜凯、戴乐仁、甘布尔等海外汉学家以及日本"满铁"组织对中国乡村社会"礼俗"话语均有所涉猎,但未形成专门论述。20世纪50—70年代,弗里德曼、施坚雅、杨庆堃等海外学者的宗族、市场与信仰"礼俗"相关研究,呈现出对礼俗话语模式的不同解读样态。20世纪80年代以降,科大卫、刘志伟等从中国社会各阶层的"礼俗"实践出发,提炼出"礼仪标签"这一重要概念;杜赞奇则采用"权力的文化网络"概念深描华北乡村"礼俗"社会生态,借此诠释传统中国社会的文化张力。进入新时期以来,不少学者从官民同构、礼俗互渗等视角出发,致力于对中国社会性质的深化理解。可见,民间礼俗对于民众日常生活的影响是十分深刻且持久的。常金仓的"周代礼俗研究"虽然集中于周代礼仪制度的发生与变迁,但关于"礼生于俗""礼俗对举""礼有等级,俗却随便"等方面的判断持之有据。杨志刚较早注意到"礼俗在中国文化中耦合成一个特有的系统,发挥极重要的功能,并以矛盾运动的态势影响和制约历史的发展"是从中国社会历史上与"礼""俗"相关的话语形式与社会事实出发,认为"礼""俗"之间的分立与互动关联着中国社会的一般性质。

何谓"礼"? 何谓"俗"? 吕微认为,"礼"者"理"也,天下公理;"俗"者"束"也,自我约束。以理入俗,以俗复礼,才是人道。② 刘晓春则提出,"礼俗"现象背后蕴含的是一种具有普遍意义的行动者之间的结构性权力关系,"礼俗"其实是不同的组织、群体或者个人之间互动交流的行为表象之一种。如果民俗学着眼于生活文化的视角,从历史与现实相结合的层面,而非仅仅从历史的层面理解"礼俗","礼俗"就不仅仅是国家/社会、精英/民间、上层/下层、大传统/小传统的关系,可能还有其他更多可待发掘的结构性权力关系。③ 陈泳超认为需要关注"礼俗互动"过程中呈现出的上行、下行、顺行、逆行、错行、平行乃至颠覆、反转、越界、无序等等不同的运动轨迹,并在描述之余分析出其中的关联条件和运行机制,从而创设更细致、有层次的分析手段,才能让"礼俗互动"摆脱标签式的箩筐,真正成为一种生机勃勃的理论模式。④ 刘德增从三个方面来理解"礼"与"俗",从微观来看,是礼、

---

① 菅丰:《公益与共益:从日本的"社会性"传统再构成看国家与民众》,《民俗研究》2016年第6期。
② 吕微:《"在田野中理解中国"的现象学理解》,《民俗研究》2020年第6期。
③ 刘晓春:《"礼俗"的"内/外""文/野"关系》,《民俗研究》2020年第6期。
④ 陈泳超:《礼俗互动的多样轨迹与多元机制》,《民俗研究》2020年第6期。

俗本身;从中观来说,是国家制度与村民自治;从宏观来讲,是国家治理与民间社会。有的俗上升为礼,人情、人性是推手。① 徐新建认为在学术的认识论上,礼俗关系日益异化:一方面是民俗研究的自我矮化、边缘化,民俗学者仿佛甘心承认本学科先天不足,在起点上就属于"礼"的补充,其成果也不过是"礼"的体现和注释而已,不登大雅之堂;另一方面则是精英认知的傲慢与偏见,认为"礼"才是文化与学术的核心、起点和归宿,世间一切皆应向"我"靠拢,任"我"指挥。② 徐赣丽提出,"礼""俗"需要在一个体系下或一个框架内进行互动,这样才能互相协调,民众的"俗"才会自然遵从国家的"礼"。传统的礼俗如果能够赋予它新的内涵,使之成为现代的礼俗,那么,礼俗概念也就能继续生长,继续发挥作用,从而成为贯穿传统民俗学和现代民俗学的经典概念。③ 徐杰舜考察了汉族风俗形成、发展和演变的历史后发现,一方面,许多社会风俗事象大多裹上了一层重重的"礼"的外衣,这是统治阶级的礼俗制度垄断民间文化的结果;另一方面,历朝历代的社会风俗在其发展和演变过程中,总是要打破这种"礼"的束缚和规范,一而再,再而三地出现"违礼越制""礼崩乐坏"的景观。所以,我们追寻汉族风俗的发展和演变踪迹时,就会觉得"礼"与"俗"的关系就如同堤与水的关系,既相辅相成,又相斥相反。在社会上流行的风俗总是想寻找自由发展的条件和空间,而作为规范风俗的礼,则欲将"俗"严格地控制在所给定的有限范围内。这种"礼"和"俗"的互动,贯穿于整个汉族风俗形成、发展和演变过程的始终。④ 宋俊华则将"礼"与"俗"的互动关系归为三种,一是上下互动关系,即大传统与小传统的关系。二是雅俗互动关系,即雅礼与俗礼的关系。三是"一"与"多"互动关系,即"共性"与"个性"的关系。⑤ 综上可知,在研究趋向上,学界虽普遍关注到礼与俗之间的关系,但往往以礼生于俗、礼下为俗、礼俗转化等话语大略言之,以对中国社会与文化历史的宽泛梳理为共同特征。尽管国家之礼与民间之俗在话语形式上存在明显差异,但不应视作两种不同文化的并置,而是同一种文化内部密切关联着的不同表达,只不过前者偏重于国家政治层面的制度化规定,后者偏重于民众生活层面的自发性传承。

第一,"礼俗"话语代表着中国社会的基本性质之一,它被全社会所共享,并在不同生活场域中得以应用。比如所谓国家之"礼",往往并非成于一时、定于一尊,其本身即是屡经重建、多元复合的产物。在不同的历史时期,所谓"礼制"并未由儒学所垄断,佛道之学对于"礼"的建构也各有绵延传统。譬如在春秋战国时期,有楚礼也有夷礼,礼的相对性极为明显。在元朝时期,全真教曾力压儒、佛而以"国家之礼"自居,一度在众多地区担当起社会教化与组织的作用,成为沟通王朝政治与地方社会的重要方式。时过境迁,历史上国家礼制的多元建构却依然会对地方社会持续发生影响。我们在田野中见到的多种民间文献,例如族谱、碑刻、契约文书、诉讼文书、日用类书、民间礼仪本、宗教科仪书、宝卷、善书、唱本、剧本、账本、杂记等,就生动地显示出这一点。正如维克多·特纳所言:在一个恩登

---

① 刘德增:《礼与俗的历史传统》,《民俗研究》2020年第2期。
② 徐新建:《学派争鸣与礼野互证》,《民俗研究》2020年第6期。
③ 徐赣丽:《我所理解的"礼俗互动"》,《民俗研究》2020年第6期。
④ 徐杰舜:《汉族风俗演变规律论》,《贵州民族学院学报(哲学社会科学版)》2003年第5期。
⑤ 宋俊华:《礼俗互动视野下的非遗保护》,《民俗研究》2020年第6期。

布人仪式里,每一个象征符号都能使恩登布文化和社会的一些成分变得可见,并能为有意图的公众行动所利用。它还倾向于把这些成分和某些自然的和生理的规律联系起来。①从具体的礼俗实践层面来看,礼俗话语的混用现象较为常见。比如一般礼仪主要分为政治与生活两大部类。政治类包括祭天、祭地、宗庙之祭,祭先师先圣、尊师乡饮酒礼、相见礼、军礼等,它们基本上属于政治生活范畴。生活类包括五祀、高禖之祀、傩仪、诞生礼、冠礼、饮食礼仪、馈赠礼仪等,它们基本属于人们的日常生活范畴。②在徐寒主编的《中国历史百科全书·民风民俗卷》一书中,洗三、满月、过百岁等被纳入生育风俗事象中,吃寿面、寿酒和寿宴等习俗则被纳入寿辰礼俗事象中,春节、元宵、端午等节日也被归入节日礼俗事象中,人情、血缘、礼仪等词条则被归属于社会礼俗类。可见,在日常礼俗的概念区分中,人们对于礼俗、风俗等礼俗话语内容实际上普遍存在着混用现象。

第二,普通民众乡村日常生活中如何做到懂礼知俗?那多半要依靠教化和知识的力量。当今我们在田野调查过程中,仍会经常发现乡民在日常生活中对于"礼"的娴熟运用。传统之"礼",固然关乎宇宙根本,但也基于普通人的日常人情和理解,因而可以直接诉诸平直的语言。于是,村民在婚礼、葬礼或分家、建房动工、上梁等重要的礼仪场合,便以"老礼""老人话""圣人言"等名义运作公共价值,频繁使用心/性、公/私、义/利、王/霸、理/礼、事/功等儒学传统话语,并通过语音转化、语义挪移等方式,在表述历史、化解纠纷、统合伦理等方面有"以言行事"之作用。在民间社会的很多场合中,礼和俗两个概念是大致同义的,而且可以替换使用,礼对民众主要体现为人生仪礼和节日仪式中的地方传统,即地方的俗。原本作为国家礼仪制度表述的话语,通过与民众生活实践的结合,获得富有弹性的理解和运用,体现了民众个体自觉与乡土社区乃至国家政治相涵化,以"俗"涵养"礼"的礼俗互动逻辑。"礼""俗"在传统中国社会建构中扮演着重要角色。中国社会语境中的"礼"与"俗",既是社会事实,又是话语形式。作为社会事实,"礼""俗"的影响似乎无所不在;作为话语形式,"礼""俗"的含义又极不明确,可意会而难言传。比如"礼",既有上层社会既成的制度之"礼",也有知识精英期望的待成之"礼",还有民众日常生活中的活用之"礼",此外也有儒家之礼、僧家之礼、道家之礼及江湖之礼等。这类"礼""俗"话语及运用实践的复杂之处,正是传统中国社会建构的精微所在,代表着中国文化政治的传统智慧。

第三,礼与俗作为一种话语形式,不仅存在于古代历史典籍之中,还与普通民众的日常生活密切相连,它不仅是我们阐释和解读乡土文化传统的重要手段,也是理解国家与社会关系的重要桥梁。一般说来,从乡土社会的文化传承层面来看,礼俗话语实践似乎与民众之间存在着明显的心理边界,其实对于民众日常生活中面临的礼俗问题,人人沐浴其中,不可视而不见。因为普通民众既有讲礼问俗之需求,也有懂礼明俗之追求。俗与礼在此意义上是不可两分的。比如民众日常生活中的婚丧嫁娶、节日传统之事宜,可以看作礼俗互动研究的重要切入点。例如,美国传教士卢公明在19世纪中期对中国福州地区的观察中描述了乡土社会的"礼尚往来"情况,他写道:在送礼和收礼方面,经常有"有口无

---

① [英]特纳:《象征之林:恩登布人仪式散论》,赵玉燕、欧阳敏、徐洪峰译,北京:商务印书馆,2006年版,第49页。
② 徐寒:《中国历史百科全书·民风民俗》,长春:吉林大学出版社,2004年版,第451页。

心"或"口惠而实不至"的情况。表面上一种意思,实际上是另一种意思。话说得好听,心里却别有企图。有很多人送来礼物是为了炫耀,为了在亲友邻居的圈子里赢得慷慨的好名声。例如甲给乙送一份礼,甲嘴里说"你一定要收下","我是特意为你买的","你要是不收下我可要生气了"如此诸类的话,心里却偷偷地希望乙不接受。朋友送的礼品如果是两样东西,一定要收下一样,道谢退回另一样。如果礼品中包含四样东西,要退回两样甚至三样。如果一份大礼包含了八样东西,非常风光,道谢再三后却大部分都要退回。收礼者一定要根据送礼者的真实愿望来决定留下多少或退回多少,不能只听他怎么说。如果你把所有的礼物都留下了,一定会让送礼者很生气,心里暗暗骂你缺乏教养,不知礼数,不懂人情世故。① 也就是说,尽管礼数不是特指礼节的数量,但是普通民众对于交往礼俗是否合规的评判显然是有一套衡量标准的。它往往表现为据俗成礼、礼化为俗、礼俗共处、礼俗冲突等多种礼俗实践形式,是我们探究中国乡土社会文化传统的重要窗口。

第二节 国家视角下的礼俗

虽然"礼""俗"本身即有上下、高低之区分,但因为主张"两端"的"共执",在个人修养层面便指向"致中和"的境界,在社会运作层面便指向所谓"政通人和"的目标。中国传统官员、文人、绅士往往以教化百姓为己任,在"礼""俗"二字的互相涵纳上大做文章,认为其上通国运,下维众生,兼为个人立身之本,也就在情理之中。毫无疑问,由上古知识精英所引发的"礼""俗"话语,无论是自上而下的"移风易俗",还是从下到上的"因俗治礼",不过是其因现实情境而采取的不同策略。例如黄遵宪曾以"礼俗"话语表述其"救时弊"之理想,将"移风易俗""治国化民"等传统礼俗政治奉为中国政治现代化的出路。

长期以来,从国家视角下探讨礼俗文化的内在性质、运转机制等问题,已在学界有着悠久的传统。早在20世纪初叶,王国维对甲骨文中的"礼"字予以生活化的解读,将礼定义为一种国家敬神祭祀的方式,并提出"古者行礼以玉""又推之而奉神人之事通谓之礼"等观点。钱穆更是认为:"其实人生一切行事皆属礼。此一'礼'字,便把人生彻头彻尾,无大无小,无不归纳……自周公孔子以来,使中华民族成为一多礼的民族,中华文化亦成为一多礼的文化。显然,他是将"礼"作为认识中国社会的核心概念,据此标志与西方社会的分野。20世纪90年代以来,又有学者特别关注中国传统社会各阶层对于礼的不同运用状况,以科大卫关于华南宗族的历史人类学研究为代表。科大卫将"礼仪标签"视为理解中国社会基本性质的重要概念:"礼仪在中国传统社会扮演着重要角色,而宗教和法律的结合往往透过礼仪表达出来。通过接受礼仪的改动,中央和地方相互之间的认同得到加强。刘志伟提出,华南宗族往往是将自身血统来自中原的"历史记忆",作为在帝国秩序中获得"合法"身份的文化手段。通过认同国家文化的方式,强调自己行为合乎礼法,炫耀功名以及宗族门第。也就是说,礼仪不仅作为一种文化标签而存在,它还在国家大一统进

---

① [美]卢公明:《中国人的社会生活》,陈泽平译,福州:福建人民出版社,2009年版,第356页。

程与地方社会生活的双向互动中发生了在地化的推演。近年来,部分学者进一步将研究视野聚焦于民间社会,注意从礼俗的互动逻辑入手重新理解中国的社会与文化。在同一次笔谈中,赵世瑜将礼俗问题视为中国的多元文化被统一到一个整体之中的关键性问题,认为通过礼仪制度的设置,礼与俗在很大程度上被紧密地结合起来,越来越密不可分。刘铁梁则注意到,作为一种政治文化传统的民间礼俗,不仅用于维持基层社会秩序,而且对于国家礼治目标的实现具有决定性作用。张士闪将"礼俗互动"视为中国传统社会中最重要的文化政治制度设计,认为这种互动实践奠定了国家政治设计与整体社会运行的基础,因而应该成为"理解中国"的基本视角。显然,上述学者关于礼、礼仪、礼仪标签、礼俗互动等方面的层进研究,深化了对于中国社会性质的认知。

礼俗互动,是集权与民意之"巨动"中的"微动",是官民之间"大动"中的"小动"。作为一种社会治理之策的"政教风俗观",在于以官民之间的"小动""微动",缓释可能的"大动""巨动",使郁积的社会冲突因素在获得释放后循"礼"导入社会常态。这是一种以文化认同的方式,消除显在与潜在的社会危机的政治智慧。礼俗话语作为富有中国本土文化特色的学术概念,进入新时期以来,一批民俗学者注意到礼俗话语对于探究乡村社会内在运行规律的重要价值,研究兴趣主要集中于三个方面。其一,基于民俗学的现代学科转型视角。如刘铁梁认为礼俗问题与实践民俗学关系紧密,他指出尽管受其他国家民俗学转型发展的理论与经验影响,但是中国的实践民俗学应该与中国礼俗互动的社会与文化运行的传统有着一脉相承的关系。在这一问题上,高丙中曾敏锐地提出,今天中国民俗学应该重新与古代的风俗观衔接,参与造就地方、地域文化,重新成为上与下的礼俗互动的环节。其二,基于礼俗传统的变迁视角。如赵世瑜认为,通过礼仪制度的设置,礼与俗就在很大程度上被紧密地结合起来,越来越密不可分。在赵旭东看来,礼俗传统源于人们对自然和社会的想象,丧葬仪式就是在传统礼俗中通过逝者而约束生者的社会秩序建构。岳永逸以北京生育礼俗变迁为例,指出背离乡土与传统礼俗的日常生活革命的大致完成,却是主流意识形态要弘扬国学与传统文化的起点。王加华在对古代耕织图的研究中也发现,看似应该属于艺术范畴的耕织图,其实是"功夫在诗外"——借民众之"俗",行国家之"礼"。可见,中国社会的礼俗传统问题,本质上还牵涉到现代乡村社会秩序的建构逻辑。其三,基于礼俗运行模式的互动视角。张士闪指出,在传统中国的复杂社会系统中,"礼俗互动"奠定了国家政治设计与整体社会运行的基础,并在"五四"以来的现代民族国家建构中有所延续。李海云则注意到,在"礼俗互动"的框架中理解民俗传统,关注在国家进程与地方社会发展中的民众作为。综上来看,民俗学关注国家视角下的礼俗问题,是将其视为一种理解中国社会性质的相对有力的学术阐释工具,这显然是该学科在学术实践进程中提炼本土学术话语的尝试与探索。

从近现代中国社会发展历程来看,礼俗问题在国家视角下发生了诸多变化。我国传统社会讲求的是礼和俗的衔接,既有从上到下的移风易俗,又有自下而上的因俗治礼。晚清以来,维护封建专制的传统礼制日益成为改革和革命打倒的对象,辛亥革命成功后,相当一部分人提倡学习西方,而抛弃我国的礼仪传统,甚至就连其中有益的成分也弃之不顾,一度造成思想上的混乱。民国时期礼制的制定,是为适应当时社会发展与时代政治之需,因此在很大程度上吸收了西方现代礼仪制度的因素,同时也对我国传统礼仪予以选择性的继承。新中国成立后,政府开始致力于一场旨在使国民意识高度统一的思想改造运动,试图将民众从生活到文化加以彻底地重新铸造,终结旧传统,创造新历史。20世纪80年代后,随着我国市场经济的兴起,民俗传统因其与当代社会生活形态间的明显差异而具有了强大的消费吸引力,"民俗"成为商品,"民俗热"持续升温,礼俗互动的内在机制变得更加复杂而脆弱。进入新时期以来,通过民俗产业化的洗礼,民俗传统在与国家集权间的相互消费关系中损失惨重,却也由此获得了难得的文化觉醒。尤其自21世纪以来,在非物质文化遗产保护运动的催动下,民间社会更加重视自身的民俗传统,开始出现了超越功利买卖关系、自觉确认其文化认同属性的良好迹象。近20年来在许多地方兴起的重修庙宇、续写家谱的热潮中,将神的灵验与国泰民安的福祉联系在一起,是庙宇碑文、家谱序言中常见的叙事,其中就寓含着"家国天下"、家国一体的传统文化逻辑。在现代民俗传统认同的大前提下,"地方"观念凸显,民生意识强化,其实是民间社会与国家政治间寻求文化共享与认同的鲜明趋向,这为中国"礼俗互动"传统在当代社会中的复生与重构提供了难得的契机。例如,萧放认为从民俗学的视角研究传统礼仪应立足于思想史、制度史等,对礼进行全面把握,聚焦礼俗传统,关注礼俗互动。在风俗论述和以礼化俗的教化中,冠婚丧祭等人生礼仪是颇受重视的内容。在中国文化传统中,人生礼仪并不是变动不居的民俗事象,也不仅仅是一种人生过渡礼仪,而是中国传统社会礼仪制度、儒家思想和民俗生活互动的产物,一方面联结着寻常百姓的人生追求和需要,另一方面联结着受儒家文化支配的传统价值观念,千百年来始终发挥着规范人生和统一教化的作用。[①] 当然,作为习得的生活礼俗,在乡村社会往往日用而不察,民众不去设想其来龙去脉,只需遵而从之。就像不少乡村地区,盛行给姑姑、舅舅、外甥、侄子馈送衣服、食品等物,多半是商家炒作的把戏,又因民间颇有趋吉避凶之民俗心理,见外人行之,便仿而效之。如此之礼俗,尽管并不一定产生普遍性的影响,但其对于某一地域的礼俗传统建构而言,影响则是显著的。比如某一地的特色节俗礼仪,江南地区的各种神诞祀日礼俗,皆与此有关。礼俗在节日传统中的传播实践,更多的是在日常生活交往中赋予了神圣化的意涵,这种神圣性并不一定是具有强制感和约束力,但是对于普通老百姓来说,更多的是作为一种民间风俗被广大受众所接纳。

第一,国家政治的"地方化"与地方社会的"国家化"现象不同地区交错发生,使得整体意义上的中国礼俗传统呈现出同中有异、异质同构的关系。中国领土广袤,历史悠久,不同的地方社会普遍存在着以"礼""俗"为表征的不同话语流向,并呈现出多元主体之间交互建构的特征。例如,耿波曾指出,殷周之变中,士人群体"忧患意识"的发生只是一方面,与"忧患意识"同时发生的是农民群体的"崇敬意识";"忧患意识"形成了礼治传统,而"崇敬意识"则形成了民俗传统,礼治传统与民俗传统相互结合,形成了周代政治传统的内涵。[②] 一方面,作为一种国家政治模式的礼俗互动,涉及国家礼仪制度、精英教化实践与

[①] 萧放、何斯琴:《礼俗互动中的人生礼仪传统研究》,《民俗研究》2019年第6期。
[②] 耿波:《礼俗互动传统中的徐复观农本政治观》,《中国政法大学学报》2014年第2期。

民众日常生活的交互关系,既是中国社会内部谐调、制衡的一种实践机制,又是中国传统文化核心要素的表征。另一方面,作为地方传统的礼俗,在不同时空有着多元表达与多义衍生,共同呈现出国家一统进程中民间礼俗传统构建、传承与变迁的完整过程。因此,在民俗学领域的田野研究中,通过近距离观察地方社会中历史久远、当下依然活用的一些知识和思想,窥知中华文明的全幅话语。作出这一判断的前提,是因为这些知识和思想就其总体而言是贴近国家政治的,从未完全专属于民间,而内在于国家一统进程之中,乃是中国社会长期以来"礼俗互动"的凝结。①

第二,在贴近国家政治、建构地方社会价值的层面积极地有所作为,是民俗的政治性面向之一,而以稳定性和反复性为特征、持续地作用于地方社会生活,特别是赋予民众个体以生命归属感和人生意义,则是民俗的根性所在。在社会实践层面,"礼"所代表的国家制度的规约性,与"俗"所代表的民间生活的自发性之间存在很大张力,既互益互补,又互制互斥。所谓互益互补,是指国家治理改变了民俗文化的生存空间,促使其不断发生新的变化,而民俗发展也在一定程度上影响到政府治理方略的制定与修正;所谓互制互斥,则是指二者之间所造成的控制与反控制关系。在中国社会政治传统中,总是借助"礼俗互动"将国家政治与民间"微政治"贯通起来,将国家政权的合法性建基于民俗传统的神圣性之上,从而将二者之间可能的互制互斥关系巧妙地予以弱化或规避。以华北乡村梅花拳互助组织为例,基于国家视角下的礼俗文化传承,德行修养往往被梅花拳组织内部视为拜师礼仪实践的重要价值导向。梅花拳武场师傅尤其注重对其弟子的日常德行教导,他们在传拳授艺的过程中也特别强调武德的重要性,这属于一种乡土道德价值观与家国情怀的教化熏陶。梅花拳师徒之间通常将德行修养视为习武的首要前提,即"师有师德,徒有徒德",此亦要求梅花拳拜师礼仪在日常生活中予以践行。作为广泛意义上的中国民俗文化的一部分,梅花拳礼仪传统的生成、发展和传承过程,并非孤立存在,而是与乡村社会语境密切相关。事实上,在乡村社会中的其他组织形式中,也经常运用师徒的名分、礼仪及行为实践,标示礼仪,影响社会。民俗文化本身也是一个整体系统,常常借礼之名,行俗之实;或礼俗并用,化俗成礼,形塑为不同的民俗传统。却又依托于一个个村落或跨村落的生活共同体,不断强化以礼俗为表征的乡村价值观。尤其是在以梅花拳为典型的乡土社会,以梅花拳拜师礼为代表的传统武术礼仪,深刻影响着当地民众的日常生活,形成一套至为深厚的礼俗运作机制。此时,梅花拳的特殊礼仪规定,与其所处乡土社会的民俗生活互相交织、融合,却并不完全混同。梅花拳依然会努力强调拜师礼等仪式的神圣与神秘特性,而乡村社会也依旧遵循其固有的生活样态。就在这种有分有合的文化生态中,梅花拳作为乡村日常生活的一部分,获得了传承动力,并对村落社会的礼俗传统产生着持久性影响。

第三,国家视角下的礼俗互动实践主要表现为以下几个方面:从国家政治层面来看,表现为"以礼入俗",从地方社会的视角来分析,表现为"借礼行俗"。以俗入礼,是指国家通过对地方传统的甄别、遴选与调整,给予不同层级的名誉和资助,使之纳入社会公共文

---

① 李海云:《礼俗研究的新动态与学术反思》,《文化遗产》2020年第5期。

化系统之中;借礼行俗,则指民众自觉地将地方传统贴近国家意识形态,以获得合法性。二者一般被视为中国社会"礼俗互动"传统的常规表现,促成了国家政治与地方社会之间双向互动、相互嵌套的关系。有学者指出,伦理在中国,内化为修己之道,外化为治人之政,形成一系列的社会制度,即礼治秩序,这是礼俗社会的实质。礼与俗,无论就其社会功能还是文化属性来说,分处于国家与民间的不同层次。孔子说"礼失而求诸野","礼从宜,使从俗"。有生活才有规范生活的礼,所以俗先于礼,礼本于俗。俗一旦形成为礼,上升为典章制度和道德准则,就具有规范化的功能和强制性的力量,要求对俗进行教化和整合。所以礼虽然起源于俗,却高踞于俗之上,成为国家制度和意识形态的主流。① 因为从某种程度上看,礼和俗毕竟是人们为理解"地方"生活而发明、运用的概念。在关于"地方"的日常表述与生活实践中,并非普遍存在截然的礼俗二分甚或对立的关系,但与礼俗有关的话题,却不仅涉及地方生活的建构,也涉及各层级的文化认同与地缘政治的运作问题。这在以"时空压缩"为特征的当代社会中表现得尤为明显。

例如,我国各地普遍存在着"皇封御赐""先有村后有庙"等民间叙事话语,应是礼俗互动传统的积存。姑且就华北地区"先有庙,后有村"的说法略做剖析。在这一话语的背后,隐含着民间借神圣立村、纳入国家系统的诉求。村落语境中的建庙之举,类似于家庭分家时的"分灶"仪式。"分灶",绝不仅仅是父子代际分配家什器具和家财债务的经济行为,而是赋予一个新家庭以社会交往的独立身份。同理,当人们聚居某地,无论人数多少,没有建庙就只是一处生活聚落,而不被视为独立的村落共同体。唯有兴修了庙宇,建立起人鬼神俱全的天地宇宙系统,这一聚落才具有了立村资格,而更重要的,是可以进一步建立与"国家"的直接联系,人们成为"化内之民"。即使地处偏远,人们也要以皇权之下、神明在上的名义,确立一套天地时空秩序和价值系统。此外,我国几乎所有历史题材的传说、戏曲、话本都与皇权、神灵有关,其实是同样的道理。如霍布斯鲍姆所言,传统,包括被发明的传统,其目标和特征在于不变性。与这些传统相关的过去,无论是真实的,还是被发明的,都会带来某些固定的(通常是形式化的)活动,譬如重复性的行为。传统社会的"习俗"具有双重功能,为所期望的变化(或是对变革的抵制)提供一种来自历史上已表现出来的惯例、社会连续性和自然法的认可。② 又如在乡村生活中讲究"老礼"、主张"正儿八经过日子"的人,与热衷于社区表演或家族仪式活动的"好折腾"的人,都是在维护心中的"正统"观念,只不过对"正统"的理解有所不同而已。村民根据当下之需,借助传统"礼""俗"话语的神圣性而转换或创设出新的公共话语,乃是中国礼俗互动传统之重要一端。当地村民在各种交际场合中,经常以"老礼""老风俗"等名义运作公共价值,在组织仪式、化解纠纷、统合伦理秩序等方面,村民会提及"心""性""道""教""公""私""义""利""理""礼"等语词,起到了"以言行事"的作用。这些语词通过与地方生活实践的结合,获得富有弹性的理解和运用,体现了民众个体自觉地与乡土社区乃至国家政治相涵化。礼俗互动的核心要义,正是借助全社会的广泛参与,将国家政治与民间"微政治"贯通起来,保证社会机制

---

① 刘志琴:《礼俗互动的国情与民性》,《北京日报》2014年10月27日第19版。
② [英]霍布斯鲍姆:《传统的发明》,顾杭、庞冠群译,南京:译林出版社,2004年版,第2页。

内部的脉络畅通，以文化认同的方式消除显在与潜在的社会危机。与礼俗有关的话题，不仅涉及国家与地方生活的建构，也会涉及国际地缘政治问题。随着全球化、信息化进程的加快，跨时空联系变得简单而直接，为"礼俗互动"开辟了更为广阔的舞台。我国面临着国际规则、国家法权与民间治权等方面的多重考量，"礼俗互动"所寓含的传统政治智慧与社会运作机制或有助益。

在民众手中礼俗要素则是社会交往的工具，由此形成了一种所谓"礼俗社会"的文化认同，并内化为"局内人"操持生计、理解社会、运作政治的潜在规则。正如格尔茨所指出的那样，一个仪式并不只是一个意义模式，它也是一种社会互动的形式。[1] 还需指出的是，国家视角下的礼俗虽然传统社会视以礼驭俗、礼俗相交为社会政治的理想状态，但在现实的社会运行框架中，却往往要强调以各社会阶层的各安本分、自行其是为前提。这其实意味着，惟"礼""俗"分立并各自稳守传统，才能保证"礼俗互动"在社会秩序的有效控制下有序运行。

第三节　礼俗互动与现代乡村社会

乡土社会是靠亲密和长期的共同生活来配合各个人的相互行为，社会的联系是长成的，是熟习的，到某种程度使人感觉是自动的。只有生于斯、死于斯的人群里才能培养出这种亲密的群体。[2] 在现代城乡社会，礼俗互动传统出现了再度勃兴的迹象。礼仪的习得靠什么？在某种意义上靠的是风俗。因为，俗之于礼而言，更加具有生活化的特质。对于任何一个群体，都具有不可替代性。面临衣食住行、生老病死等问题，礼俗两种要素在村落社区的互动局面如果较为活跃，那么其对于现代乡村社会的促进作用可能更加显著。而且，人们在日常交往过程中，对于礼仪和风俗的态度往往是不同的，礼俗互动的关系强弱直接影响到现代乡村社会发展进程。比如按照礼仪传承来讲，它通常意味着具有较强约束性，需要一个基本社区单位的共同遵守。但是对于一种习俗传承来说，虽然它规定了大多数人必须这么做，但是相比较而言这种约束力显然比礼仪弱了很多。因为礼仪不像法律那样具有绝对的强制性，更多的起到一种规范的作用。更为重要的是，所谓礼俗生活最终还是要以贴近民众生活为主要表征。实如顾颉刚在妙峰山田野调查中感言：我们若是真的要和民众接近，这不是说做就做得到的，一定要先有相互的了解。[3] 借助礼俗互动的窗口，我们可以观察到乡村社会的种种镜像。礼俗互动作为理解中国乡村社会内部运行机制的基本视角之一，礼俗之间不仅是一种相辅相成自为一体的关系，同时也可能是一种相斥相反互相分立的关系。作为一种学术传统的礼俗话语研究，其自身始终遵循着相对稳定的历史演进逻辑。比如，田野考察在我国有着悠久传统，早在西周时期就已有

---

[1] ［美］克利福德·格尔茨：《文化的解释》，韩莉译，南京：译林出版社，2014年版，第202页。
[2] 费孝通：《乡土中国 生育制度》，北京：北京大学出版社，1998年版，第44页。
[3] 顾颉刚：《民国丛书—妙峰山》，上海：上海书店，1928年版，第5页。

"问俗知政"的制度,当时专设负责采风的官员即"行人",要定期到各地民间搜集歌谣,供当政者了解风俗民情,考察政治得失。据说《诗经》中《国风》和《小雅》的部分诗篇,其由来便与此有关。所谓"田野",即民众日常生活世界,既是人类总体行为发生的空间,也是人类知识的本原。历经波澜起伏的近现代社会变迁,礼俗传统的精髓仍在当今社会生活中潜在传承。以田野的眼光看文献,以历史的眼光看民俗,就在"礼""俗"之间看到了"俗化之礼""礼化之俗"等所谓"礼俗相交"的社会状态。"礼俗互动",不仅作为一种社会现象在民间有着丰富表现,而且作为一种观念普遍内化于民众心中。村民待人处事,其实是兼具礼与俗的两重规则,既讲究"按理(礼)说",却也必须"来点俗的",二者相加才是生活的全部。一个人言行是否妥当,社会交往是否得宜,在乡村舆论中通常要归之于讲不讲理、懂不懂礼。在这类话语背后,隐然存在着一套礼俗互动逻辑与公共生活机制。

现代民俗学研究在某种意义上不能忽视礼俗互动的视角,但在探究礼俗互动的内在要义时,最需要做的,首先是对俗有真切的了解,而要获得这种理解,需要做深入的田野调查。在田野调查中,我们需要小心避免被书本上文字书写的信息控制我们的认识,所以,有必要在田野工作中暂且将书本知识搁置起来,不以礼图解民俗,才有可能真正将"礼"和"俗"结合起来去认识民俗演变的历史。[①] 比如对中国社会语境中的艺术活动进行研究,其实是无法超越"礼俗互动"所代表的整体社会框架的。深入讨论"礼生于俗""据俗成礼""以礼化俗""礼化为俗""以礼抗俗""礼俗冲突"之类话语形式及相关政治实践,不仅有助于理解中华文明的传统政治智慧与社会运作机制。虽然当代乡土村落正在经历巨变,但中国社会毕竟是在长期礼俗教化中养成的社会,乡村是中国传统文化的重要源发地和传承地,乡民艺术是最活泼灵动的文化载体,是中华文明绵延的重要社会基础。丰富多样的艺术形式、组织系统与传承机制,有助于推进中国文化传承完整谱系的研究。

值得注意的是,礼俗两种要素在社会发展层面往往会出现互动或者整合现象,这在有关礼俗文化的田野研究中较为常见。如刘志琴所述:礼俗整合的效果,使得礼中有俗,俗中有礼,礼和俗相互依存、胶着,双向地增强了上层文化与下层文化,精英文化与民间文化的渗透。盛行在西周的乡饮酒礼,上可追溯到夏商周三代以前氏族社会的遗风,下传至清朝末年,其敬老、尊长、咨询、议政的古风一脉相承,连酒会的程序:谋宾、迎宾、献宾、旅酬和送宾的礼仪也大同小异,这是礼,也是俗。礼和俗的互动,相互渗化力量之强劲,几乎使礼与俗难分难解。[②] 又如朱振华对山东章丘锦屏山的历史民俗学考察发现,无论是锦屏山的自然资源还是神圣空间,其建构、管理实则奠基于清初传统社会的社会与文化结构之中,并与之形成了一种共生关系。由全真道人、士绅、县衙和"环山十二村"共同制订的这些"告示""规约",并非是王朝官府的自上而下的单向命令。中国传统社会的"礼俗互动"机制及其所体现的政治原则,与这种社会运作系统下的地方社会、民间社会存在着逻辑上、事实上的同构性。[③] 李生柱对孔府年节习俗的考察提出,孔府年节虽严格遵循旧礼,

---

① 刘志伟:《田野与"礼—俗"互动》,《民俗研究》2020年第2期。
② 刘志琴:《礼俗互动是中国思想史的本土特色》,《东方论坛》2008年第3期。
③ 朱振华:《道士下山:乡村公共空间的共建与分化——以鲁中"锦屏山"的神圣建构为例》,《民俗研究》2021年第5期。

但作为当地乡土社会的一个组成部分,它又不可避免地与周边村落发生联系,受到乡土年节的影响,表现出一些"俗"的特征,比如孔府年节具有鲜明的功利色彩和深厚的信仰观念。① 赖婷对浙江嘉兴的祭祖仪式调查发现,节日祭祖体系是礼俗共建的结果,其中儒者是祭祖礼俗互动的主要推动者,尤其以朱熹作《家礼》的影响最为深远,民俗礼制化与礼制民俗化是礼俗互动的两条基本路径。② 周连华对鲁中淄川地区的鸾桥王氏家族考察提出,当地乡村精英通过家谱续修、祖先祭祀、文集出版、祠堂修复等一系列的活动因礼成俗,以俗应礼,不断恢复起鸾桥王氏的"正统"地位,充分显示出国家历史进程中地方宗族主动贴近主流意识形态、寻求自身发展的诸多实践行为。③

一是从当前国家的治理导向来看,"礼俗互动"在现代城乡社会的复兴势在必行。国家在大力提倡"国学"的同时,注意提倡和化用传统民俗规约以优化社会秩序,明显体现出作为国家顶层设计之"礼"与民间生活日用之"俗"的相互结合与渗透。政府通过严以律己,不断地给社会"松绑""让权",从而为当代社会中的"礼俗互动"拓宽了空间。国家治理的顶层设计理念与民俗文化的自发发展,已经初步形成了密切互动中的相辅相成态势。从社会生活实践的层面进行观察,虽然新农村建设和城镇化建设属于国家的顶层设计,但在具体实施中并非简单地以自上而下的方式作用于乡村,而是需要不断地从基层社会汲取智慧,构成了当代社会中最大的"礼俗互动"基础。中国有"礼""俗"结合的社会传统,以此引导和规范民众的言行举止,这不同于讲究绝对法制的西方社会。民俗文化毕竟贯穿着一方民众的集体智慧与文化逻辑,承载着民间社会千百年来形成的道德观念、精神需求、价值体系等,构成了一种无形的群体性行为规范。如黄永林所言,开展礼俗互动研究有助于深化乡村社会研究成果,一方面,从民间"俗"的生活中发现国家的"礼"对"俗"的影响;另一方面,从国家"礼"的变化中理解国家对"俗"的重视,用"礼俗互动"来关照国家对乡村的治理,力图通过"礼俗互动"等传统乡村治理结构的研究,为构建现代乡村社会治理体系提供理论支撑和实践借鉴,从而促进民间自治与国家管理的同构,从组织体系上保证乡村的长治久安。④

二是"礼俗互动"作为中国社会的一种文化现象,其代表着国家法律、规范、意识形态层面与地方民众日常生活层面之间的互动关系,在现代乡村治理领域多有表现。"礼俗互动"作为中国社会的文化调节器,具有很强的社会适应性。例如,在现代乡村治理过程中,基层村庄社区往往面临着网格化治理难题。一些乡村能人在参与农村网格管理工作过程中,主要凭借其在村庄的德行威望、权力及其与乡民之间的血缘、亲缘关系等获得乡民认可,但这并不意味着可以放任"网格"管理,还需不断推行乡村"德治"理念,落实人的"网格化"。通过这种"德治"方式的柔性力量植入,乡村社会的礼俗文化才得以有效互动,从而

---

① 李生柱:《礼与俗:多元互动中的孔府年节》,山东省民俗学会 2012 年学术年会论文集,2012 年 8 月,第 100 页。
② 赖婷:《礼俗互动视角下的民间节日祭祖体系》,《节日研究》2019 年第 1 期。
③ 周连华:《礼俗互动视角下的当代宗族建构现象分析——鲁中大鸾桥村王氏宗族考察》,《民俗研究》2019 年第 2 期。
④ 黄永林:《构建中国民俗学"田野学派"的思考》,《民俗研究》2020 年第 6 期。

助推基层农村"网格"体系内外的互联畅通。依托中国乡村社会的"礼俗互动"传统,将乡村社区的"德治"理念以春风化雨、润物无声的形式融入乡民日常生活,推动基层群众进行自我管理、自我服务、自我教育、自我监督。又如,以当代新乡贤群体参与乡村治理进程为例,从新乡贤的组织方式来看,这一过程既有新乡贤文化主体的双重认定,也有其日常组织活动的人情"在场",还体现出新乡贤群体道德伦理的价值约束,此三者在村落社区具体的生活时空中互相交织影响,彰显出明显的礼俗化特征。借助礼俗一体的乡土文化逻辑,可以在一定程度上化解基层刚性治理产生的矛盾和冲突。一方面,在传统中国社会,国家需要不断从乡村汲取可资利用的资源,因此也要保证乡村社会秩序的持续稳定。另一方面,对于乡村内部而言,传统乡绅等精英阶层追求相对平稳的生活秩序,礼俗一体融合了国家与乡村社会的不同生活诉求,发挥着重要的文化制衡功能。在看似复杂的"礼俗"同一体系之内,当代新乡贤群体在国家与乡村文化的上下交流过程中起到了关键的纽带作用。因为新乡贤在参与处理乡村公共事务过程中,往往不仅要讲礼,更要懂俗,将礼俗共用也是新乡贤维系乡村道德权威的重要工具。一定意义上看,礼俗在文化层面的同一性,可能更多的是新乡贤群体在介入村落生活过程中的一种应对智慧。相对于繁杂的村落日常生活领域而言,新乡贤礼俗一体的乡土实践正是这种柔性约束力的德治力量累积。乡村社会礼俗一体组织机制的运行,离不开新乡贤群体介入乡村生活过程中形塑的弹性文化空间。例如,依托新乡贤参事会搭建的礼俗活动平台,围绕扶贫帮困、救孤助残、奖教助学等公益活动展开乡贤实践,乡贤协会通过出资修建戏台和家宴中心、筹办乡贤节等礼俗一体的村落公共礼俗实践来凝聚乡村内生力量。实如杨正文所言:如果我们的目光聚焦于类似乡贤、精英的民俗实践,观察他们在中国乡村民俗改革变迁中所起的作用,也许有助于达成会议主题中想要表达的通过"礼俗传统"进行中国社会关系建构的目的。①

因此,如果将中国礼俗传统作为民俗学田野考察的重要路径之一,如下三个方面或许应予特别注意:一是在田野考察层面,关注地方社会围绕中国文化核心价值而衍生的礼俗形式及价值理念,比如家风家教、乡贤美德、邻里互助、节日庆典、口述历史、仪式表演、礼尚往来、环保意识等,发掘中国文化的民间表达形式与传承机制,归纳中国文化的礼俗互动传统样态。二是在田野理解层面,以中国历史脉络特别是近现代变迁为基础,关注礼俗传统在乡土社会中的传承形态与调适机制,再结合个人生活史的细致梳理,理解人在社会情境中的文化创造。三是在田野研究层面,在国家进程、精英作为与民众生活的互动实践中建立分析框架,提炼理论话语,提炼中华文明内部自我制衡、调适的传统政治智慧,探索中国礼俗传统的当代传承创新转化机制。在未来的礼俗互动研究中,民俗学者刘铁梁则强调,除了关注礼俗互动这一核心议题,还应注意对礼俗文化系统视角下的城市与乡村、礼俗社会视野中的乡民艺术、礼俗互动中的民俗事象研究等问题进行深入探究,此举有助于构建更为清晰的礼俗理论研究框架和逻辑体系。②

---

① 杨正文:《礼俗互动与社会精英的民俗实践》,《民俗研究》2020年第6期。
② 刘铁梁:《中国民俗学派成长在田野中国》,《民俗研究》2020年第6期。

思考题

1. 礼与俗的具体含义指什么?
2. 礼俗互动实践具有哪些特点?
3. 礼俗互动与民俗学田野研究是什么关系?
4. 礼俗互动思想对现代乡村治理有什么启发?

推荐阅读文献

1. 邓子琴:《中国礼俗学纲要》,南京:中华文化社,1947年版。
2. 丁广惠:《中国传统礼俗考》,哈尔滨:黑龙江教育出版社,2016年版。
3. 张士闪:《礼与俗:在田野中理解中国》,济南:齐鲁书社,2019年版。
4. 张士闪、赵世瑜主编:《礼俗互动:中国社会与文化的整合》,济南:齐鲁书社,2019年版。
5. 张亮采:《中国风俗史》,北京:中国书籍出版社,2020年版。

第十二章 实践民俗学

本章要点概述

选择什么样的学术研究范式是由学科所要处理的问题决定的。尽管从世界范围来看,民俗学自产生以来越来越向实证主义的研究范式靠拢,但是,如果我们的学科要处理人和民的问题,那就需要一个先验的、实践的维度。实践民俗学试图还原出民众作为自由人的先验基础和目的条件,把每个人固有的实践理性能力彰显出来,促成其对自己的这种实践理性能力的觉识并且敢于公开运用自己的实践理性,把这种运用贯彻到各自日常生活的行为实践和习俗实践之中。实践民俗学发生在民俗学的一切领域,它的研究理念可以在民俗学研究中广泛应用。实践民俗学者已经在日常生活、非物质文化遗产、表演理论、博物馆和网络民间文学研究等层面对实践民俗学的理念进行了初步尝试。学界对实践民俗学有不同的理解、讨论和批评,虽然不同学者对实践民俗学的理解不同,但在这些不同的声音中,有一批学者认为实践民俗学的潮流正在形成,我们需要实践民俗学来应对时代的呼唤。

第一节 实践民俗学的必要性与可行性

在我国民俗学、民间文学领域内,实践民俗学是一种新起的研究理念。这种研究理念的理论思想主要来源于康德哲学和胡塞尔现象学。在对这两位哲学家的哲学思想了解得不够深入的情况下,实践民俗学者的学术理念就会显得不够通俗,甚至是晦涩难懂。同时,实践民俗学者的思维逻辑、话语方式、问题意识等也迥异于传统民俗学,这些原因可能致使我们对实践民俗学望而生畏。但作为一种学术主张,实践民俗学说的究竟是什么呢?它为什么要这样说?它的学术理念是否有学习的必要性和实践的可行性?这些问题不仅需要实践民俗学者明白晓畅的解释,而且有待我们不懈的思考。

在对这些问题进行思考之前,我们有必要让自己的思维"换个频道",悬置自己已经接受的知识或民俗学知识,即不拿自己固有的知识在这里做代入和评判,而是让自己的思维先集中到实践民俗学这里,从实践民俗学理念的"发源地"——康德哲学的相关理论上领会实践民俗学,看看它说的有没有道理,又是怎样的道理。

一、理论理性和实践理性的区别

实践民俗学特别强调理性的作用,并坚持以实践理性目的论作为自己学术研究的前提和目的。那么,什么是理性?在我们的生活中,理性是一个常用词,我们通常认为,理性泛指人的理智,我们说某人很理性,就是指这个人非常理智的意思。但是,理智绝不是理性一词的全部内涵,甚至可以说,它只是理性一词最庸常的说法。在西方哲学中,理性一词的含义可谓艰深。

从古希腊开始,西哲们就开始思考和研究理性,每位哲学家对理性的理解都不尽相同。在亚里士多德那里,求知是所有人的本性,他率先把知识分为理论或思辨知识(科学)与创制知识(科学)。① 思辨知识侧重于寻求知识的最初本原和原因,如关于太阳和星辰的变化,关于万物生成的秘密等,因为这种普遍知识最难也最为根本,所以思辨科学也是最高的科学。创制知识以实用为追求,如工匠的技艺等。按照亚里士多德的说法,"思辨知识以真理为目的,实践知识以行动为目的。尽管实践着的人也思考事物是个什么样子,但他们不在永恒方面进行思辨,只想到关系和此时"。② 人是理性的动物,在这里,理性就体现为人按照某种知识进行认识、思维与实践的能力,它与人的经验性的知识和认识活动相关。

亚里士多德对理性的解释是相对朴素的哲学说法。其他哲学家如笛卡尔等人对理性都有自己的见解,但在所有对理性的哲学思考中,康德哲学是绕不过的理论高峰。康德对理性做出了极为精细的概念研究与划分,这些研究至今仍具有启发意义。

在康德哲学中,理性是人按照原理的表象来认识或行动的高级能力。理性分为理论理性与实践理性,理论理性同实践理性不是两个理性,而是同一个理性的两种不同用法,不过,理论理性又分为感性、知性和理性(狭义的理性)。理论理性和实践理性的区分对每一门学科来说都应该是一个基础性工作。在实践民俗学的学术研究中,理论理性与实践理性的划分更是实践民俗学研究的出发点和最基础的方法论,也就是说,想要知道实践民俗学说了什么道理,就必须从这里出发。

什么是理论理性?什么是实践理性?对于两者的区分,康德有非常系统的论述,我们摘取一个片段,以便理解。康德曾指出:

> 现在,只要承认在这些科学中有理性,那么在其中就必须有某种东西先天地被认识,理性知识也就能以两种方式与其对象发生关系,即要么是仅仅规定这个对象及其概念(这对象必须从别的地方被给予),要么还要现实地把对象做出来。前者是理性的理论知识,后者是理性的实践知识。③

---

① [古希腊]亚里士多德:《形而上学》,苗力田译,北京:中国人民大学出版社,2003年版,第3页。
② 同上,第33页。
③ [德]康德:《纯粹理性批判》第一版序,邓晓芒译,杨祖陶校,北京:人民出版社,2004年版,第11页。

按照康德的说法,"规定这个对象及其概念"的知识就是理性的理论知识,"现实地把对象做出来"的知识就是理性的实践知识。这种说法看起来与上述亚里士多德的说法并没有多大不同,但是,康德设置了一个限定词"先天",这就说明,康德不是在后天的、经验的立场上解读理论理性和实践理性的,理性是人先天拥有的内在能力。

进一步说,理论理性(理性的理论使用)就是人使用其理性认识客观世界的经验对象和客体的能力;实践理性(理性的实践使用)就是人使用其理性以实践(实现)对象(主观的行为目的)的意志能力。在康德那里,它们二者之间界限分明。具体而言,理论理性就是通过先验的理性概念认识感性的经验对象,"考察经验对象(现象)在时间、空间等先验感性的直观形式下的自然规律,以达成认识现象的实证目的"。① 理性只能给经验认识划界却不能参与经验认识。在理性的理论使用中,理性规范和引导知性(认识能力),而不能越过知性去直接和感性打交道。按康德的理论,经验只关乎知性,而知性一般倾向于仅仅寻求有限的和有条件的东西,只要它不越出经验范围就是正当的使用。实践理性则是通过先验理性的自由意志实现道德、信仰的实践目的。通俗地说,理论理性管辖经验界、现象界和知识界,实践理性管辖经验界知识无力企及的道德层、伦理层和信仰层,两者不能越界管辖,这是非常重要的划界。换言之,经验性的研究不适合用来研究先验的问题,比如,以科学标准来判定民间信仰是否为迷信的做法就是不合适的,这就属于理性的僭越和误用。

依据理性使用的不同范围和不同方式,康德把理性区分为理论理性(思辨理性)和实践理性。那么,为什么要对理论理性和实践理性做出区分呢?不区分行不行?

康德认为,理性的性质就在于理性如何批判地使用和检验自身,从而确立起自身的正当性和正确性,即让理性获得自身的免疫力。区分理论理性和实用理性是必须要做的工作,其目的在于限制理论理性的认识能力,突出实践理性的优先地位,防止理论理性的误用,从而为人的自由、道德、信仰留下空间。因为"理性是辩证的或超越的,它使我们了解到实证知识的局限性,必然去追求超出经验之外的存在即自在之物,但这不是理论理性所能胜任的,因此我们必须迈向实践理性,只有依赖于实践理性,才能使我们通向自在之物的领域,实现人之为人的价值"。②康德的名言"因此我不得不悬置知识,以便给信仰腾出位置"③说的就是这个意思。

实践民俗学者在康德这里找到了理论支撑。基于对康德理论理性和实践理性划分的认同,实践民俗学者认为,民俗学原本就是以研究人或民为主要内容的学问,民俗学要对人或民有所发现,就不能在经验领域打转,因为康德早已经说明,人的自由、尊严与权利,这些与人相关的问题,并不在理论理性管辖的经验领域、实证领域,而是在实践领域。如果我们不像康德那样对理论理性与实践理性、实证研究和实践研究做出严格区分,并强调两者之间的区别,民俗学研究就会误用理性而不自知,它的结果只能是把人当作自然"物"

---

① 吕微:《两种自由意志的实践民俗学——民俗学的知识谱系与概念间逻辑》,《民俗研究》2018年第6期。
② 钱广华:《重读康德的理性概念——德国古典哲学的一种现代意义》,《学术月刊》2002年第10期。
③ [德]康德:《纯粹理性批判》第二版序,邓晓芒译,杨祖陶校,北京:人民出版社,2004年版,第22页。

或客观的认识对象，而不会真正关怀到人，这样的话，研究人或民的民俗学就会误入歧途。只有明确理论理性与实践理性的界限，并坚定实践理性的立场，民俗学才能保持民俗学作为一门维护普通人的自由、权利和尊严的学科的内在性和统一性。

二、实证民俗学的不足

康德对理论理性与实践理性及其划分做了严密的论证，这种论证与划分为民俗学研究提供了借鉴。按照这种划分，民俗学研究可分为实证（经验）民俗学与实践民俗学，实证民俗学对应的就是以理论理性为特征和追求的民俗学。

既然实证民俗学与实践民俗学的划分不是实践民俗学者由自身主观喜恶随意命名的分类术语，而是来自康德对理论理性与实践理性严格区分的哲学成果的运用，那么，了解理论理性的不足就可以使我们进一步明白，为何实践民俗学者提出实践民俗学的主张。

我们已经知道，理论理性是人运用自己先天的理性认识经验对象的能力，所以，它在本质上是一种认识论（与知识论有相似之处）。通俗地说，认识论有两个显著特点：其一，规定自然、社会万物（人也是一"物"）在知识体系中的位置，把自然和社会万物安排进一个严密的、完善的理论理性的逻辑体系中。"每一自然物、社会物（包括人）都以其本质属性和本体（普遍）根据，而在理论理性—科学知识的逻辑体系中占有一合适、恰当的真理性知识位置。"[1]例如，苏格拉底的本质属性是"人"，"人"既是苏格拉底的本质属性，也是其本体根据，于是，苏格拉底就在社会体系中占有了一个真理性知识的适当位置。而"人"又是"动物"……这样一直上升到宇宙—世界体系的最高层——存在（如基督教信仰中的上帝）。就是这样，理论理性的科学知识充满自信地认为，自己是能够给予万物以本质规定的真理性知识，而人就处于被理论理性加以规束的自然因果链中。其二，认识论的主体与客体之间是单向度的认识与发现关系，其出发点是"我"，即作为主体的"我"认识、发现甚至定义客体（人或物），客体则被主体认识与发现，彼此之间缺乏平等的双向互动。

理论理性原本是人的理性的非凡能力，但是，出自理论理性的知识却把人置于被理论规定、定义的不自由境地。比如，在民俗学史上，民俗的民被定义为"农民""国民""俗民""劳动人民"等，这样的定义可以给予"民"以一个适当的知识论位置，然而，在这个过程中，民自己的身影，他们作为人的本质属性——自由以及自主、自为的选择权利等都被遮蔽掉了。

实证民俗学具有与理论理性相似的特点。实证民俗学认为，人对民俗的所有认识、知识完全来自经验，也就是说，经验定义一切民俗知识和认识，凡是未经自身经验证实的民俗知识和相关认识，都是虚构的和难以令人信服的。但问题在于：

其一，实证研究只会把民当作物和客观对象，而不能当作平等、自由的主体。我们知道，在康德哲学中，经验研究不适合用来处理本来属于实践领域的人的自由和伦理问题。经验研究只能把人当作自然"物"或客观对象来认识，而难以促成交互主体之间的平等交

---

[1] 吕微：《民俗学：一门伟大的学科——从学术反思到实践科学的历史与逻辑研究》，北京：中国社会科学出版社，2017年版，第81页。

流与对话。"如果我们承认民俗学要研究人或者要把民众当作自由的主体来对待和研究,那么,按康德哲学的先验划分,经验性的研究就不是干这个事情的,或者说,经验性的研究适合研究的是自然人(对象或客体),而不是作为具有自由意志的人(主体)。"①

其二,民俗之俗是不可以全部由经验知识证实的。康德在《纯粹理性批判》第一版的"导论"中指出,经验能够告诉我们什么存在,却不能以必然的方式告诉我们它必定如此存在。即经验只有或然性和偶然性,而不具有普遍必然性。每个人具有的经验都是不一样的,你有你的经验,我有我的经验,他又有他的经验,我们可以利用经验知识研究某个节日的起源、演变,某则传说及其发源地,在田野中探索某项当地风俗的现状及历史演进,但如果长时间沉浸在个别化、碎片化、经验化的语境中,我们就难以发现学科面临的普遍问题。"假如每个学者仅限于各自的立场和由此得到的经验材料来发表看法,那就只能用这样的立场和材料来归纳性地支持并论证自己的看法。"②这样的立场和材料只能表明这些学者的观点和别人的观点不同,而不能证明自己的结论具有普遍必然性。但一种研究要成为现代学术,就必然需要具备普遍性与必然性,毕竟学术不能满足于偶然的认识,而是需要寻求必然的知识。

实践民俗学者发现了实证民俗学的不足之处,即注重经验、实证的实证民俗学给出的东西并不具有普遍性与必然性,并且它只会把人当作"物"和认识的客观对象,这不适用于人的自由、尊严与权利。正是在这个基础上,实践民俗学者主张,民俗学本身就具有实践属性,研究人或民的民俗学不是以客观主义和实证主义为范式的经验科学,而是一门追求普遍必然性和让人们过上好生活的实践科学。

三、实践民俗学的目的

不管是借用康德的哲学理念,还是揭示我国民俗学研究中累积的问题,这些都是实践民俗学具体主张的前奏。如果我们观察得足够仔细,并且对它足够熟悉,就会发现实践民俗学的目的其实朴素、简单又纯粹。实践民俗学的目的主要表现在三个方面:

其一,民俗学的先验奠基与规范。实践民俗学者认为,民俗学需要先验逻辑来进行明确的知识划界,而且需要跳出经验界,以先验逻辑来规范民俗学。先验逻辑应该成为民俗学进行研究的前提。可是,什么是先验?我们通常认为,先验就是在经验之先的某种存在,而经验之先的东西,玄幻又不真实,它好像是人的前世一样,我们看不见、摸不着,知识又不能证实,所以,我们经常会听见这样的说法:先验就是虚幻,是一种唯心论;这东西谁也不能证实,所以不能信。可事实果真如此吗?

康德《纯粹理性批判》第二版"导论"一开始就说,尽管我们的一切知识都是以经验开始的,它们却并不因此就都是从经验中发源的。康德的意思是,在我们的知识中,有一种独立于经验,甚至独立于一切感官印象的知识,那种必须独立于经验而且具有内在必然性的知识就是先验的(a priori),这种先验知识本身就是明晰的和确定的。先验不仅指时间

---

① 户晓辉:《民俗学为什么需要先验逻辑》,《民俗研究》2017年第3期。
② 同上。

上先于经验,而且主要是逻辑上的先验还原。正如吕微指出的那样,"对实践现象的经验研究与先验认识的区别就在于:前者是对事实'是'如何的描述,而后者是对事情'应'如何的论述"。① 实践民俗学主张从"应"如何的目的论出发,将之作为一个先决条件,一个先行设定的法则或公理,这个法则或公理是从理性逻辑演绎出来的,因而具有客观性和必然性,在行动中遵循并践行这个先于经验设定但又引导并决定行动的法则,这是先验一词的主要概念指涉。有了先验逻辑与规范,民俗学就能明辨大是大非,不至于仅仅在零碎、杂多的经验性材料中摸爬滚打,而是发现经验研究的盲区和死角,以普遍性和必然性为目标,从而建立起有普遍性和必然性追求并能处理人的自由问题的实践民俗学。

其二,彰显人固有的实践理性,维护人的自由、尊严与权利。在康德哲学中,实践理性处理的就是人的自由与信仰问题,相应地,实践民俗学最核心的目的也是人及其自由等问题。不管实践民俗学如何区分概念,强调理论理性与实践理性、经验与先验的差别,或者是从理论理性和经验性质的研究转向实践理性研究和先验研究,其目的都是给人的自由、尊严、权利与信仰留下地盘。所以,"实践民俗学不是像以往的实证民俗学那样从田野观察的经验中对人及其民俗进行归纳,而是从实践理性的自由意志出发,确立把人看作人格存在的实践意志,把民俗和民俗学研究都看作具有独立人格和自由意志的人的实践活动"。② 实践民俗学者认为,普通人先验地具有道德意识,实践民俗学者的工作就是去发现并还原普通人的道德意识,把每个人都可能固有的实践理性能力彰显出来,促成每个人对自己的这种实践理性能力的觉识并且敢于公开运用自己的实践理性,为这种运用创造条件,把这种运用贯彻到各自日常生活的习俗实践与行为实践之中,使普通人能维护自己先天就有,并且理应被尊重与维护的自由、尊严与权利。

其三,促成现代社会的规范化实践与制度化实践。实践民俗学的根本目标是推动中国社会确立以理性共识为基础的道德行为和社会制度。作为一门实践科学,民俗学一直承担着让普通人过上幸福生活的义务。为了过上好生活,我们每个人都需要观念上的转变,即重现发现并彰显自己的实践理性,但使人重新意识到自身具有实践理性并能运用实践理性之后,实践民俗学的工作并没有结束。实践民俗学需要提供有效而合理的理论论证,在学理上"把普通人在日常生活中本来具有的常识感、公平感和正义感加以普遍化、明晰化和理性化,把它们提升到实践理性公识的层次,进一步推动以现代公识为目的条件的日常生活政治制度实践"。③ 我们需要认识到,民俗学实践本来就具有公共性、政治性,"只是这种公共性和政治性一直隐而未彰而已。比如,从民俗学的调查、收集、整理和改编到学术表述,一直都具有公共性和政治性"。④ 实践民俗学就是要把民俗学的这种公共性与政治性放到明面上来,推动民俗生活的正当化与规范化,推动民转变为公民或自由人,促进公民社会的实现以及自由、民主、平等的社会关系的达成。在自由、民主、平等成为整

---

① 吕微:《民俗复兴与公民社会相联结的可能性——古典理想与后现代思想的对话》,《民俗研究》2013年第3期。
② 户晓辉:《非遗时代民俗学的实践回归》,《民俗研究》2015年第1期。
③ 户晓辉:《日常生活的苦难与希望:实践民俗学田野笔记》,北京:中国社会科学出版社,2017年版,第392页。
④ 户晓辉:《非遗时代民俗学的实践回归》,《民俗研究》2015年第1期。

个社会的普遍共识之后,实践民俗学期望为实践与实现社会的自由、民主、平等创造客观条件,以社会制度来保障这些果实。让人过上好生活,就是实践民俗学最朴素又最终极的目标。

总的来说,选择什么样的学术研究范式是由学科所要处理的问题决定的。尽管从世界范围来看,民俗学自产生以来越来越向实证主义的研究范式靠拢,但是,"如果我们的学科在今天要处理的问题需要一个先验的维度,那么,除非我们开启这样一个先于经验的思考空间,我们就不能很好地处理我们的学科在当下所面临的问题,或者说担当起我们的学科指向未来的问题意识"。① 既然民俗学更关注人之为人的基础层面、人的生活世界以及民如何成为人这些先验的、道德的问题,而对于这些层面问题的研究,经验与实证的方法已经不再适用,这个时候,民俗学研究采取康德哲学意义上的实践视角就有其必要性与可行性。

第二节　实践民俗学的研究理念

实践民俗学的研究围绕着"实践"二字进行。民俗是人的实践,民俗学研究本身也是实践,而实践就与人的意志、目的、愿望等相关。实践理性和自由意志是实践民俗学的核心理念。

一、什么是实践

什么是实践?什么是实践民俗学?这两个常见的问题在学术研究中并不简单,认真解答起来,也不容易。为什么看起来比较容易的问题,回答起来却如此困难呢?关键在于"实践"这一词语有着较为深奥的哲学内涵。

我们通常认为,实践就是不幻想、不空想,就是行动,就是做事,尤其指改造社会和自然的一切社会物质性活动。比如,在社会上直接参与或做一些人人都能看得见,最好是对大伙都有益的实事。但是,如果按照这种说法的话,有一些重要的东西就被忽略了。其中最重要的便是人自己的意志,即实践不是只顾脚踏实地、低头拉车,不顾抬头仰望星空,不需要动脑筋规划。实践需要意志的先行指引与规定。这是我们应该认识到的。

实践民俗学的"实践"是康德哲学意义上的实践。"我们提出的实践民俗学,不是指一般的实践,也不是指基于任意意志的实践,而是指基于自由意志的实践。因为基于任意意志的实践仍然是外在于实践理性的、不纯粹的经验性的实践;只有内在于纯粹理性的自由意志的实践才是内在的实践,也才是实践民俗学所说的'实践'。"② 也就是说,实践民俗学者认为,实践是自由意志的实践,其实质是实践自由意志或为了自由意志的实践,至少是

---

① 吕微:《民俗学:一门伟大的学科——从学术反思到实践科学的历史与逻辑研究》,北京:社会科学出版社,2017年版,第301页。
② 户晓辉:《民俗学为什么需要先验逻辑》,《民俗研究》2017年第3期。

以自由意志为目的的实践和实验。那么,什么是自由意志?

自由意志也是一个较为复杂的概念。自由意志的自由不是任意逍遥、为所欲为的自由,自由是我们的宿命,是人之为人的不可让渡的意志能力。意志也不是发生在个人心理领域内的、自娱自乐的思想游戏,而是能直接影响并决定人的实践行为和社会生活的意志能力。意志以自身为内在目的,因而本来就是自由的和普遍的。把先验的和理性的实践法则当作意志的规定和根据就是自由意志的通俗理解。

按照康德的说法,人的自由不在经验领域,而在实践理性领域,实践不仅是自由意志的实践,也是实践理性的实践。自由意志有时就等同于实践理性。实践民俗学的实践虽然可以包括一般的实践,但特指从实践理性的总体理念和理性原理出发并且以理性目的论为旨归和底线的实践。所以,确切地说,实践民俗学的实践之所以强调实践的理性目的论,并不是要排除一般的实践,而是强调以理性的目的论来规范和引导一般的实践,并且作为一般实践的基础和前提。当然,强调意志以及先验性道德是实践的前提、基础,这不是唯意志论,也不是把意志等同于行动,而是指意志是行动的动因和决定根据。实践就是按照理想的目的,即事物的可然和应然做出实然和已然的事物。

在理解实践一词含义的过程中,我们要破除两种习惯性的、常识性的认识:(1) 田野是实践,书斋是理论;(2) 书本是理论,应用是实践;还要区分"实践"的日常意义(一切人类活动、行为)和哲学意义(康德哲学指实践理性)。而且需要认识到,在日常生活中的社会实践是实践,民俗学的理论研究、书斋思考也是实践,实践的本质在于目的先行、意志优先,只要实践能够秉持实践法则的底线要求,就都是实践民俗学的实践。

20世纪70年代后期以来,整个人文社会科学领域都受到实践论或多或少的影响,随着实践转向的发生与深入,中国民俗学界的一些学者意识到了实践转向这一趋势,并对实践做出了自己的解释。但由于术语概念范围的不统一,民俗学者对"实践"一词的理解并不相同。到目前为止,民俗学界内的"实践"一词至少有四种含义。一种是康德哲学语境下的实践;一种是布迪厄、吉登斯等社会学语境下的实践,这里的实践指的是"重复性的、多样化的行为及其过程"[1],是可被观察、分析与抽象的客体,萧放、鞠熙等学者就坚信这一点,并认为实践的第一要义是行动而非意志;再有一种是刘铁梁等人倡导的实践,刘铁梁认为,"所谓实践民俗学就是面向日常交流实践的民俗学"[2]。他提倡从田野经验中归纳民俗学实践的方法论;还有一种是应用民俗学或公共民俗学使用的"实践",它指的是民俗学者直接参与民俗事项的生产或再生产活动,如田兆元所说:"民俗学需要的转型,是走向实践与应用的民俗学。如果说民俗研究与日常生活有关,那就是为了改变日常生活,提高日常生活的文化层次,使之具有文化传统属性。"[3]

虽然学者们对实践一词有着较为多元的解释和使用,但在这里,对实践的理解要在康德哲学语境中进行。如果我们对康德哲学有些许了解,一看见实践这个词就能知道,它说

---

[1] 萧放、鞠熙:《实践民俗学:从理论到乡村研究》,《民俗研究》2019年第1期。
[2] 刘铁梁:《个人叙事与交流式民俗志:关于实践民俗学的一些思考》,《民俗研究》2019年第1期。
[3] 田兆元:《民俗学的学科属性与当代转型》,《文化遗产》2014年第6期。

的是先验、伦理和道德问题,它们就是实践的潜台词和内在本质。实践当然强调行动,但也强调在行动之前的那个先验的理性目的,行动按照这个理性目的进行,才能减少行进过程中"脱轨"的意外事件的磕绊,以此更好地实践与实现目标。实践民俗学以实践为旨归。由此,实践民俗学就是一门伦理学和政治学,它以人为目的,它想按照自由、民主、平等这些理性目的来实践,让人过上有自由、有尊严的好生活。

二、谁的实践

实践民俗学的实践是民众的实践,也是作为民众的学者的实践。实践民俗学要求直面学者与民众在交互主体意义上共同面临的根本问题,即人的自由问题。实践民俗学者认为,民不是学者置身事外、冷眼旁观的认识与定义的客观对象,学者自身也是民,民众的不解放不自由就意味着学者的不解放不自由,实践民俗学的实践不是为了作为民的别人,也是为了作为民的学者自己。民始终是实践民俗学关怀的焦点,民的自由、尊严与权利的维护始终是实践民俗学的核心目的。

实践民俗学对民的研究,在学理层面首先是论证民在学科起源处就是民俗学实践的主体以及从"俗"转向"民"的研究范式的正当性。实践民俗学者认为,民俗学的本义应是"民学",对民而非俗的关注在学科开端处就是被设定好的学科研究目标,如顾颉刚在1928年的"《民俗》发刊词"中指出:

> 我们秉着时代的使命,高声喊几句口号:
> 我们要站在民众的立场上来认识民众!
> 我们要探检各种民众的生活,民众的欲求,来认识整个的社会!
> 我们自己就是民众,应该各各体验自己的生活!
> 我们要把几千年埋没着的民众艺术,民众信仰,民众习惯,一层一层地发掘出来!
> 我们要打破以圣贤为中心的历史,建设全民众的历史![1]

除了顾颉刚,周作人的人的理想与新民观念,李大钊等人提出的民粹主义,实际上都着眼于民的形象。德国民俗学鼻祖赫尔德的"(人)民"概念也同样体现出民俗学对民的关注。[2] 重要的是,这些学科先驱们当初所论的"民"并不是单纯地指代特殊的、地方的、区域的、具体的民众,他们已经察觉到,在这些特殊的"民"后面还一直站立着一个大写的人,也就是"(人)民"。但"人们经常会走得太远而忘记了为什么出发",[3]并因此沉迷于对俗的研究而忘记了自己当初立下的鸿鹄之志。实践民俗学通过回归本原,回到学科起点,指出学科先驱们最初为民俗学和民间文学设定的目标并非仅仅是研究民俗或民间文学本

---

[1] 顾颉刚:《〈民俗〉发刊词》,《民俗》1928年第1期。
[2] 户晓辉:《从民到公民:中国民俗学研究"对象"的结构转换》,《民俗研究》2013年第3期。
[3] 户晓辉:《返回民间文学的实践理性起点》,《民族文学研究》2015年第1期。

身,而是通过研究民俗或民间文学来"在民众的立场上来认识民众",(人)民而非俗才是民俗学实践的中心。

近几十年来,有一些民俗学者察觉到民俗学研究由俗到民的转换的必要性。如乌丙安在21世纪初指出,"我突出感觉到国际民俗学从一百多年前研究古俗、旧俗、遗留物开始到现在,学科的注意力始终盯在了令人眼花缭乱、异彩纷呈的'俗'上,却很少关注负载着'俗'的'民'和他们的最基本的日常生活",并且,"在民俗学史上每当把民俗作为客观对象研究时,往往忽略民俗的主体是'人',而去过多地关注了笼统的'民众'或相当抽象的'人民'"。[①]

正是因为民俗学的研究对象逐渐发生着从俗到人的重大转换,所以,如何研究人(民)便成为当代民俗学面对的新问题。实践民俗学者提出返回实践理性起点的主张,尊重人,尊重人的自由意志,在把人当作手段也当作目的的同时,再来一次转换——促进(人)民到公民身份的结构性转换。

可是,既然我们已经认识到或者承认民是民俗学实践的中心,那么,在具体研究中我们侧重于研究人就行了,比如,在田野调查时研究非遗传承人,实践民俗学者为什么还要进一步强调民的身份转换的必要性呢?

民俗学从一开始关注的就是被主流社会与主流学术冷落的边缘人群(民),在很长一段时间里,民都是下层的、匿名的、沉默的,他们经常作为一个群体、集体出现。这意味着民不是个体,他们没有自己独特的个性,也没有自由行动权利和自主行动能力。"中国传统意义上的'民',无论指下层的民众、农民还是人民,并没有被明确公认的权利和自由意志内涵。"[②]但如果民的身份发生结构性转换,即从民转换为公民之后,情况就不一样了。因为公民是一种身份,这个身份本身就意味着个体被明确地公认具有各自的权利和自由意志,一国社会成员一旦具有公民的身份,那么,"原先与人有关的其他身份或属性诸如阶级、集团、地域、民族、性别、职业、信仰、地位、经历等等差别,在法律面前一概变得狭隘了。此时,每一个社会成员都成为摆脱各种关系的国家中的一个最小单位,共同的身份决定了具有某些共同的'人性'。这就是公民身份与其他身份的区别"。[③]

实践民俗学追求的民是(人)民,即背后站着大写的人的民。虽然在现实生活中,民有阶层、地位、身份、职业、经历等的差别,这是实际,但即便如此,我们还是应该认识到,所有民都是人,都是公民,都应该享受公民本应享受且不可剥夺的自由、尊严与权利。所以,我们不能只强调民的差异性和个别性,比如哪里人或哪些人以及他们的生活与习俗怎样,而是应该注意到,在差异性和个别性的研究之外,还必须有一个普遍性与必然性的客观尺度。因为只有在一个可通约的、共同的基础上来谈民,比如这里的公民及其自由、权利与尊严,民的差异性才能得到突显,民的研究或者民的权利的维护才能有学理可参照。总之,从民到公民的结构性转换的论证是为了给如何研究民提供一个学术坐标和参考标准,

---

① 乌丙安:《民俗学原理》,沈阳:辽宁教育出版社,2001年版,第4页。
② 户晓辉:《从民到公民:中国民俗学研究"对象"的结构转换》,《民俗研究》2013年第3期。
③ 馨元:《公民概念在我国的发展》,《法学》2004年第6期。

给作为个体的民的自由、尊严与权利寻找学理上的合理性,也是为了民在政治、社会、文化层面能有维护自己权利的正当理由。

当然,民的身份发生公民化的转变之后,就具有了独立的尊严和人格,有了自己的自由,但这并不是说他们可以为所欲为,自由意味着权利与义务并举。另外,公民不仅是上层对下层的一种政治许可,更是公民社会中的人们相互认可的一种平等身份和人人必须具备的精神素养,这就意味着公民社会中的每个人都能遵守普适的公民精神,人与人之间也达成了"我"与"你"的平等对话关系。这种公民社会和公民精神能使每位公民的自由、平等、尊严与权利明明白白地展现出来并得到所有人的承认与维护。

公民社会的建设对每位公民都是有益的,对被实践民俗学当作具体讨论对象的研究者和民众来说更是如此,或者说,同样是民,民众与学者之间的关系是公民间平等关系的试金石。比如,在研究中,"当民俗学者把研究'对象'确定为特定的'你'时,总会在'你'身上或多或少地发现'我','你'会隐秘地通向'我',至少他们会隐约地觉得自己也生活在民俗之中,自己也是民。民俗学的研究也是学者自我理解的延伸或一部分"。[①] 基于此,民与民之间、民与学者之间就是交互主体、双向互动的平等对话关系。也就是说,实践民俗学的学术研究本身就是实践,这种实践不仅为了证明民的自由、尊严与权利的合理性与正当性,也是为了学者自己在实际生活中能以民的身份与民平等地站在一起。这样的话,当学者进入田野时,就不至于被当地人当作外来的他者而受到冷落,或者成为田野中的弱势群体。因为学者自己也是与民有着相同身份的行动主体与实践主体,他与民有共同的诉求,而不是旁观者、教导者,即一拨一拨进入社区验证自己的想法之后就消失不见的"民俗精英"或"外地专家"。

总之,民的问题之所以如此重要,恰恰在于"对'民'的认识的解放决定着民俗学学科的解放,而民俗学学科的解放至少能够在思想上促进现实生活中'民'的解放"。[②] 民俗学不应该是为知识而知识,为研究而研究,而是通过实践发现并还原普通人先天具有的实践理性和自由意志,以先验的、纯粹的实践知识促成民众身份的转变,使民众的公民身份合理化、正当化。借由这种方式,进而促使民众不可侵犯的自由、平等、尊严等权利彰显出来,真正达到人格独立以及社会解放,这就是民的实践,也是实践民俗学者从民俗学角度做的一件对社会有益的工作。

三、怎样实践

实践民俗学的实践本质是意志在先、目的先行,在理性意志的指引下,做出具体的行动与实践,敢于维护并运用每个人都应该享受的自由、平等与尊严等权利。那么,我们具体该怎样实践呢?

其一,从实证的、经验的思维转换到先验的、实践的思维。民俗学本来就应该是一门实践科学而不是像自然科学或社会科学那样的实证科学,他更关注人的生活世界、精神世

---

① 户晓辉:《从民到公民:中国民俗学研究"对象"的结构转换》,《民俗研究》2013年第3期。
② 同上。

界。康德已经告诉我们,与人的自由、尊严和权利有关的问题根本不在经验领域,而在实践领域,经验性的研究只会把人当作自然物或客观对象,而根本不适合于人的自由,所以,我们需要跳出、摆脱自然因果链而到自由因果链层面。"实践民俗学的根本在于完全放弃实证科学的客观认识范式及其对理论与应用的划分,完全从实践理性的自由意志来看待民众的民俗实践并以此进行民俗学自身的一切实践。"① 民俗学研究是实践,我们的日常生活也是实践,不管是在民俗学研究中还是在日常生活中,我们都应该重视自由意志以及先验性道德对实践的奠基与规范作用,即在实践之前,我们首先需要转变思维,能认识到自由意志和理性目的的存在及其对实践的引导作用。在实践过程中,能遵守这些先行设定的实践法则,不至于莽撞冲突地偏离目标轨道,以便更好地实现自己的理性目的,这样才能更好地研究,更好地生活。

其二,启蒙与自我启蒙。启蒙在当下仍然是一项非常重要的工作,而这也正是研究(人)民的实践民俗学需要着手的工作。在后现代的一些学者看来,人生是毫无逻辑、毫无根据的,人拥有理性也不一定幸福,理性正是需要解构的对象,启蒙是一些学究自作多情的做派,在后现代,不存在普适价值,人不需要理性,也不需要启蒙。但是,"如果后现代性的相对主义完全不承认任何真正严格的、先验的普遍性价值的客观存在,后现代性的相对主义就会在理论上甚至在逻辑上,陷入理性的自我矛盾和自相冲突"。② 比如,你不能说"不存在任何真理",因为这句话一旦说出,你自己就陷入了理性的自我矛盾之中,假设别人借此反问:"如果不存在任何真理,那你这句话是不是真理呢?"如果你的论点为真,那么,当你说"不存在任何真理"的时候,你说的就不是真理;但同时,当你说的"不存在任何真理"不是真理的时候,恰恰又显示出真理存在的可能性。这个例子从侧面反映出后现代所谓的不需要普适价值,不需要理性就是伪命题。"尽管民俗学是否应该启蒙民众或者能否启蒙民众在后现代受到质疑,但民俗学的自我启蒙无疑仍是一项尚未完成的现代性方案。"③

康德在《回答这个问题:什么是启蒙?》一文中指出:

启蒙就是人从他咎由自取的受监护状态走出。受监护状态就是没有他人的指导就不能使用自己的理智的状态。如果这种受监护状态的原因不在于缺乏理智,而在于缺乏无须他人指导而使用自己的理智的决心和勇气,则它是**咎由自取的**。因此,Sapere aude[要敢于认识]! 要有勇气使用你自己的理智! 这就是启蒙的格言。④

---

① 户晓辉:《非遗时代民俗学的实践回归》,《民俗研究》2015年第1期。
② 吕微:《民俗学:一门伟大的学科——从学术反思到实践科学的历史与逻辑研究》,北京:中国社会科学出版社,2015年版,第233页。
③ 户晓辉:《从民到公民:中国民俗学研究"对象"的结构转换》,《民俗研究》2013年第3期。
④ [德]康德:《回答这个问题:什么是启蒙?》,见李秋零主编:《康德著作全集(第8卷):1781年之后的论文》,北京:中国人民大学出版社,2013年版,第40页。

启蒙的格言就是"要有勇气使用你自己的理智",由此摆脱受监护的不自由状态。但启蒙不是强制启蒙,不是输灌给别人什么外在东西,甚至也不是以什么外在的东西来引导别人,而是通过向别人展示人类理性自身的原则体系来帮助他人自觉(认识)到自己内在的原则体系,从而帮助他人点亮自己的理性之光,照亮自己的本相身份——自由与独立,因而得有勇气独自面对一切,有勇气使用自己的理智独自做出决断。在这个意义上,启蒙就是帮助他人完成自我启蒙,而不是使他人成为被启蒙的人。民俗学既然是研究人(民)的学问,就有义务承担起启蒙的工作,以便使人(民)运用自己的理智,从而自由地生活。

但是,对于民俗学的启蒙工作,民俗学者首先必须主动接受自我启蒙,才谈得上所谓的启蒙民众。民俗学、民俗学者要从自己的学科内部认识到自己以及自己的学科本身就有理智、自由意志的潜质,自己承认自己,自己启蒙自己,敢于运用自己的理智,这是民俗学的启蒙工作得以展开的合理性所在。同时,民俗学、民俗学者还要促进民众的自我启蒙,"公众给自己启蒙,这更为可能;甚至,只要让公众有自由,这几乎是不可避免的"。① 尽管公众只能是很缓慢地获得启蒙。重要的是,我们应该认识到,启蒙不是"眼光向下"的革命,"理性的启蒙就是民众的自我启蒙,即在认识主体(学者也是民众)和实践主体(普通人、老百姓)之间平等对话中的相互启蒙"。② 总之,实践民俗学的追求与启蒙的追求是相契合的,民的启蒙与自我启蒙能更好地促进自由意志的实践与美好生活的获得。

其三,制度保障。在民能认识到自身具有的实践理性和自由意志的同时,或者为了更好地维护民的自由、权利和尊严,我们需要制度的制衡与法律的约束。因为每个人都先验地具有自由能力,但从内在方面来说,如果没有对这种能力的主动觉识和积极练习,这种自由能力也就可能长期处在潜伏的冬眠状态;从外在方面来说,如果没有制度上的客观保障,这种自由能力也可能受到遮蔽和蒙蔽,所以,实践民俗学要为民众的理性觉悟、自由意志的实践创造学理上的民主机会和制度条件。"因为在日常生活中,只有通过以尊重普通民众自由意志能力和平等权利的实践法则为理性目的的道德实践,制度实践和程序正义,各种来自经验的实践目的和实践准则才可能以不被压抑的和得到保障的形式被公开表现出来,才可能得到正当的与合理的制度认可。"③

实践民俗学把18世纪康德的实践理性、启蒙思想和自由主义等先验性的哲学思想引进民俗学,将自身与"实践理性""自由""尊严""真正意义上的人"等关键词联系起来,以此补救民俗学在先验层面的缺陷,从而改变了民俗学的研究方法与学科性质。在康德哲学和民俗学学科先驱对人、民问题的规定与关注下,实践民俗学把自己的一切理念都集中在如何使人重拾自身先天具有的实践理性和自由意志,如何使人维护自身的自由、尊严与权利,并过上幸福生活的问题上来。为了使人过上好生活,实践民俗学在观念、学理和制度层面都做了相应的学术努力与探索,并希望借着离(人)民最近的学科——民俗学,创造条

---

① [德]康德:《回答这个问题:什么是启蒙?》,见李秋零主编:《康德著作全集(第8卷):1781年之后的论文》,北京:中国人民大学出版社,2013年版,第41页。
② 陈连山:《重新审视五四与中国现代民俗学的命运——以20世纪对于传统节日的批判为例》,《民俗研究》2012年第1期。
③ 户晓辉:《实践民俗学的日常生活研究理念》,《民间文化论坛》2019年第6期。

件让每个人在内在方面有能力公开使用自己的理性,从外在方面有好的制度保障我们的自由能力,使每个人在自由、民主、平等、法治的现代社会和理性共识中光明正大地维护自己的权利。"认识论的民俗学想要认识世界,实践民俗学则要改变世界。"①

第三节 实践民俗学研究理念的应用及其初步评价

在近些年里,实践民俗学者对实践民俗学理念进行了学科范围内的拓展与应用,与此同时,学界也给出了一些评价。这些方面都有利于促进我们对实践民俗学的了解。

一、实践应用

实践民俗学发生在民俗学的一切领域,它的研究理念可以在民俗学研究中广泛应用。实践民俗学者已经在日常生活、非物质文化遗产、表演理论、博物馆、网络民间文学等层面对实践民俗学的理念进行了初步尝试。

(一)日常生活研究

"日常生活"转向是近年来民俗学、民间文学研究的热门话题。实践民俗学从康德、胡塞尔哲学的角度对日常生活概念做了先验方法论的奠基。实践民俗学者认为,日常生活的研究转向是民俗学研究对象和研究理念的重大变革,因为这表明遗留物研究的失效以及当下生活研究的有效性。所以,在进行日常生活研究时,我们必须认识到这些概念的哲学背景,强调生活世界对日常生活的先验奠基作用,"只有在以生活世界为先验基础的日常生活中才能看见完整的人,才能相信普通民众完全有能力把实践法则当作民俗实践的理性目的"。② 因为生活世界概念和日常生活概念原本就是胡塞尔哲学中的术语,我们在研究中不能断章取义,也不能只关注生活世界、日常生活的字面意思,而是要尽量还原这些概念的原初意义。

具体而言,实践民俗学主张,日常生活既是实践民俗学研究对象又是研究方法,或者说先是研究对象,后是研究方法和路径。因为与其说实践民俗学要研究日常生活本身,不如说要通过日常生活来研究民。这种研究不是为了认识民,而是为了民的实践和实现从私民到公民的转变,以促成民行使并且维护包括学者自身在内的每个普通民众的自由意志能力和平等权利。

在实践民俗学这里,日常生活是一个"中层概念"。③ 它不仅是理论概念,更是实践概念;不仅是描述性概念,更是规范性概念;不仅指向过去,更指向未来。④ 实践民俗学给日

---

① 户晓辉:《人是目的:实践民俗学的伦理原则》,《民族文学研究》2017年第3期。
② 户晓辉:《实践民俗学的日常生活研究理念》,《民间文化论坛》2019年第6期。
③ 刘晓春:《探究日常生活的"民俗性"——后传承时代民俗学"日常生活"转向的一种路径》,《民俗研究》2019年第3期。
④ 户晓辉:《实践民俗学的日常生活研究理念》,《民间文化论坛》2019年第6期。

常生活的研究添加了一些先验之理、伦理之理甚至制度之理,这些道理是客观的、必然的,因而在实践过程中具有指导与规范作用。另外,实践民俗学的日常生活研究非常强调发掘民自身自由意志的重要性,"实践民俗学的日常生活研究旨在让普通民众自己为自己做主、自己为自己发声和讲话,让普通民众敢于和善于公开地使用自己的自由意志能力并且站出来维护自己的平等权利"。① 这是实践民俗学的日常生活研究与其他学科日常生活研究的不同之处。

(二)非遗研究

实践民俗学的非遗研究是典型的实践研究,它一方面关心民及民的实践理性和自由意志的发掘与实现,先验立场与伦理原则的确立;另一方面想要借此促进民众自由、平等、尊严等权利的达成和公民社会的建设。

非遗保护的展开在很大程度上有赖于《保护非物质文化遗产公约》(以下简称《公约》)的颁布。作为近些年来文化遗产保护领域最重要的国际法律文书,《公约》为国际范围内的非遗保护制定了一套具有普遍性效用的操作守则。"《公约》的一个初衷是用全球和全人类的眼光来检视并且呈现各个社区或共同体的非物质文化遗产及其多样性,在文化的普遍性中显示特殊性。"②《公约》的公共性和普遍性表明,它超越了文化经验现象的种种差异性和多样性,达到了逻辑上的可普遍化程度,因此能够为不同地区、民族的非物质文化遗产保护提供指导,不同地区和民族的非遗保护也应该符合《公约》的精神框架。

作为人类学家和民俗学家等学者商定的具有可通约性的法律文书,《公约》具有潜在的目的论意义——保护各群体、团体、个人视为其文化遗产的各种实践、表演、技能及与之相关的工具、工艺品等。群体、团体和个人是非遗的重要组成部分。但是,中国的非遗保护存在一个明显的问题:基层保护单位在非遗的整体理念和普遍法则上还认识不到位,"由此造成了在具体的保护实践和操作环节中把《公约》的新精神和新观念给同化掉、忽视掉或过滤掉了"。③ 比如,政府和专家在非遗工作中起主导作用,但一些政府官员甚至不怎么关心《公约》说了什么,直接动用权力"为民做主",而专家则更多地扮演着旁观者和分析者的角色,以个人知识上的话语权力对非遗进行规范和赋义。在多数情况下,他们既没有比社区里亲身传承非遗的传承人更了解当地的文化,也难以真正有耐心地倾听社区里民众和传承人的想法和意见,而是倾向于以个人的任意意志来指导非遗保护,这就违背了普遍的道德法则,从而直接或间接地剥夺了当地社区、群体和个人的权利,不能达成对社区内部成员的自由权利和地位的尊重与维护。

当然,这不是说政府和学者参与非遗保护有多大错误,事实上他们是功不可没的,正是因为他们的参与,非遗保护才能有规模、有保障、有秩序地进行。问题仅仅在于,被《公约》赋权的主体(无论个体还是社区—共同体)有没有认识到自身应该受普遍法则的约束,

---

① 同上,第102页。
② 户晓辉:《〈保护非物质文化遗产公约〉能给中国带来什么新东西——兼谈非物质文化遗产区域性整体保护的理念》,《文化遗产》2014年第1期。
③ 同上。

能不能认识到其他主体(无论个体还是社区—共同体)应该受普遍法则的保护。①

实践民俗学主张,非遗保护不仅是为了非物质文化遗产本身,更是为了非遗中的人及其自由、尊严与权利。"与其说非物质文化遗产本身具有价值,还不如说是因为非物质文化遗产与人类发生关系才生成的价值。"②既然人是非遗保护的核心,那么实践民俗学认为,非遗保护在理论上应该首先赋权给因自由实践而可能的道德主体(作为本体的人),"我们既要把非遗'价值或意义评判'的权利赋予社区—共同体(自律地实践的自由主体),而不是任何'外部'的评判权威,同时又要把非遗'价值或意义评判'的原则规定为来自'外部'(普遍、必然)的客观法则('公约'将其表述为'人权'原则,而'保护文化多样性形式'原则只不过是'人权'原则进一步的逻辑延伸),而不是任何仅仅出自特定社区—共同体内部的主观准则③。"④非遗保护应该凸显非遗保护的道德责任和伦理维度,把非遗保护当作暂时性的目的和手段,把人当作最终目的,"使抽象的、蒙面的民变回具体的、有血有肉的人,防止为了保存过去而牺牲现在和未来以及为了物而忽视人的观念和做法,从而实现民俗学求民主、争自由的自由意志和隐秘渴望"。⑤让民众运用自身的实践理性和自由意志自主选择、自主参与、自主管理,继而从实践民俗学的角度促进自由、民主的公民社会的建设,这是实践民俗学从实践角度给非遗研究打开的视野。

(三)表演理论研究

表演理论被引进中国以后,"表演"和"语境"成为学者们讨论最多的关键词。实践民俗学者发现,在大家都在关注这两个词以及它们对学术研究范式带来的影响时,表演理论的关键点甚至是根本属性——"责任"一词被普遍忽视了。因此,实践民俗学在对表演理论进行实践角度的研究时,特别强调责任的重要性。责任成为实践民俗学和表演理论的最显著的连接点。

具体而言,实践民俗学者认为,尽管在理查德·鲍曼对表演的诸多经验性标定中,责任并没有位列其中,但用责任标定表演,却是我们理解表演理论的实质性条件。鲍曼曾指出:

> 从根本上说,作为一种口头语言交流的模式,表演存在于表演者对观众承担展示(display)自己交流能力(communicative competence)的责任。这种交流能力依赖于能够用社会认可的方式来说话的知识和才能。从表演者的角度说,表演要求表演者对观众承担展示自己达成交流的方式的责任,而不仅仅是交流所

---

① 吕微:《反对社区主义——也从词语层面理解非物质文化遗产》,《西北民族研究》2018年第2期。
② [日]菅丰:《何谓非物质文化遗产的价值》,陈志勤译,《文化遗产》2009年第2期。
③ "准则是行动的主观原则,必须和客观原则,即实践法则相区别。准则包括被理性规定为与主体的条件(经常是主体的无知甚至爱好)相符合的实践规则,从而是主体据此而行动的原理;法则却是对一切有理性的存在者都有效的客观原则,和据此应当行动的原理,也就是一个命令。"见[德]康德:《道德形而上学奠基》,杨云飞译,北京:人民出版社,2013年版,第22页。
④ 吕微:《反对社区主义——也从词语层面理解非物质文化遗产》,《西北民族研究》2018年第2期。
⑤ 户晓辉:《非遗时代民俗学的实践回归》,《民俗研究》2015年第1期。

指称的内容。从观众的角度来说,表演者的表述行为由此成为品评的对象(subject to evaluation),表述行为达成的方式、相关技巧以及表演者对交流能力的展示的有效性等,都将受到品评。①

由此可见,在鲍曼看来,表演是需要承担某种责任的交流模式,参与表演的双方(表演者和观众、听众)都应当承担起交流的责任。实践民俗学指出,"责任"是表演理论最具魅力的地方,如果说到责任,就离不开康德的先验道德哲学,"康德关于人的不同行为责任之间关系的论述,为我们先验地标定(认识)表演的本质,提供了重要的'框架'"。② 实践民俗学要发现或者给表演理论的责任概念增加先验属性,发掘和捋清鲍曼自己可能都语焉不详或者没来得及深入研究的问题点,即表演的"责任"不仅仅是通过对现象的经验归纳而得出的经验性概念,也是对民俗现象的发生条件给予先验阐明的先验理念。可是,实践民俗学者为何要独辟蹊径,专注于表演理论的责任问题探讨呢?有几个较为明显的原因:

其一,正如鲍曼自己所言,责任是表演的本质,"我将表演理解为一种元交流的框架,其本质在于表演者对观众承担着展示交流能力的责任,它突出了艺术交流进行的方式,而不仅仅是它所指称的内容"。③ 尽管鲍曼没有明说,但将责任视为表演的本质,已经真切地反映出鲍曼的先验论意识。将这一点指出来是有必要的,尤其在学者普遍忽视表演理论责任研究的情况下。其二,按照康德的先验道德论,负责任,是人的任何一种自由行为、理性行为的先验标定。比如,如果一个人的行为是被动地由各种外在因素规定的,他自己没有任何主动权和选择权,那么这个人还需要为自己的行动担负什么责任吗?答案当然是否定的。因为只有当人的行为是出自个人的自由意志,这个人才需要为自己的选择和行为负责。据此,通过责任概念,我们就能先验地知道人是有自由意志的理性存在者。其三,实践民俗学者还认为,唯有职责/责任的先验理念,才能够在表演的实践框架之下,回答那个始终萦绕在鲍曼心中的问题:"我们可以利用什么来使我们成为社会的人。"④ 这说明,在实践民俗学者眼中,表演的责任而非语境是导致我们成为社会成员的原因。

质言之,责任概念及其先验属性以及由此而推论出的学术概念的实践理性使用立场是实践民俗学对表演理论提供的见解。

在日常生活、非物质文化遗产、表演理论研究之外,实践民俗学也在公民社会、博物馆、民间文学与网络民间文学等方面做过讨论与研究。

总之,实践民俗学是一种研究理念,它植根于康德哲学和胡塞尔哲学,因而是一套较为完整的理论体系。所以,如果我们接受实践民俗学的思维方式,如先验思维、实践思维

---

① [美]理查德·鲍曼:《作为表演的口头艺术》,杨利慧、安德明译,桂林:广西师范大学出版社,2008年版,第12页。
② 吕微:《"表演的责任"与民俗学的"实践研究"——鲍曼〈表演的否认〉的实践民俗学目的—方法论》,《民间文化论坛》2015年第1期。
③ [美]理查德·鲍曼:《作为表演的口头艺术》,杨利慧、安德明译,桂林:广西师范大学出版社,2008年版,第131页。
④ 吕微:《"表演的责任"与民俗学的"实践研究"——鲍曼〈表演的否认〉的实践民俗学目的—方法论》,《民间文化论坛》2015年第1期。

等,那就可以发现,无论什么样的民俗研究都可以使用实践民俗学理念。虽然实践民俗学是一种研究理念,但它首先是一种思维方式。

二、学界对实践民俗学的初步评价

学界对实践民俗学有不同的理解、讨论和批评。虽然不同学者对实践民俗学的理解不同,但在这些不同的声音中,有一批学者认为实践民俗学的潮流正在形成,我们需要实践民俗学来应对时代的呼唤。

(一)实践论批评

实践民俗学按照康德对理论理性与实践理性的区分,将民俗学划分为经验民俗学与先验民俗学,或者实证民俗学和实践民俗学。不少人对此提出批评,认为这种区分是没事找事,民俗学本来就是一门经验和实证的科学,这是根本不需要思考就十分明确的事情,所以,民俗学根本不需要什么经验与先验的区分。有些学者反对将民俗学划为实践科学的做法,如王杰文曾指出:"与历史学、社会学相类似,民俗学同样不是一门演绎的科学,而是一门经验学科。然而,户晓辉教授却竭力反对这一历史事实,并一再强调现代民俗学研究在其发端时就具有先验的实践理性起点。"[1]并且,即使民俗学研究是经验研究,那也不一定会搁置人的自由、尊严与权利问题,恰恰相反,转向"民"的"经验民俗学"一开始就意识到了"他者"作为人的权利问题。他们批评实践民俗学贬低(甚至是污名化[2])经验民俗学,而过于抬高先验研究,这一点也成为实践民俗学被批评最多的地方,"中国的实践民俗学家又有意无意间贬低了经验研究,并试图以民俗学的学术伦理取代民俗学的具体研究,这种明显的霸权话语又是十分偏激的"[3]。王杰文对实践论的批评可能说出了很多人的想法。

也有学者对实践一词的解释提出异议,并且直接认为,实践的首要含义是行动而不是意志,实践不是先验的,而是经验的,实践民俗学者需要进入社会现场。萧放、鞠熙就曾说,关于实践理性的哲学探讨固然重要,但理解行动、参与行动更重要。"如果我们承认民众的主体性,承认理性存在于主体的交互之间,那么实践理性就不应该是先验的、唯一的,而应永远在经验与对话中反省并调整自己,而经验的获得、对话的产生,只能通过行动来实现。理念讨论固然重要,但如果没有真实的行动、理解与自我调整,就算不得真正的'实践'。"[4]正是基于这样的原因,萧放、鞠熙主张投入乡村研究,并认为乡村研究符合实践的本意。

还有学者指出,实践就是应用和实用,实践民俗学既然强调实践,就应该到实践的战场——田野中去,而不是在书斋中高谈阔论。如周星曾说:"民俗学是一门具有实践性的

---

[1] 王杰文:《"实践民俗学"的"实践论"批评》,《民俗研究》2018年第3期。
[2] 王杰文在《"实践民俗学"的"实践论"批评》一文中的说法。
[3] 王杰文:《"遗产化"与后现代生活世界——基于民俗学立场的批判与反思》,《民俗研究》2016年第4期。
[4] 萧放、鞠熙:《实践民俗学:从理论到乡村研究》,《民俗研究》2019年第1期。

学问,而不是一门纯书斋式学问。中国民俗学从它诞生之初,就从不隐讳学科的应用性追求。"①

有学者对实践民俗学的自由哲学观提出质疑。按照康德的说法,实践民俗学主张只有那些经过人自己独立选择做出的行为,才能给人归责,没有自由就没有所谓的义务和责任。王杰文认为,康德实践概念的最大特征是加入了自由,然而,康德对自由的说法虽然令人信服,但这种说法只是停留在纯粹理性层面,一旦它越界并开始面对日常生活时,人们可能就会发出疑问:"即使赋予每个人以自由,就一定能够保证他们发展出理性的能力吗?即使具有理性的能力,就一定能确保人们都可以做出理性的选择吗?即使做出了理性的选择,就一定可以确保这种理性的选择就是人们想要的结果吗?"王杰文更倾向于决定论意义上的自由,"实践民俗学家说人们先天地具有选择的自由却罔顾人们实际上无所不受限制"。②实践民俗学坚持康德哲学和自由主义传统的立场,而其他学者则坚持经验研究和后现代知识谱系的立场,这是实践民俗学与它的批评者之间存在分歧的根本原因。

尽管学者们对实践民俗学有一些批评和非议,但这些批评和非议本身在学理上能不能站得住脚还可以继续讨论。就拿学者们对实践民俗学批评最多的地方,即实践民俗学轻视、贬低甚至污名化经验民俗学和实证民俗学来说,实践民俗学者其实并不接受这种批评。因为从学理上说,实践理性与理论理性,实践研究与实证研究的划界就是必要的,否则容易造成理性的误用。③比如在知识领域研究人的自由、尊严、信仰等实践领域问题,用科学知识证伪迷信、干涉信仰。要防止对知性和理性的误用,民俗学就离不开实践理性和先验逻辑。更为重要的是,仅凭经验只能看到现象的特殊性而难以看到真正的普遍性,只能看到已然和实然而看不到应然和必然,因此,"我们尤其需要借助先验逻辑来思考并发现民俗学的普遍性和先决条件"。④这并不是贬低和舍弃经验研究,而是说我们不能只知经验研究,不知先验研究、实践研究。实践民俗学并不想当独行侠,说明民俗学先验性的、普遍性的、可通约性的先决条件,使民俗学的具体研究有共识性的原则可以是实践民俗学热衷于实践论而非经验论的原因。同时,如果民俗学承认自己是研究民而非俗的学问的话,采取实践论是更合适的做法,因为与人有关的问题不在经验领域而在实践领域,这是康德的告诫,也是前文反复申诉的立场。

(二)实践民俗学的创造性

尽管遭受一些批评,但仍有学者对实践民俗学理念做出了积极响应,他们认为不论是对民还是对民俗学学科,实践民俗学都有不同以往的研究范式和研究理念。

王杰文在对实践民俗学作出批评的同时,也对其给予了较高评价。"无可否认,'实践民俗学'属于我们这个国家与时代。因为它比他们所批评的中国的'经验民俗学'更加关

---

① 周星:《民俗主义、学科反思与民俗学的实践性》,《民俗研究》2016年第3期。
② 王杰文:《"实践民俗学"的"实践论"批评》,《民俗研究》2018年第3期。
③ 对理性的误用不仅由于人的用法不当,而且源于理性自身的本性,所以,对理性进行批判性使用就有其必要性。
④ 户晓辉:《民俗学为什么需要先验逻辑》,《民俗研究》2017年第3期。

心当下的现实与日常生活的困境。"他发现,实践民俗学转变了民俗学的研究对象、研究方法、学科任务,甚至"彻底改变了民俗学的学科性质,是要为作为一门现代学科的民俗学奠定自由主义的哲学基础"。①

陈连山看重实践民俗学通过对自由的研究而给民俗学带来的积极影响,"通过自由主义民俗学,我们不仅了解民众的知识与文化生活,而且肯定它存在的权利。由此可以使我们肯定所有人的文化权利和生活权利——当最底层的每一个民众都获得了自由平等权利之后,每一个社会成员就都获得了这种权利"。② 他认为,当新的民俗学最终帮助每个人恢复了其个人权利的时候,我们就无愧于知识分子的身份,同时,这也宣告,民俗学是可以安身立命的学问,它的工作是伟大的。

尹虎彬支持实践民俗学者的经验实证研究与先验研究的划分,他曾说:"经验实证研究为民俗学创造了对象化的文化他者,也泯灭了民俗的实践主体的自由意志。实践民俗学者在现代性反思的基础上,揭示了经验实证研究给民俗学带来的遮蔽,为民俗研究返回实践主体进行了先验理性的奠基。"因此他指出,"经验实证的科学主义不再具有无可争辩的权威了",因此,实践(康德哲学意义上)转向有其必要性,"民俗学要避免在无关痛痒中死去,就要面对实践而重新找到生存之道"。③

这些学者的评价是较具代表性的。除了上述学者,刘铁梁、张琼洁等都对实践民俗学做出了讨论与延伸。

总之,实践民俗学之所以尝试改变民俗学的研究对象和研究理念,是因为实践民俗学者意识到,中国民俗学对社会有多大用处、能有怎样的学科地位,在很大程度上与我们选择怎样的研究范式和研究理念有关,也与我们能不能真正关怀到学科的研究中心——(人)民有关。如果我们能从民俗学的角度促进日常生活中普通人的自我启蒙,推动个人自由与权利意识的普遍提升以及从私民到公民的逐渐转变和社会治理方式的不断改善,它就一定会赢得自身的学科价值和社会价值。民俗学有没有希望,有赖学界同仁尤其是年轻学子们的共同理解和共同努力!

思考题

1. 理论理性和实践理性的区别是什么?
2. 你认为实践民俗学者为何提出实践民俗学的研究理念?
3. 什么是实践?实证民俗学与实践民俗学对"民"的理解有何不同?
4. 有人说民俗学是一门关于经验的学科,你的看法是什么?

---

① 王杰文:《"实践民俗学"的"实践论"批评》,《民俗研究》2018年第3期。
② 陈连山:《民俗学是一门可以安身立命的学问》,见王杰文主编:《实践民俗学的理论与批评》,北京:学苑出版社,2020年版,第304页。
③ 尹虎彬:《回归实践主体的今日民俗学》,《民族文学研究》2019年第5期。

推荐阅读文献

1. 户晓辉:《民间文学的自由叙事》,北京:社会科学文献出版社,2014年版。
2. 吕微:《民俗学:一门伟大的学科——从学术反思到实践科学的历史与逻辑》,北京:中国社会科学出版社,2015年版。
3. 户晓辉:《日常生活的苦难与希望:实践民俗学田野笔记》,北京:中国社会科学出版社,2017年版。
4. 王杰文:《实践民俗学的理论与批评》,北京:学苑出版社,2020年版。

后 记

几年前,南京农业大学计划编写"大国三农"系列教材,委托我主编一本《中国民俗文化》教材,面向非专业学生,要通俗有趣。民俗学虽说是一个小学科,但热爱民俗文化的人很多,中国民俗学会会员就有3 000多人,由此可见一斑。这些民俗文化爱好者中有很多人热衷于写作面向公众介绍民俗文化的通俗读物,其中不乏生动有趣之作。此外,一些知名的民俗学者也主编过《中国民俗文化》教材。因而,我觉得劳师动众再新编一本,实在没什么必要。由于民俗学没有本科专业,研究生教材建设又相对薄弱,不如乘此机会编一本系统介绍民俗学理论的教材,主要面向社会学高年级选修民俗学方向的学生,或有志于从事民俗学研究的人。我把这个想法与同行以及学校负责人交流了一下,得到了他们的支持,并将书名改为《民俗学导论》。2020年底,《民俗学导论》入选"十三五"江苏省高等学校重点教材。

与《民俗学概论》不同,《民俗学导论》是民俗学研究的入门引导,它没有成熟的写作范式与框架。这是一件有意义的工作,也极富挑战性。我知道,这绝非我个人能够完成的工作。为此,我先是拉上周星、张举文两位前辈"入伙",与我共同主编。他们不仅学问好、名望高,而且身在海外,无须考虑科研考评,又不计较付出与回报。他们爽快地答应了,与我反复商讨教材定位,以及章节与体例,而且亲自写作民俗主义与民俗认同论两章。我深知教材的重要性,每一章都尽力邀请海内外名家或学术功底扎实的中青年学者负责。对于国外理论章节,一般请率先引入,且研究成果得到同行公认的知名学者负责,如杨利慧教授负责表演理论,王晓葵教授负责记忆理论,彭牧教授负责性别与身体理论。对于国内前沿理论章节,一般请倡导者或具有代表性的研究者负责,如刘铁梁教授负责标志性文化论,张士闪教授负责礼俗互动论,户晓辉教授负责实践民俗学。此外,对于民俗学的经典议题,如文化遗留理论、生活文化理论,分别请了卓有声望的中青年学者徐赣丽教授、岳永逸教授负责。

参编教材,实乃出力不讨好之事。民俗学界同仁之所以慨然答应参编《民俗学导论》,绝非出于个人"面子"或私人情谊。士闪先生与永逸兄得知铁梁老师答应为这本教材写一章,都笑了,说得慢慢等,还举例来"打击"我。说实话,我也知道请年逾古稀的学界前辈参编教材,有点过分了。但出人意料的是,铁梁老师是第一个交初稿的。后来铁梁老师当面对我说,之所以参编这本教材,是觉得这教材设计有新意,值得写!听了铁梁老师的话,我是又感动,又忐忑不安,生怕做得不好,让他失望。我以为,诸位同仁其实与铁梁老师一样,都是为了民俗学的学科建设与人才培养,才劳心费神地参编教材。如杨利慧教授,她眼疾严重,还是答应参编,并且反复斟酌、修订二稿。此外,南京农业大学民俗学研究生张梦瑶、赵典典、张庆全、汤健敏、朱婉尚婕、靳冉参与了书稿的校对工作,特此致谢。

民俗学同仁参编教材虽非出于私人情谊,但其中也是有着深情厚谊的。事有了结之时,情谊当铭记,我将永远感念!

季中扬

2023 年 11 月 13 日